현대 토대론 연구

경험의 인식론적 역할에 대한 탐구

• 이 저서는 2012년 정부(교육부)의 재원으로 한국연구재단의 지원을 받아 수행된 연구임(NRF-2012S1A6A4018505).

현대 토대론 연구

경험의 인식론적 역할에 대한 탐구

윤보석 지음

이화여자대학교출판부

• 책을 펴내며 •

지금 내 앞에 나무 한 그루가 있다. 이를 확신하는 것은 내가 그것을 보고 있기 때문이다. 내가 세상에 대해 이러저러하다고 생각하는 것은 경험을 통해 세계가 그러함을 직접 확인할 수 있기 때문이다. 나무의 존재를 믿음에 있어서 그것이 내 앞에 있다는 것보다 더 깊은 이유를 찾기는 어렵다. 더 이상 어떤 이유를 대겠는가? 보고 듣는 경험이 세상에 대한 나의 믿음의 근거일 수 있음은 너무나 당연한 말이 아닌가? **경험은 믿음을 정당화한다.** 이 평범한 주장이 이 책의 주제이다.

평범하고 진부하기까지 한 이 주장에 대해 철학자들은 오랫동안 맹렬히 논쟁해왔다. 철학자들은 혹시 자신이 잘못 알고 있을 가능성은 없는지 묻는다. 내 앞에 있는 것은 분명 나무처럼 보인다. 그런데 혹시 나무가 실제로 없는데도 불구하고 내가 단지 그렇다고 생각하는 것은 아닐까? 철학자들은 우선 이 현상이 내 앞에 나무가 없을 가능성과 양립 가능하다고 지적한다. 나무처럼 생긴 인조 가공물일 수도 있지 않은가? 나무인지 인조 가공물인지는 아마 가까이 다가가서 보거나 만져봄으로써 구분할 수 있을 것이다. 동일한 현상이 꿈이나 매트릭스에서도 발생할 수 있다. 매트릭스의 세계에서는 내 앞에 나무가 실제로 없는데도 불구하고 있는 것처럼 느껴진다. 내가 매트릭스의 세계에 살고 있지 않음을 알 수 없다면, 내 앞에 나무가 있음도 알 수 없다. 회의주의적인 철학자들은 이러한 가능성들을 배제할 수 있기 전까지 내 앞에 나무가 있다는 현상은 믿음의 근거가 되지 못한다고 주장한다. 그렇다면 나는 내 앞의 나무를 보고도 아무것도 정당하게 믿을 수 없고 알 수도 없다. 경험은 결코 세상에 대한 나의 앎에 기여하지 못한다는 것이 회의주의적 결론이다.

여기서 어떤 사람들은 철학자들이 너무나 당연한 것을 쓸데없이 문제시한다고 반응할 수 있다. 의심할 게 따로 있지 자기 앞의 나무를 보고도 의심하는 건 철학자들의 직업병이라고 몰아붙일 수도 있다. 회의주의적 철학자들을 향해 "꺼져!"라고 소리칠 수도 있겠다. 그러나 이런 대응은 보다 절박한 순간을 위한 마지막 수단으로 남겨두기로 하자. 우리의 상황은 그렇게까지 절박하지 않을 수도 있다. 보다 유연한 대응이 가능한지 시간을 가지고 모색해보자. 즉, 회의주의적 철학자들의 말 중 옳은 것들은 인정하고 난 후에도 그들의 결론이 불가피하지 않음을 증명한다면 이것이 소위 '쿨'한 대응이 될 것이다.

사실 경험의 오류 가능성은 부인하기 어렵다. 누구나 세상에 넘쳐나는 진짜 꽃처럼 생긴 조화나 가짜에 속아본 적이 있을 것이다. 즉, F처럼 보인다고 해서 다 F가 아니다. 물론 이를 인정한다고 해도 왜 굳이 현재의 경우가 속임수라고 생각하냐고 물을 수 있다. F처럼 보인다고 해서 다 F는 아니지만 그렇다고 해서 F가 아니라고 생각할 이유도 없지 않은가? 사실 나는 내 앞의 나무는 가짜가 아니라고 생각한다. 그런데 속임수가 아니라고 생각하는 것은 내가 나무를 환각하는 것이 아니라, 인공적으로 진짜 나무처럼 생긴 구조를 만드는 것은 쉽지 않으므로 공들여 가짜 나무를 만드는 사람은 없거나 드물 것이라고 생각하기 때문이다. 차라리 나무 한 그루를 심는 것이 쉬울 것이다. 따라서 나무처럼 보일 경우 실제 나무일 확률은 상당히 높다. 세상에 대한 기존의 지식에 의지하여 나는 여전히 내 앞에 나무가 있다고 믿는다. 그러나 이런 대응은 회의주의적 철학자의 논점과 양립 가능하다. 왜냐하면, 나무처럼 보인다는 현상만으로는 내 앞에 나무가 있다고 믿을 이유가 되지 못함을 인정하는 것이기 때문이다. 경험 자체로는 세상에 대해 알 수 있는 것이 없다. 따라서 만일 우리가 경험 자체의 인식적 역할을 받아들인다면 한 걸음 더 나아가야 한다. 이 책의 핵심적 관심사는 경험의 인식적 역할을 보존하기 위한 가장 적절한 대응을 찾는 데 있다.

이 책의 제목이 시사하듯이 경험의 인식론적 역할에 대한 관심은 토대론이라는 인식론의 입장과 밀접히 연관되어 있다. 머리말의 나머지 부분에서는 그 연관성을 간략히 설명하도록 하겠다. 예컨대 피라미드라는 거대한 구조물을 건축한다고 치자. 피라미드를 쌓기 위해서는 먼저 튼튼한 기반을 조성하고 그 위에 상층 구조물들을 쌓아 나가야 한다. 말하자면 토대론은 세계에 대한 지식이 '토대+상부 구조'라는 피라미드형 구조를 가지고 있어야 한다는 입장이다. 토대에 해당하는 지식을 확보하고 그 토대 위에 다른 지식을 구축해야 한다는 것이다. 인식론적 토대론은 우리가 시간적으로 토대 지식을 먼저 확보한다는 것을 전제하는 것은 아니다. 실제로 우리는 태어나면서부터 상부 구조에 해당하는 지식들을 먼저 획득할 수도 있다. 토대론의 구조는 논리적인 차원에서 이해되어야 한다. 즉, 만일 나중에 획득하는 지식이 선행하는 지식을 논리적으로 뒷받침한다면, 나중 지식이 논리적으로 더 근본적이며 기초적일 수 있다. 그렇다면 실제로 토대에 해당되는 지식들이 무엇인가? 이에 대해서는 토대론자들 간에서도 이견이 있어, 여러 입장들을 이 책에서 소개하도록 하겠다. 우선 애당초 왜 지식의 토대가 필요한지 묻기로 하자. 토대론의 동기는 무엇인가?

한 동기는 정당성의 퇴행을 방지하는 데 있다. 예를 들어, 우리는 "임진왜란은 1592년에 일어났다"고 알고 있다. 그런데 과연 실제로 임진왜란이 1592년에 일어났는가? 그렇다면 그 믿음의 근거는 무엇인가? 우리가 잘못 알고 있을 가능성은 없는가? 임진왜란의 발발 년도에 대한 의문에 우선 "교과서에 그렇게 적혀 있다"고 답할 수 있다. 그런데 교과서에 적혀 있다고 해서 참인가? 교과서 자체에 대해 의문을 느끼는 사람에게 그런 답은 별 설득력이 없을 것이다. 한걸음 더 나아가 교과서는 실록에 기반을 두고 있기 때문에 신뢰할 수 있다고 대답할 수 있다. 그렇다면 실록은 정확한가? 거기에 대해서는 실록이 임진왜란을 직접 경험한 사람들이 기록했고, 그 사람들이 자신이 경험한 바와 다르게 진술했다고 생각할 이유가 없다고 답변할 수 있을 것이다. 이와 더불어 여러 다른 사람들이 독립적으로 기록한 역사적 자료들을 제시할 수 있을 것이다. 이렇듯 통상 우리가 세상에 대해 알고 있는 것들은 다른 것들에 의존하고 있다. 임진왜란에 대한 우리의 지식은 교과서에 의존하고, 교과서의 신뢰성은 실록에 의존하고, 실록의 신뢰성은 작성자의 관찰과 경험에 의존하고……. 그런데 일상적 지식의 위상에 관한 질문은 어디선가 끝이 나야 할 것 같다. 만일 의존의 사슬이 종식되지 않는다면, 즉, 다른 지식에 의존하지 않고 지식의 위상을 확보하는 지식이 없다면, 우리는 어떠한 지식도 가지고 있다고 할 수 없다. 토대에 해당되는 믿음들이 바로 위의 질문들이 끝나는 지점이 된다.

전통적으로 토대는 의심의 여지없는 확고부동한 진리로 간주되었다. 확고부동한 지식이 왜 필요한지를 비유를 들어 설명해보자. 1980~90년대 미국의 보수적 가정에서 고등학교 아들이 동성애자라는 것을 알게 되었을 때 가족들의 반응을 다루는 기사가 한 주간지에 실린 적이 있다. 아버지와 어머니는 아들의 고백에 대해 전혀 다른 반응을 보인다. 어머니는 얼마 후 동성애자 권익 운동가로 변신했다. 주목할 만한 것은 아버지의 태도이다. 아버지는 오랫동안 사실을 외면하려고 했다. 예를 들어, 아버지는 가족들이 한 식탁에 모여서 저녁 식사를 할 때도 애써 아들을 보지 않으려 했다. 왜 아버지는 이렇게 반응했을까? 아마 아들에 관한 사실을 받아들이기가 어려웠기 때문일 것이다. 현실을 직시할 경우 아버지가 기존에 가지고 있었던 여러 태도와 믿음은 수정이 불가피하다. 이를테면 아들이 결혼해서 손자나 손녀를 볼 수 있으리라는 기대, 자신의 사회적 평판, 결혼관 등이 재조정되어야 한다. 자신의 인생에서 무척 소중하게 받아들여온 것들을 포기하거나 수정해야 할지도 모른다. 이는 기존의 기대나 태도들이 아들이 동성애자가 아니라는 믿음 위에 쌓아져 있었기 때문이다. 기초가 흔들리면 그 기초에 기반을 둔 다른 모든 것들이 위태로워진다. 이렇게 세상에 대해 우리가 알고 있다고 생각하는 것은 위태로울 수 있다. 분명히 알고 있다고 생각하는 것들마저 거짓으로 드러날 수 있다. 옛날 사람들은 지구가 평평하며 지구를 중심으로 태양과 다른 행성들이 돌고 있음을 의심하지 않았다. 그러나 그들의 믿음은 사실이 아닌 것으로 드러났다. 우리가 지금 확신하는 것들도 마찬가지 운명에 봉착하지 않으리라는 법이 있는가? 이러한 우려를 불식하기 위해 토대론자들은 일상적, 과학적 지식을 확고부동한 토대에 정초시킴으로써 보호하려고 한다.

경험론에 따르면, 경험이 세계에 대한 지식의 토대를 제공한다. 보고 듣고 경험하지 않는다면 내가 과연 세상을 제대로 알 수 있을지 의문스럽다. 세상에 대해 여러 추측과 생각들을 할 수 있지만, 직접 보고 들어서 확인하는 것이 무엇보다 세상을 제대로 아는 방법이라는 것이다. 사실 나의 경험은 세상을 나에게 투명하게 드러내는 것과 같다. 만일 경험이 지각 믿음의 정당성과 지식의 토대를 제공해줄 수 있다면, 이는 토대론의 승리를 의미한다. 보다 정확히 말하자면, 믿음의 정당성과 관련하여 토대론과 대립되는 정합론에 승리함을 의미한다. 정합론에 따르면 한 믿음의 정당성은 오로지 다른 믿음으로부터의 관계에서 오기 때문에 정합론적 지식은 피라미드 구조가 아니라 뗏목의 구조를 가진다. 정합론자들은 믿음의 정당성이 믿음 체계 밖에서 올 수 있음을 부정한다. 따라서 만일 믿음 체계 밖에 놓여진 경험으로부터 믿음의 정당성이 최소한 부분적으로 도출될 수 있다면, 이는 토대론에 유리한 결과를 가져온다. 정합론과 대비되는 토대론 옹호의 관건은 경험이 우리의 믿음 체계에 대한 **외부로부터의 정당화**rational control from outside를 제공할 수 있느냐 아니냐이다.

이 책에서 주목하고자 하는 현대 토대론은 확고부동한 진리라기보다는 외부로부터의 정당화를 받아들인다는 의미에서의 토대론이라고 할 수 있다. 즉, 정합론에 반해서 믿음 밖의 상태로부터 믿음의 정당성이 제공될 수 있다는 입장이다. 이는 토대 믿음의 확실성을 강조한 전통적 토대론과 차이가 있다. 경험이 믿음을 확고하게 정당화하지 않더라도 최소한 어느 정도의 정당성을 제공할 수 있다면 최근 토대론의 관점에서는 만족할 수 있는 결과이다.

그러나 외부로부터의 정당화가 쉽게 확보될 수 있다는 생각은 성급하다. 예를 들어 기차가 오는 소리를 듣는 경험이 "기차가 오고 있다"라는 믿음을 정당화해주는지 생각해보자. 전자가 후자의 원인이 될 수 있음은 누구나 인정할 것이다. 만일 기차 소리를 듣지 않았다면, 이어폰을 끼고 노래를 듣고 있었다면, 기차가 오고 있다는 생각을 하지 않았을 것이다. 그렇다면 전자가 후자(믿음)의 근거가 될 수 있을까? 다시 말해, 소리를 듣는 경험이 기차가 오고 있다고 믿을 좋은 이유가 되는가? 통상 우리는 그렇다고 생각한다. 왜 기차가 곧 도착할 거라고 생각하느냐는 질문을 받을 경우 당연히 "기차 소리가 나기 때문에"라고 대답할 것이다. 한편, 기차 소리가 난다고 해서 반드시 기차가 오고 있음을 의미하지 않음을 알고 있다. 기차 소리를 녹음해둔 녹음기를 누가 틀었을 수도 있고, 기차 소리를 잘 흉내 내는 사람이 내는 소리일 수도 있다. 그러나 일상적으로 그런 일들이 일어나지는 않을 거라고 생각하고 개의치 않는다. 즉, 그러한 "비정상적"인 경우들이 현재 발생하지는 않거나 혹은 상당히 드물다고 가정한다. 그런데 이 가정 자체는 정당한가? 만일 가정 자체가 정당화되지 못한다면, 혹은 그 가정이 정당화되기 전까지는, 나의 경험은 기차가 오고 있다는 믿음을 정당화해주지 못한다고 해야 하지 않을까? 그렇다면 배경 가정과 무관하게 경험 자체만으로 정당화될 수 있는 것은 기껏 "어떤 특징을 가진 소리가 난다" 정도인가? 그렇다면 경험이 과연 "기차가 오고 있다"와 같은 외적 세계에 대한 일상적 판단을 정당화해줄 수 있을까? 이 질문들에 답하기는 쉽지 않다.

정합론과 토대론의 대립은 인식론의 큰 논란의 한 축이지만 정합론이 가지는 호소력은 그 자체의 매력보다는 토대론이 성공할 수 없다는 비관적 전망에서 비롯되는 것처럼 보인다. 경험으로부터 주어진 것(소여, the given)이 있으며, 따라서 경험이 우리의 믿음 체계를 이성적으로 중재할 수 있는 중립적인 데이터를 제공한다는 입장은 상당한 비판을 받아왔다. 한 비판에 따르면, 경험으로부터 우리가 무엇을 배울 수 있는가는 우리가 경험을 어떻게 해석하느냐에 의존한다. 해석된 바(the taken)로서의 경험만이 인식적 역할을 할 수 있다. 그런데 그 해석은 우리가 가진 기존 세계관과 믿음 체계에 의존한다. 따라서 경험은 결코 우리의 세계관과 독립된 인식적 기여를 할 수 없다. 그렇다고 해서 모든 믿음 체계가 동등하게 정당하다는 결론은 바람직하지 않아 보인다. 여기서 정합론은 믿음의 정당성에 대한 대안적 이론으로 힘을 얻는다. 즉, 믿음의 정당성은 그것이 속한 믿음 체계가 내적으로 가지는 속성(믿음들이 얼마나 서로 정합적인가 등)으로부터 도출될 수밖에 없다.

정합론을 발전시키는 것은 이 책의 관심사가 아니다. 이 책의 목적은 토대론을 옹호하는 데 있다. 그러나 토대론자는 정합론으로의 이행에 동기를 부여했던 올바른 직관들이 있는지, 있다면 무엇인지를 파악해야 한다. 그러한 파악에 기초해야만 기존 토대론의 문제점을 극복하고 경험의 인식적 역할에 대한 보다 나은 이해를 확보할 수 있다. 이러한 목적을 위해서 1부에서는 우선 20세기 초반까지도 강력한 영향력을 행사했던 전통적 토대론의 성격과 내용을 검토한다. 2부에서는 20세기 중반 이후부터 대대적으로 제기되었던 전통적 토대론에 대한 비판을 다룬다. 이를 기반으로 이 책의 중심부라고 할 수 있는 3부에서는 최근 현대 토대론이 부활한 여러 형태들을 소개하고 논의한다. 4부에서는 토대론에 대한 논의를 보다 넓은 철학적 담론으로 확장하여 토대론 논의가 가지는 의의를 고찰해봄으로써 책을 마무리한다.

필자는 박사 학위 취득 이후 지향성, 의식, 심적 인과의 문제 등 심리철학의 주제들을 주로 연구해왔다. 경험은 소위 의식 상태 중에서 "현상적 의식phenomenal consciousness"의 대표적인 사례이다. 현상적 의식 상태는 그것이 가지는 감각질qualia로 인하여 많은 철학자들의 열띤 논의의 대상이 되어왔다. 감각질은 도대체 어떤 성질인가? 두뇌 상태의 물리적 혹은 기능적 성질과 어떤 관계가 있는가? 이 질문들은 경험의 형이상학적 본성을 향해 있다. 반면 이 책의 관심사는 경험의 인식론적 성질이다. 경험의 본성이 무엇인지와 별개로, 경험을 통해 나는 무엇을 알 수 있나? 경험의 인식적 기여는 구체적으로 어떤 성격을 가지고 있는가? 만일 경험의 형이상학적 본성에 대한 앎도 결국 경험으로부터 올 수밖에 없다고 한다면, 경험의 인식론적 기여에 대한 탐구는 철학적으로 보다 근본적이라 할 수 있다.

필자가 이 책에서 다루는 인식론적 문제에 처음 관심을 가지게 된 직접적 계기는 2007년 여름 서울대 철학과에서 있었던 짐 프라이어J. Pryor의 특강 세미나였다. 프라이어의 특강을 통해 독단론의 "과감한" 시도에 흥미를 가지게 되었고, 독단론에 대한 여러 비판들이 극복될 수 있는지에 대해 생각하게 되었다. 이후 맥도웰John McDowell의 저술을 통해 독단론과 유사한 입장이나 중요한 차이점을 가진 인식적 선언주의를 공부하게 되었다. 인식적 선언주의는 형이상학적 선언주의와 더불어 현대 분석철학의 흥미로운 쟁점들이다. 또한 인식론 공부의 재미를 더해준 굽타A. Gupta의 저술 『경험론과 경험』을 통해 독단론/선언주의와는 또 다른 접근의 가능성에 눈뜨게 되었다. 프라이어, 맥도웰, 굽타의 저술들은 필자의 사고에, 따라서 이 책의 구성과 성격에 지대한 영향을 끼쳤다. 이들은 경험의 인식론적 역할에 관하여 괄목할 만한 성과를 가져왔다. 특히 경험의 인식론에 관한 굽타의 전체적인 시각과 구체적 제안은 이 책의 논의에 중심적인 역할을 한다. 현재 분석철학 내에서 활발히 논의되고 있는 독단론와 선언주의에 비하면 굽타의 대안은 상대적으로 덜 주목받고 있다. 이 책에서는 굽타의 이론을 상당히 비중 있는 대안으로 다룰 것이다.

수년간 이 책의 주제와 관련한 논문들을 발표해왔는데, 한국연구재단의 저술 지원 덕분에 단행본 형식으로 연구 성과를 보다 발전시키고 총괄할 기회를 가지게 되었다. 이 책을 출판하는 과정에서 교정 등으로 많은 수고와 협조를 아끼지 않은 이혜지, 양지하 선생님을 비롯하여 이화여대출판부에도 감사를 드린다. 정대현 교수를 비롯하여 이화여대 철학과 교수들의 왕성한 연구 저술 활동에 작으나마 보탬이 될 수 있어서 기쁘게 생각한다.

2015년 10월

윤보석

• 차례 •

3부 | 새로운 토대론

1부

전통적 토대론

이 책은 최근의 토대론의 부활에 주목한다. 현대 토대론은 시기적으로 최근의 동향일 뿐만 아니라 그 내용 또한 전통적 토대론과 차별화된다. 사실 전통적 토대론은 시기적으로 오래전의 사상을 의미하는 것만은 아니다. 20세기 초반까지도 전통적 토대론은 지배적이었으며, 현대 토대론의 한 지류는 그러한 전통적 토대론을 계승하고 있다. 따라서 현대 토대론의 특징을 선명하게 부각하고 제대로 평가하기 위해서는 그것이 전통적 토대론의 어떤 측면에 대한 반동인지를 이해해야 한다. 물론 전통적 토대론도 그 안에 여러 이견들을 포함한다. 따라서 전통적 토대론이라고 부를 수 있는 사상들의 핵심적 내용과 문제점을 추출할 필요가 있다. 이것이 1부의 목적이다.

1장

데카르트적 견해

1. 주관적 토대

전통적으로 세계에 대한 인식, 앎, 지식이 성립되기 위한 필요조건은 우리의 믿음이 참 또는 진리일 뿐 아니라 정당성을 가지는 것이었다. 정당성은 왜 필요한가? 적절한 근거 없이 철수가 P라는 믿음을 가지게 된 경우에도 그 믿음은 참이 될 수 있다. 이를테면 철수가 다른 사람들이 하는 말을 쉽게 받아들이는 사람이라고 해보자. 그는 세상에 대한 많은 믿음을 가질 것이다. 따라서 그중에서 참인 믿음의 수도 많을 것이다. 그러나 철수의 믿음이 참인 경우에도, 과연 철수가 P를 **알고 있었**다고 할 수 있는지 의문을 가질 수 있다. 단지 우연히 맞은, 운이 좋은 경우라고 할 수 있기 때문이다. 이러한 이유에서 진정한 앎은 참 이외에 정당성을 요구한다고 받아들여져왔다. 만일 참인 믿음을 수적으로 늘리는 것이 유일한 인식적 목표라면 철수의 전략은 효과적이다. 그러나 이러한 전략은 거짓 믿음을 가질 확률도 높인다. 잘못된 믿음의 수를 감소시킨다는 것이 또한 인식적 목표라면 철수의 전략은 좋지 않다.

위 경우에 철수가 P를 알고 있다고 하기 어렵다면 철수가 P를 알기 위해서 필요한 조건은 무엇인가? 그냥 남이 하는 말을 무비판적으로 받아들이는 방식이 아니고 어떤 신빙성 있는reliable 기제에 의해 철수의 믿음이 생성되었다면 이제 철수는 P를 알고 있는 것일까? 주변 온도와 체계적으로 상응하는 온도계처럼 외적 세계와 철수의 믿음을 체계적으로 상응하게 만드는 지각/두뇌 기제가 있다면, 철수의 믿음이 단지 "우연히" 세계와 일치하는 것은 아니다. 그러나 신빙성 있는 기제에 의해 철수의 믿음이 생성된다고 해도 반드시 철수가 자신이 믿는 바를 알고 있다고 할 수 없다는 반론이 다시 제기될 수 있다. 그렇다면 신빙성 있는 기제 외에 무엇이 더 필요한가? 이러한 방식으로 우리가 언제 철수에게 "앎"을 부여할 수 있는지 탐구할 수 있다. 즉, 지식이 어떤 주체에게 부여될 수 있는 필요하고도 충분한 조건들을 찾는 것이다. 지식이란 무엇인가? 인간들과 동물들이 지식을 가지고 있다면, 무엇 때문에 그러한가? 그런데 이 질문은 반드시 인식 주체의 입장에서 제기되는 문제가 아니다. P를 모르더라도 나는 "S가 P를 안다"가 성립하기 위해 무엇이 요구되는지를 탐구할 수 있다.

그러나 한편으로 인식 주체인 철수 자신의 관점에서 지식에 대한 물음을 제기할 수도 있다. 우선 철수 자신이 반성적으로 자신이 무엇을 알고 있는지 물을 수 있다. 우리가 세상이 이러저러하다고 믿는 이유는 무엇인가? 그렇게 믿게 된 원인들이 있을 것이다. 예를 들어, 신의 존재에 대한 믿음의 원인은 출신 배경에 있을 수도 있다. 어릴 때부터 주변 환경의 영향으로 신이 존재한다고 믿게 되었을 수 있다. 그러나 믿음의 원인에 대한 고려가 반드시 그 믿음을 받아들일 좋은 이유가 있음을 의미하지는 않는다. 과연 우리는 신의 존재를 알 수 있는가? 신의 존재가 참임을 받아들일 좋은 이유가 있는가? 철수의 입장에서 이런 질문을 제기해볼 수 있다. 철수의 입장에서 자신의 믿음에 대한 이유는 어떻게 구할 수 있는가? 철수는 어떻게 세상에 대한 자신의 믿음을 합리적으로 조정할 수 있는가? 철수의 입장에서 자신의 믿음의 정당성은 어디서 오는가?

인식 정당성epistemic justification에 대한 여러 쟁점 중 이 책의 논의와 밀접히 연관된 하나의 쟁점은 토대론과 정합론의 대립이다. 토대론에 따르면 정당한 믿음은 그 정당성을 다른 믿음에 의존하는 믿음과 다른 믿음들에 의존하지 않는 믿음의 두 부류로 구분된다(김기현, 163). 토대론은 피라미드 구조로 나타낼 수 있다. 피라미드의 가장 아랫돌은 다른 돌에 의지하지 않고 자신의 위치를 유지하는 것처럼, 토대 믿음foundational belief 또는 기초적 믿음basic belief은 다른 믿음에 의지하지 않고 정당성을 확보한다. 반면 상층에 위치하는 믿음은 궁극적으로 기초적인 믿음으로부터 정당성을 얻는다. 토대론 중에서도 상층에 위치하는 믿음들 간의 관계에 대해서 이견이 있을 수 있다. 즉, 상층에 위치하는 모든 믿음들이 토대 믿음으로부터 추론적으로 직접적인 정당성을 확보하지는 않을 수도 있고, 상층에 속하는 믿음들이 서로 긴밀히 연결되어 부분적으로 정당화될 수도 있다. 그러나 모든 토대론은 공통적으로 최소한 부분적으로나마 다른 믿음들에 정당성을 의존하지 않는 토대 믿음을 상정한다.

토대론의 동기는 통상 인식 정당성 퇴행regress에 있다. P라는 믿음의 정당성이 Q라는 믿음의 정당성에 의존한다면, P라는 믿음은 조건적인 정당성을 가지고 있을 뿐이다. 비유적으로 말하면 P라는 어음의 가치는

Q라는 어음의 가치에 의존한다. 만일 Q라는 어음의 가치가 없다면 P라는 어음의 가치도 없다. 그렇다면 Q라는 어음의 가치는 어디서 오는가? 이 또한 R이라는 어음의 가치에 의존한다면, 그리고 이와 같은 과정이 반복될 뿐이라면 결국 어떤 어음도 가치가 없다. 누군가 어음을 현금화할 수 있어야 한다. 그렇지 못할 경우 모든 어음은 종이에 불과하다. 마찬가지로 인식 정당성 후퇴의 문제를 해결하기 위해선 어디선가 그 고리를 차단할 특별한 믿음이 있어야 한다. 이 특별한 믿음은 정당성을 다른 믿음으로부터 빌리지 않고 다른 믿음에 정당성을 주는, 정당성의 원천이다. 만일 정당한 믿음이 최소한 하나라도 있으려면, 즉, 우리의 어떤 믿음도 정당하지 않다는 회의주의를 부정하려면, 토대 믿음이 필요하다.

한편 정합론은 인식 정당성 퇴행의 문제를 해결하기 위해 토대 믿음이 필요하다는 주장을 거부한다. 그렇다고 회의주의를 옹호하지도 않는다. 정합론은 인식 정당성을 뗏목과 같은 구조로 본다. 믿음들이 서로 긴밀히 연결되어 서로를 지탱해주고 이러한 믿음들 간의 관계가 믿음의 정당성을 부여한다. 철수가 자신의 믿음을 정당화하기 위해서는 결국 자신의 다른 믿음에 호소할 수밖에 없지 않는가? 즉, 자신의 믿음의 정당성에 대해 제기된 의문에 대응하기 위해서 결국 자신의 다른 믿음들을 제시할 수밖에 없지 않는가? 물론 현재 믿음과 전혀 무관한 자신의 다른 믿음에 호소할 수는 없을 것이다. 정합론에 따르면, 개별 믿음의 어떤 성질이 그것의 정당성을 결정하지 않는다. 오히려 어떤 체계가 정당성의 원천이며 개별 믿음은 그 체계에 속함으로서 정당해진다. 따라서 인식 정당성에 대해 정합론적 관점을 택할 경우, 토대론은 받아들여질 수 없다. 다른 믿음과의 관계를 떠나서 정합론에 따르면 정당성을 가질 수 있는 믿음이란 애초에 존재할 수 없는 반면, 토대론은 공히 그러한 기초적 믿음들의 존재를 상정하기 때문이다.

토대론자는 공통적으로 기초 믿음의 존재를 증명해야 할 부담을 가지는데, 기초 믿음이 실제로 무엇이며 그것을 어떻게 확보하느냐에 따라 여러 부류로 나뉠 수 있다. 다른 믿음에 의지하지 않고 정당성을 확보하기 위해서는 두 가지 방식이 가능하다. 하나는 자기 스스로 정당성을 가지는 방식이고, 다른 방식은 믿음이 아닌 다른 상태로부터 정당성을 확보하는 방식이다. 데카르트의 "나는 생각한다"는 전자에 해당한다.

토대론에 따르면 철수의 입장에서 자신의 믿음을 정당화하기 위해 반드시 다른 믿음에 호소하지 않을 수 있다. 자신의 믿음이 자명하다고 옹호하거나 믿음이 아닌 다른 심적 상태에 호소할 수 있는 것이다.

토대 믿음을 찾기 위해 데카르트가 채택한 방법은 "회의doubt"이다. 방법론적 회의가 요구하는 바는 다음과 같이 요약할 수 있다.

> 만일 세상에 대해 우리가 가지고 있는 믿음 중 조금이라도 그것의 참에 대해 의심할 수 있다면, 즉, 우리가 사실과 달리 잘못 믿고 있을 가능성을 배제할 수 없다면, 우리는 그 믿음을 마치 거짓인 것처럼 간주하고 그 믿음을 유보한다.

이러한 방법론적 회의를 적용할 경우, 우리가 받아들이는 많은 믿음들이 토대 믿음의 목록에서 배제된다. 예를 들어, 일상적 지각 믿음ordinary perceptual beliefs들은 잘못될 수 없다고 하기 어렵다. 나는 현재 "탁자 위에 노란 커피컵이 있다"고 믿고 있으며, 내가 그렇게 믿는 것은 시각적인 경험 때문이다. 그런데 과연 나의 경험이 나의 믿음이 참임을 보장해주는가? 시각 경험은 그대로지만 탁자 위에 노란 커피컵이 없을 가능성을 상상할 수 있다. 이를테면, 하얀 커피컵에 노란색 조명이 부분적으로 비치고 있는 상황에 내가 놓여있다고 상정할 수 있다. 이런 가능 세계possible world에서 나의 믿음은 참이 아닐 것이다. 그런데 나의 현재 경험은 그러한 가능 세계의 경험과 주관적으로 구분되지 않는다. 데카르트의 지각에 대한 비판은 다음과 같이 정리할 수 있다.

1. 지각을 통해 지식을 얻기 위해선 참인 지각과 환각을 구분할 수 있어야 한다.
2. 참인 지각과 환각은 구분될 수 없다.
3. 따라서 지각을 통한 지식은 불가능하다.[1]

만일 나의 경험이 환각에 지나지 않는다면 내가 믿는 바는 거짓이 될 텐데 과연 현재 나의 경험이 환각이 아니라는 증거가 있는가? 나의 경험이 탁자 위에 노란 컵이 없는 상황과 양립 가능하다면 나는 무슨 이유에

---

1 여기서 "지각"은 반드시 참을 함축하는 것은 아닌 의미로 이해된다. "지각perception"은 보고, 듣고, 만지고 등의 심적 활동을 의미하며 따라서 "경험" 또는 "감각경험"과 같은 의미로 사용될 수 있다. 그러나 통상 "지각"은 경험들 중에서도 특정한 경험들에 국한되어 사용되기도 한다. 예를 들어, 빨간 사과가 앞에 있고 이를 볼 때 "지각" 또는 "참인 지각" 또는 "참인 경험veridical experience"라고 하고, 빨간 사과가 앞에 있지 않지만 마치도 있는 것 같은 경험을 할 때 이를 "환각hallucination"이라고 한다. "착시illusion"는 환각과 달리 사과가 실제로 앞에 있지만 그 사과의 어떤 성질을 잘못 보는 경우를 의미한다. 예를 들어, 노란 사과에 빨간 조명이 비추어 그 사과가 빨갛게 보일 때 이는 환각이라기보다 착시라고 해야 한다. 철학적으로 환각과 착시가 문제가 되는 것은 사과를 실제로 보는 지각과 주관적으로 구분되지 않거나 혹은 주관적으로 동일한 환각 또는 착시가 가능하기 때문이다. 이례적으로 참인 환각, 참인 착시가 가능하기도 하다. 꿈속에서 빨간 사과를 보았는데 실제로 바로 앞에 빨간 사과가 우연히 놓여 있는 경우가 참인 환각veridical hallucination이다.

서 지금 탁자 위에 노란 컵이 있다고 믿을 수 있는가? 물론 탁자 위에 노란 컵이 없다고 생각해야 하는 것은 아니다. 그러나 있다고 생각해야 하는 정당한 이유가 있는가? 아니면 그냥 탁자 위에 노란 컵이 있는 요행을 바라는 것인가? 물론 일상적인 삶에서 나는 탁자 위에 노란 컵이 있다고 믿을 것이다. 그러나 이러한 실행은 "지금 현재 나는 인식적으로 정상적인 상황에 놓여 있다"는 가정의 정당함을 전제로 한다. 그렇다면 결국 그 가정의 정당함을 다시 증명해야 한다. 그런데 내가 정상적인 상황에 놓여 있는지는 어떻게 알 수 있나? 이는 인식론적인 퇴행을 야기한다.

"탁자 위에 노란 커피컵이 있다"와 같은 일상적 지각 믿음조차 토대 믿음이 될 수 없다면, 나의 믿음 중에서 그 믿음의 참을 의심할 수 없는 그러한 믿음이 있기는 할까? P를 믿는 것만으로 P의 참이 나에게 자명하게 드러나는 그러한 P가 있는가? 데카르트의 획기적인 아이디어는 인식론적 퇴행이 내적 세계에 대한 믿음—"나는 생각한다"—에서 멈출 수 있다고 보았다는 데 있다.

나는 현재 탁자 위의 노란 컵의 존재와 그 성질에 대해 지각하고 있다고 생각하지만 그러한 생각이 잘못되었을 수도 있다. 내가 잘못 생각할 수도 있다고 인정하는 부분은 탁자 위에 있는 노란 컵의 존재이다. 만일 노란 컵이 실재하지 않는다면 나는 지각이 아니라 환각한 것이다. 그런데 비록 내가 환각을 하고 있다고 해도 내가 어떠한 시각 경험을 가지고 있다는 것은 의심할 수 없다. 이때 데카르트는 우리가 분명한 믿음을 가질 수 있는 대상은 외부 세계가 아님을 인정하고, 관심을 내부로 향했다. 노란 컵의 실재성에 대한 관심으로부터 한 발짝 후퇴하여 지각과 환각에 무관하게 알 수 있는 것을 찾는 것이다. 이러한 내부로의 후퇴inward retreat가 데카르트적 사고의 핵심이다. 여기서 소위 "근대적" 주체와 마음의 개념이 등장한다. 데카르트는 사고의 주체로서의 "나" 또는 "마음"의 존재는 의심할 수 없는 확실성을 가진다고 주장한다. 데카르트가 말하는 "사고"나 "생각"은 지각, 의심, 추측, 상상, 기억 등을 포괄하는 넓은 의미를 가진 단어이다. 이러한 심적 활동의 주체로서 나의 존재는 의심할 수 없다. 데카르트의 "마음"은 바로 인식적 탐구의 초석을 마련하기 위해 만들어진 존재라고도 볼 수 있다.

물론 내가 상상하고, 기억하고, 지각할 때 이러한 심적 태도에는 대상이 있다. 상상한다는 것은 '무엇인가를' 상상하는 것이다. 이를테면, 추운 겨울날 따뜻한 해변에 누워 태양을 즐기는 모습을 상상할 수 있다. 이때 상상의 대상은 '내가 해변에 누워 태양을 즐긴다'가 될 것이다. 혹은 실제로 해변에 누워 태양을 볼 수도 있다. 이때 본다는 심적 상태의 대상은 '태양'이 될 것이다. 데카르트는 심적 태도의 대상들이 그 심적 태도와 독립된 존재로 간주되는 한 그것들의 존재를 의심할 수 있다고 주장한다. 정신적 활동의 소위 외적 원인의 존재의 상정은 자신의 어떤 내적 충동 때문에, 혹은 신이 그렇게 만들어서 실제로 그런 존재가 없음에도 불구하고 그것의 존재를 믿을 가능성을 만든다. 반면 정신 활동에 의존하는 관념 그 자체에는 그 존재에 관해 오류의 가능성이 성립하지 않는다. 즉, 태양에 대한 "관념", "생각" 그 자체는 의심할 수 없다. 이것들을 의심한다면 태양을 상상하고 지각하는 활동 자체를 의심할 수밖에 없고, 그러한 상상과 지각 등 정신 활동의 주체로서 자신의 존재를 의심할 수밖에 없다. 결국 데카르트가 명료하게 인식하는 대상은 자신의 정신적 활동에 의존하는 대상들로 국한된다. 의식에 직접적으로 주어진, 즉, 의식된다는 것이 존재를 필연적으로 함축하는 존재는 인상이나 관념과 같은 주관적 대상들이라는 주장을 **데카르트적 견해**라고 부르기로 하자. 즉, 내가 가장 잘 아는 것은 내 마음안의 대상들이다. 데카르트적 견해에 따르면 지식의 토대는 주관적 세계에 있다.

데카르트적 견해 = 주관적 토대

철수의 입장에서 세상에 대한 자신의 믿음의 정당성을 추구할 때 다른 믿음에 호소하지 않는다면 결국 주관적 세계에 대한 자신의 믿음만을 정당화할 수 있다. 주관적 세계에 대한 믿음의 정당성이 확보되면 이는 철수의 다른 믿음들의 정당성에 전이될 수 있다. 이러한 데카르트적 견해는 후대의 철학적 논의의 방향을 결정할 만큼 깊은 영향력을 행사했다. 물론 데카르트적 견해의 모든 측면이 다 받아들여진 것은 아니다. 데카르트는 사고 주체의 존재와 정신적 활동은 회의주의적 사고가 침투하지 못하며 회의주의적 사고를 무력화한다고 주장한다. 그런데, 지금 현재 내가 "나는 노랑을 보고 있다"라는 명제를 의심할 수 없다고 해서 이것이 그 명제의 참을 보장해주는가?, 의심 불가능성은 심리적 태도이고 확실성은 객관적 참을 보장해주는 인식론적 성질이 아닌가(김기현, 178)?[2]

데카르트는 "마음"은 그 존재를 의심할 수 없는 반면, "몸"은 그 존재를 의심할 수 있으므로 마음과 몸이 독립된 개체라고 주장하는데, 이러한 추론은 심리적 태도를 보고하는 문장의 지칭적 불투명성referential

2 데카르트 연구자들은 확실성을 "자생적 확실성"과 "형이상학적 확실성"으로 구분한다. 자신의 존재에 대한 확실성은 전자, 신의 인식에 의해 뒷받침되는 확실성은 후자로 간주된다. 데카르트 자신이 "신을 모르는 자는 앎/학문을 갖지 못한다"고 말했다. 확실성에 대한 논의는 "데카르트의 순환the Cartesian Circle"의 문제를 제기하며, 이에 관한 한 논문으로는 김은주의 「데카르트 '순환논증'의 형이상학적 쟁점」을 참조할 것.

opaqueness을 간과한 결과라는 비판이 가능하다.[3] 즉, 비록 마음은 의심 불가능하고 몸은 의심 가능하다고 하더라도 이는 마음과 몸의 객관적 동일성과 양립 가능하다.

또 다른 사례로, 러셀은 사고의 주체인 나Self의 존재는 자명하지 않다고 비판한다. 내가 현재 노란 컵을 보고 있을 때, 나에게 자명하게 드러나는 것은 "나는 노란색을 보고 있다"가 아니라 "노란색이 보여진다"이다(Russell, 19). 흄David Hume이 지적한 대로 모든 지각의 공통적 주체인 자아는 그 지각의 내용에 포함되어 있지 않다. 흄은 자신의 의식의 내용을 성찰할 때 발견할 수 있는 것은 계속해서 등장하고 소멸하는 감각들이며 여기서 딱히 "나"에 해당되는 특정 감각을 찾을 수 없다고 고백한다. 모든 개념이 감각으로부터 파생되었다는 경험론적 원리에 비추어보면 "나"가 무엇을 의미하는지 불분명하다. 물론 러셀이 의심하는 것은 지금 현재 경험을 하고 있는 "나"가 아니라 우리가 통상 지속적으로 존재한다고 간주하는 주체의 존재이다. 어제 친구와 커피를 마시며 대화를 했다는 기억이 나지만 과연 그 기억이 맞는지는 의심할 수 있다. 내가 어제 존재했는지도 의심할 수 있다.

그럼에도 불구하고 러셀을 포함한 많은 후대 철학자들은 여전히 주관적 토대와 데카르트적 견해를 받아들인다. 모든 정신적 활동에 공통적인 지속적인 존재로서의 "나"라는 실체는 직접적 인식의 대상이 아니더라도 "노란색이 보여진다"는 현상 자체는 경험 주체에게 자명하게 드러난다. 무엇인가가 주어졌다. 내 의식에 그 존재를 드러내는 것들이 있다. 이때 즉각적으로 파악되는 대상이 바로 "인상", "감각", 또는 20세기

---

3 심적 상태의 내용을 보고하는 문장에 등장하는 이름을 동일한 대상을 지칭하는 다른 표현으로 대체했을 경우, 문장의 진리치는 보존되지 않는다.

에 "감각소여sense-data"라고 불리는 대상이다. 감각소여 이론은 경험을 통해 즉각적으로 알 수 있는 대상이 내적, 심적 대상들에 국한된다는 데카르트적 견해를 계승한다. 감각소여 이론은 뒤에서 더 상세히 논의될 것이다. 다음 장에서 데카르트와 연관된 또 다른 이론인 심신 이원론을 간략히 살펴보고 넘어가기로 하자.

2. 형이상학적 이원론

데카르트에 따르면 마음은 그 존재를 확실히 알 수 있는 반면, 몸은 나의 의식에 직접적으로 주어져 있지 않다. 즉, 마음이라는 실체는 그것의 존재와 본성이 그 주체에게 투명하게 드러나는 반면, 몸과 두뇌의 존재와 본성은 그러한 인식론적 성질을 결여한다. 이로부터 데카르트는 마음이 몸/두뇌와 전혀 다른 비물리적 실체라는 결론을 도출해낸다. "나의 몸"이라고 인식하는 실체가 있으나 이는 우연적일 뿐, 마음의 존재는 그와 독립적이라는 것이다.

1. 나는 내가 마음을 가지고 있는 것을 의심할 수 없다.
2. 나는 내가 몸을 가지고 있는 것을 의심할 수 있다.
3. 따라서 마음과 몸은 동일하지 않다.

이 논증은 동일 대상은 모든 속성을 공유한다는 라이프니츠의 법칙을 적용한 결과로 볼 수 있다. 마음이 의심할 수 없는 속성indubitability을 가지고 몸은 그 속성을 결여한다면 어떻게 둘이 같을 수 있는가?

위 논증의 결론이 통상 "형이상학적 이원론"이라고 부르는 논제이며, 이 또한 데카르트가 후대에 남긴 유산이다. 위의 형이상학적 이원론의 논증에 대해 인식론적 전제들에 의존하기 때문에 타당하지 않다는 비판도 제기된다. '의심할 수 없다는 속성'에는 라이프니츠의 법칙이 적용될 수 없다는 것이다. 하나의 예를 들자면 다음과 같다.

1. 오이디푸스는 요카스타와 결혼하고 싶어 한다.
2. 오이디푸스는 자신의 어머니와 결혼하고 싶어 하지 않는다.
3. 따라서 요카스타와 자신의 어머니는 동일인이 아니다.

비극적이게도 요카스타는 오이디푸스의 어머니이다. 따라서 전제들은 참이지만 결론은 거짓이므로 이 논증은 부당하다. 그렇다면 "자신이 결혼하고 싶어 하는 대상"이라는 성질이 요카스타에는 적용되고, 자신의 어머니에게는 적용되지 않음에도 불구하고 왜 요카스타와 자신의 어머니가 동일인일 수 있는가? 이에 대한 한 설명에 따르면, 욕구의 내용을 기술하는 문장에 등장하는 단어는 지칭적으로 투명하지 않다. "요카스타"와 "자신의 어머니"는 동일한 인물을 지칭하지만 "~하고 싶다"라는 문장 안에서 대체될 경우 문장의 진리치를 보존하지 못하기 때문이다. 의심이나 욕구와 같은 심적 태도를 기술할 때는 어떤 대상이 주체에게 어떻게 표상되느냐가 중요하다. 따라서 동일한 지칭을 가지는 두 단어의 교체가 진리치를 보존하지 못하는 것은 심리 상태를 보고하는 문장의 특수한 의미론적 특성 때문이다. 마찬가지로 "의심할 수 없음"이라는 속성이 마음에 적용되고 몸에 적용되지 않는다고 해서 마음과 몸이 동일한 대상이 아니라는 결론은 도출되지 않는다.

형이상학적 이원론을 뒷받침하는 한 논증이 부당하다고 해서 그 이론이 거짓이라는 결론은 도출되지 않는다. 형이상학적 이원론의 몰락을 가져오게 된 결정적인 원인은 심적 인과의 문제the problem of mental causation이다. 마음과 몸을 극단적으로 양분한 데카르트적 이원론자는 다시 그 둘의 연결을 설명해야 하는 어려운 문제에 봉착한다. 이원론자들도 마음이 몸과 인과적으로 연결되어 있음은 부정하기 어렵다. 그런데 마음이 (크기, 무게, 위치 등이 없는) 비물리적 실체라면 어떻게 물리적 몸에 인과적 영향을 줄 수 있는가? 적절한 대답의 전망에 대한 비관론은 이원론자들로 하여금 결국 심적 인과를 부정하는 부수현상론epiphenomenalism과 같은 입장을 받아들이기를 강제했다. 이를 좀 더 설명하면 다음과 같다.

물리적 세계와 독립된 마음이 있고, 그 마음이 물리적 세계에 인과적 영향을 끼친다고 볼 경우, 이는 소위 물리적 세계의 인과적 폐쇄성(닫힘)이라는 원리를 위협한다. 이 닫힘 원리에 따르면 물리적 세계의 모든 사건의 발생을 설명하기 위해 물리적 세계 밖으로 나가지 않아도 된다. 물리적 세계의 모든 사건들의 원인들은 물리적 세계 안에 존재한다. 닫힘 원리가 맞다면, 우리는 물리적 몸에 일어나는 모든 사건에 대해 그것을 유발하기 위한 충분한 물리적 원인이 있다고 예상할 수 있다. 따라서 만일 두뇌와 독립된 마음이 두뇌와 몸에 인과적 영향을 미친다면 이는 충분한 물리적 원인을 부정하게 되어 결국 인과적 닫힘 원리를 위협한다. 만일 우리가 인과적 폐쇄성을 받아들인다면, 몸과 독립된 마음의 존재를 부정하든지 혹은 그런 마음이 있다고 해도 인과적으로 무효하다고 결론 내려야 한다.

부수현상론을 거부하는 이원론자는 때때로 과잉결정overdetermination

이라는 개념에 호소하여 난국을 타개하려고 한다. 과잉결정의 한 사례는 두 개의 돌이 동시에 유리창을 깨트리는 경우이다. 그중 하나만 맞아도 유리창은 부서진다. 다른 돌이 없어도 유리창은 깨졌을 것이다. 그렇다고 해서 그 다른 돌을 유리창 파손의 원인이 아니라고 하기 도 어렵다. 둘 다 유리창 파손의 원인이라면 유리창 파손은 과잉결정되었다. 하나로 충분한 원인을 둘이나 가지고 있기 때문이다. 마찬가지로 모든 행동에 대한(닫힘 원리를 수용하여) 충분한 물리적 원인이 있지만 추가적으로 심적인 원인이 있다고 보면, 우리의 행동은 과잉결정이 될 것이다. 그러나 우리의 마음이 행동을 유발하는 모든 경우가 과잉결정인지는 지극히 의심스럽다(Kim, 247).[4]

이원론을 대체하려는 유물론자들의 여러 시도가 제시되어왔지만 그들이 이원론에 대한 완전한 해방을 가져왔는지는 여전히 논란거리이다. 유물론자들의 시도에 대한 반론 또한 현대 심리철학의 핵심 쟁점이 되어왔다. 특히 최근 경험에 대한 형이상학적 선언주의metaphysical disjunctivism의 주장에 따르면 경험적 상태는 외적 세계에 의존한다. 내가 노란 커피컵을 실제로 볼 때 그 노란 커피컵은 나의 경험 상태를 구성하는 요소이다. 소위 경험의 주관적 속성은 노란 커피컵 그 자체의 성질에 의해 결정된다. 한편, 내가 노란 커피컵을 보고 있는 것 같은 환각 경험은 노란 커피컵으로 구성되지 않는다. 따라서 이 두 경험은 상이한 심적 상태이다. 물론 두 경험이 주관적으로 구분되지 않는 것은 사실이다. 이로부터 두 경험이 어떤 형이상학적 속성을 공유한다는 주장이 도출될가? 형이상학적 선언주의는 이 추론을 부정한다. 두 경험이 공유하

4 김재권은 "우리가 하는 모든 행동이 두 개의 충분한 원인을 가지는 과잉결정의 사례라고 생각하는 것은 극도로 이상하다"고 말한다.

는 것은 기껏 "노란 커피컵을 보거나 보는 것 같다"는 선언적인 기술밖에 없다. 따라서 형이상학적 선언주의는 형이상학적 이원론과 대립한다. 즉, 후자에 따르면 마음은 내부의 고립된 영역에서 발생하는 사건들로 구성되는 반면, 선언주의에 따르면 마음을 가진다는 것은 최소한 부분적으로 외적 대상들과 관계를 맺는 것이며, 이런 관계 맺음이 심성의 핵심이다. 마음은 세계로부터 독립되어 존재하지 않는다. 그러나 형이상학적 선언주의자는 지각 경험과 착시/환각 경험 사이에 어떤 공통점이 존재한다는 직관을 설명해야 할 부담을 안고 있다.

데카르트의 형이상학적 이원론을 간략히 소개했는데, 형이상학적 문제는 이 책의 관심사가 아니다. 우리의 목적을 위해 중요한 사안은 형이상학적 이원론이 위에서 언급된 "데카르트적 견해"와 구분되어야 한다는 것이다. 다시 말해, 형이상학적 이원론에 대한 반발과 데카르트적 견해에 대한 반발은 구분되어야 한다. 전자는 형이상학적 주제이며 데카르트적 견해는 인식론적 주장이다. 물론 그 둘에 연관성이 없진 않다. 예를 들어, 형이상학적 이원론에 대한 선언주의적 반발은 데카르트적 견해에 대한 특정 반발에 동기를 제공할 수 있다. 맥도웰의 인식론적 선언주의가 그러한 경우로 간주될 수 있다. 그러나 3부에서 상세히 논의하겠지만 형이상학적 선언주의를 받아들이면서도 데카르트적 견해에 달리 반발할 수도 있다. 즉, 형이상학적 선언주의가 인식론적 선언주의를 함축하지 않는다. 후자에 따르면 참인 경험과 환각 경험의 인식론적 기여는 다르며, 경험의 인식적 기여가 일반적으로 주관적 세계에 한정되지 않는다. 이를 부정하는 사람이 반드시 형이상학적 선언주의를 거부할 필요는 없다. 경험의 형이상학적 본성은 세계 의존적이라고 해도 경험의 인식적 기여는 주관적 측면에 의해 결정된다고 볼 수 있다. 역으로 인식적 선언주의가 형이상학적 선언주의를 함축하지도 않는다. 맥도웰 자신도 비록 참인 경험과 환각 경험의 인식적 기여가 상당히 다르지만 이는 그 둘이 공통의 속성을 가진다는 주장과 양립 가능하다고 말한다. 맥도웰은 결국 경험의 인식론적 기여는 그 공통의 속성에 수반하지 않는다고 말하는 것이다.

2장

감각소여 이론

1. 전통적 경험론

데카르트와 달리 경험론자들은 모든 관념들이 궁극적으로 경험에 기인한다고 보았다. 감각 경험을 통해 우리의 의식에 직접적으로 주어진 것은 인상impression이며 관념은 인상에 기인한다. 인상들은 생생한 원본이고 관념들은 인상들의 복사라고 할 수 있다. 경험론자들은 사고를 구성하는 개념들이 경험에 주어진 소재로부터 복사copy나 추상화abstraction의 과정을 거쳐 궁극적으로 도출되는 것으로 본다. 이러한 경험론적 전통은 인지과학에서 인간의 개념적 능력이 경험의 여러 양상에 특수한 표상을 활용한다는 가설에 의해 계승된다. 그러나 개념의 기원에 대한 개념 경험론concept empiricism을 받아들여도 이것이 사고의 정당성이 경험으로부터 도출됨을 보장하지는 않는다. 모든 생각들이 궁극적으로 감각에 기인한다고 해도 우리가 세계에 대해 마음먹는 바가 반드시 그것의 원인이 되는 경험에 의해 정당화된다고 볼 수는 없다. 이는 어떤 행동의 도덕성이 그 행동의 원인이 되는 동기의 선함으로부터 도출되지 않는 것과 유사하다. 비록 철수가 영희를 진정으로 사랑한다고 해도, 영희가 원하지 않는 스토킹 행위는 도덕적으로 비난받을 수 있다. 아무리 좋은 동기라고 해도 그것이 그로 인해 촉발된 행동을 도덕적으로 정당화하지 않는다.

한편, 이 책의 관심사인 인식론적 경험론에 따르면 경험은 세계에 대한 지식의 궁극적인 원천이다. 경험은 믿음을 정당화한다. 따라서 경험론은 토대론을 옹호하는 또 다른 형태가 될 수 있다. 위에서 지적했듯이 토대론은 다른 믿음에 정당성을 의존하지 않는 기초적 믿음의 존재를 전제한다. 기초적 믿음의 가능한 방식 중 두 번째 방식에 따라, 경험을 믿음의 일종으로 보지 않는 한 경험의 정당성 역할을 인정한다는 것은 기초적 믿음의 가능성을 함축한다. 즉, 철수의 입장에서 자신의 믿음의 정당성을 그의 다른 믿음들로부터 구할 필요가 없다. 그런데 과연 철수의 경험은 어떻게 철수의 믿음을 정당화하는가? 여기서 전통적 경험론은 데카르트적 견해를 수용한다. 즉 경험이 제공하는 지식이 있기는 하지만 그 지식은 주관적 세계에 국한된다고 보는 것이다. 별다른 조건이 없는 한 '전통적 경험론 = 데카르트적 견해'라는 등식을 받아들일 수 있다.

전통적 경험론은 현대에 와서 감각소여 이론sense-data theory으로 대변된다. 일상적으로 우리는 마음-독립적 대상을 직접 지각한다고 생각한다. 우리 주변의 사물들은 예외적인 경우들을 제외하면 직접적으로 우리에게 현상되는 것 같다. 그러나 전통적으로 많은 철학자들은 우리가 직접적으로 지각하는 대상은 친숙한 물리적 대상들이 아니라 심적인 대상인 감각소여라고 생각했다. "탁자 위에 노란 커피컵이 있다"를 회의하는 사람도 "탁자 위에 노란 커피컵이 있는 것처럼 보인다"는 명제를 의심할 수는 없다. 탁자 위에 노란 커피컵이 없다면 전자는 거짓이 되나 후자는 여전히 참이다. 현상적 언어는 우리의 의식에 투명하게 드러나는 심적 대상들을 지시한다. 그것들의 현상됨이 바로 그것의 실재이다.[1]

감각소여 이론의 한 근거는 지각의 상대성relativity of perception이다. 동일한 물체에 대하여 여러 다른 현상들이 존재한다. 같은 약수터 물도 계절에 따라 차갑게 혹은 따뜻하게 느껴지며, 동전의 모양은 보는 각도에 따라 원형으로 보이기도 하고 타원형으로 보이기도 한다. 물론 동전을 구부리거나 녹이면 그 모양이 달리 보인다. 이 경우는 동전 자체가 변화한 것이다. 그러나 동전 자체는 변하지 않았다고 해도 단지 그것을 보는 관점이나 관찰의 상황에 따라 동전이 달리 보이는 것이 지각의 상대성 현상이다. 대상 자체는 변하지 않는데 현상은 달라지므로 물리적 대상들은 현상과 실재가 구분된다. 모양뿐 아니라 색깔도 마찬가지이다. 하얀 커피컵은 조명에 따라 노랗게 또는 파랗게 보일 수 있다. 그러나 감각소여는 조명에 따라 노랗게 또는 파랗게 보일 수 없다. 경험의 변화에 따라 노란 감각소여가 주어졌다가 그것이 사라지고 파란 감각소여가 생성된 것으로 보아야 한다. 물론 동일한 대상이 조명에 따라 다르게 보일 뿐이라고 받아들일 수 있겠지만 감각소여 이론은 다른 설명을 제시한다. 경험 내용 자체를 기술하자면 경험은 매순간 변화무쌍하다. 눈을 깜박할 때마다 시각 경험은 단절되고 간극이 존재한다. 단지 그것을 무시하고 연속적이라고 생각할 뿐이다. 내가 있는 자리에서 친구가

1 물론 이 말은 모든 실재가 다 현상됨을 함축하지는 않는다. 비록 현상되지 않는 실재가 있다고 해도 최소한 현상된다면 바로 현상이 그것의 실재이다.

멀어질 때 분명 친구의 크기는 줄어든 것처럼 경험된다. 물론 우리는 친구가 갑자기 작아진다고 생각하지 않는다. 작아지는 것처럼 보인다는 경험의 측면을 설명하는 한 방식은 감각소여에 호소하는 것이다.

물리 대상의 현상은 실재와 일치하지 않는다. 동일한 물리 대상에 대해 여러 현상들이 존재하므로 그중 어느 현상을 동전의 실제 모습이라고 할 수 있을까? 물론 우리는 동전을 둥글다고 생각하고 둥글게 보이는 현상을 동전의 참모습이라고 생각한다. 비스듬히 볼 때 타원형으로 보이는 현상은 우리가 그것을 보는 각도 때문에 생성된 것이라고 설명한다. 그러나 둥근 모양을 가지고 있고 보는 관점에 따라 타원형으로 보일 수도 있는 대상으로서의 동전이라는 존재는 직접적 지각의 대상이라기보다는 "추론"한 대상이라는 주장도 가능하다. 즉 일상적인 존재로서의 동전은 우리의 마음 안에서 추정된 대상이지, 보거나 만지는 대상이 아니라는 것이다. 감각소여 이론은 바로 그러한 생각을 반영한다. 이 이론에 따르면 우리의 경험에 엄밀하게 주어진 대상은 일상적인 물리 대상이 아니라 변화, 생성, 소멸하는 감각소여이다. 우리의 일상적 세계관은 이러한 감각소여의 세계를 "해석"한 결과이다. 감각소여 이론은 해석이 첨가되기 이전의 오염되지 않은, "순수한" 경험 세계 그 자체를 포착하려고 한다. 우리는 다양한 현상을 동일한 대상의 여러 현상으로 "해석"한다. 만일 "직접적"이라는 표현이 추론과 같은 심적 과정의 부재로 이해된다면, 동전에 대한 지각은 직접적이지 않다. 직접적으로 지각되는 대상은 외적 물리 대상과 구분되는 감각 또는 감각소여라는 심적 대상에 국한된다.

정리하자면, 감각소여 이론에 따르면 철수가 자신의 경험에 호소하여 정당화할 수 있는 믿음은 일상적 지각 믿음이 아니다. 그렇다고 해서 경험이 제공하는 정당화가 없는 것은 아니다. 단지 그 정당화는 철수 자신의 주관적 세계에 대한 믿음들에 국한될 뿐이다.

2. 감각소여 이론의 문제점

감각소여 이론을 받아들이는 철학자들 사이에서도 정확히 감각소여가 어떤 존재인지에 대해서는 이견이 존재한다. 통상 감각소여는 그것이 현상되는 바를 바로 그것의 실재로 본다it is what it seems.[2] 현상이 실재를 소진한다. 또는 현상/실재의 구분이 성립하지 않는다. 감각소여는 여러 다른 방식으로 경험되지 않기 때문에, 지각의 상대성이 감각소여에서는 성립하지 않는다. 그것이 드러나는 바가 바로 그것의 본성이다. 특정 현상이 감각소여라는 주관적 대상을 구성한다. 이는 상당히 비범한 특성이다. 감각소여는 한 번 알게 되면 그것의 모든 것을 알게 되며, 더 이상 알 것이 남지 않는다. 러셀의 말에 따르며, 감각소여에 대해서는 완벽한 지식이 가능하다. 그러나 많은 대상들에 대해 그것에 대해 보다 더 잘 알게 되는 것이 가능하다. 통상 우리는 존재하는 것들은 점차 알아가며 항상 가려진 부분이 있어 더 잘 알게 되는 것이 가능하다고 본다. 이러한 관점에서 보면, 감각소여라는 존재를 받아들이는 입장은 과도한 실재론이라는 비판을 받을 수 있다(Barnes, 144). 감각소여는 너무

---

2 감각소여는 그것이 현상되는 바가 바로 그것의 본성이라고 했다. 그렇다면 역으로 그것의 본성은 반드시 현상되는가? 이에 대해서는 이견이 존재한다. 현재 나에게 현상되지 않고 있는 감각소여도 존재할 수 있다면 그 질문에 대해 부정적인 답이 가능하다. 즉, 나에게 드러난다면 그 드러나는 바가 그것의 본성이나, 그 모든 본성이 다 드러나지 않는다면 감각소여에 대해 실재가 반드시 현상된다it seems what it is고 할 수 없다.

쉽게 그 존재를 확보하기 때문이다.

감각소여에 대한 또 다른 문제는 배중률의 위반이다. 감각소여 이론에 따르면 경험에 주어진 대상은 현상되는 바가 그 실재이다. 그런데 멀리서 물체를 볼 경우 우리의 경험에 주어진 감각소여는 원형이지도 않고 각이 져 있지도 않다. 이는 우리가 그 감각소여가 원형인지 아닌지 알 수 없다는 주장과 구분되어야 한다. 감각소여 이론이 옳다면 감각소여는 원형도 아니고 각이 진 것도 아닌 것이다. p를 "그 감각소여는 원형이다"라고 할 때, p는 참도 아니고 거짓도 아니다. 항상 "p 또는 ~p"는 참이라는 논리 규칙에 위배된다.

감각소여의 동일성 기준과 관련하여 제기될 수 있는 또 다른 반론은 주관적 구분 불가능성이라는 개념에 기반을 두고 있다. 노란색 종이 세 장을 서로 비교해본다고 하자. A와 B는 서로 구분되지 않고, B와 C도 서로 구분되지 않으나, A와 C는 구분이 된다. 구분 불가능성은 전이적이지 않다. 감각소여에 이를 적용해보자. A와 B를 볼 때의 감각소여를 A′, B′라고 한다면 A′와 B′는 색이 구분되지 않고, 이는 B′와 C′의 경우에도 마찬가지이다. 그러나 A′와 C′는 색이 구분된다. 그런데 만일 감각소여의 경우 구분 불가능성은 곧 동일성이라는 전제가 성립한다면, A′와 B′가 색이 동일하고 B′와 C′도 색이 동일하다. 그런데 동일성은 전이적이므로 A′와 C′의 색도 동일해야 한다. 그러나 A′와 C′는 구분 가능하므로 그 둘의 색은 동일하지 않다. 이는 모순이다. 이 문제의 핵심은 감각소여의 구분 불가능성과 동일성의 구분을 유지할 수 있느냐에 있다. 물리 대상이라면 비록 둘의 색이 달라도 육안으로 구분되지 않을 가능성을 인정할 수 있다. 그러나 우리가 지각하는 대상이 감각소여일 경우, 그것의 현상이 곧 실재이므로 구분할 수 없다면 동일하다고 해야 하지 않을까?

마지막으로 감각소여 이론가는 소위 **경험의 투명성**을 설명해야 할 부담을 가질 수 있다. 경험의 투명성에 대해서는 여러 다른 해석이 가능하나 통상적인 해석은 우리가 외적 물리 대상을 볼 때 그 대상과 우리 사이의 계면interface 역할을 하는 대상이 없다는 것이다. 나무를 보고 있을 때 내성적 주의attention를 나무를 보는 경험 자체로 전이함으로써 우리가 의식하게 되는 것은 다름 아닌 나무 자체이다. 소위 경험 자체의 본래적 속성은 사실 알고 보면 경험이 표상하는 대상에 귀속된다. 이러한 일상적 경험의 투명성을 감각소여 이론은 어떻게 설명할 것인가?

이러한 문제들에도 불구하고 감각소여를 받아들여야 한다는 논증이 있다. 우리에게 투명하게 드러나는 존재자는 감각소여와 같은 심적 대상에 국한된다는 주장은 전통적으로 **착시 논증**The Argument from Illusion에 의해 뒷받침된다. 물에 잠긴 막대기가 휘어 보이는 착시를 고려해 보자. 착시 논증은 다음과 같은 구조를 가지고 있다.

1. 그 막대기는 휘어져 보인다.
2. 휘어진 어떤 것이 존재한다.
3. 그것이 막대기는 아니다.
4. 휘어진 것은 감각소여이다.
5. 일반적으로 우리의 지각에 주어진 대상은 감각소여이다.

착시 논증의 결론에 따르면 우리는 결코 외적 대상을 직접 지각하지 않는다. 착시 논증 또한 여러 방향에서 비판을 받아왔다. 한 비판에 따르면 문제시 되는 추론 단계는 "F으로 보이는 것이 있다"라는 전제로부터 "F가 있다"는 결론을 도출하는 것이다. 또 다른 비판은 일반화 단계에 주목한다. 착시의 경우 감각소여가 지각되더라도 일반적으로 지각에 주어진 대상이 감각소여라는 결론은 타당하지 않다.

착시 논증의 문제점들로부터 얻을 수 있는 교훈은 다음과 같다. 착시 논증의 일반화 단계에 대한 비판과 유사한 방식으로 다음과 같은 논증을 제기할 수 있다.

1. 환각을 가지고 있다면 외적 세계에 대한 지식을 얻을 수 없다.
2. 환각과 참인 지각은 구분할 수 없다.
3. 따라서, 참인 지각의 경우에도 외적 세계에 대한 지식을 얻을 수 없다.

이러한 논증에 대한 여러 반발들이 제기되었다. 반발을 제기하는 철학자의 대다수는 철수의 입장에서도 그의 경험이 외적 세계에 대한 지식과 믿음의 정당성을 제공할 수 있다고 생각한다. 이런 생각은 데카르트적 견해를 일단 받아들이고 외적 세계에 대한 믿음의 정당성을 주관적 믿음으로부터 도출하려는 시도는 성공할 수 없다는 진단에 기반을 두고 있다.

그렇다면 위 논증의 문제는 무엇인가? 한 가지 진단은 다음과 같다. 위 논증에 숨겨진 전제는 "주관적으로 구분되지 않는 경험들의 인식론적 함의는 그중에서 가장 열등한 경험의 인식론적 함의를 초과할 수 없다"는 것이다. 주관적 세계에 대해 알려준다는 의미에서 환각의 인식론적 함의는 열등하다는 전제에 따르면 지각 경험의 인식론적 함의 또한 주관적 세계에 국한된다. 맥도웰의 용어를 사용하자면, 그 숨겨진 전제는 "최대 공약 논제highest common factor conception"이다. 최대 공약 논제는 착시 논증의 일반화 단계와 유사하다. 맥도웰은 착시 논증의 일반화 단계가 부당한 것처럼 최대 공약 논제도 부정해야 한다고 주장한다. 지금 내가 책상 위의 노란 커피컵을 본다고 해보자. 만일 나의 경험이 환각이라면 나는 책상 위에 노란 컵이 있음을 알 수 없다. 무엇보다 아예 책상 위에 노란 컵이 없기 때문이다. 알아야 할 사실 자체가 존재하지 않는 것이다. 따라서 환각은 기껏해야 감각소여에 대한 앎aquaintance을 제공할 뿐이다. 그런데 최대 공약 논제에 따르면 내가 책상 위의 노란 커피컵을 실제로 보고 있는 참인 지각의 경우에도 나는 책상 위의 노란 커피컵의 존재를 알 수 없다.

데카르트적 견해는 외적 세계에 대한 지식의 문제를 첨예하게 만들고, 결국 외적 세계에 대한 회의주의를 강요한다. 맥도웰은 최대 공약 논제가 애당초 우리를 데카르트적 견해로 인도하는 주범이라고 진단한다. 맥도웰은 데카르트적 견해를 받아들인 다음 회의주의에 대항하려고 하지 말고, 최대 공약 논제를 부정함으로써 아예 데카르트적 견해로 가는 길을 차단해야 한다고 주장한다. 이러한 방식으로 맥도웰은 일상적인 외적 세계에 대한 믿음들을 토대 믿음으로 간주할 수 있는 길을 연다. 즉, 철수는 경험에 호소하여 외적 세계에 대한 자신의 믿음을 정당화할 수 있다.

3. 명제적 소여

앞에서 데카르트적 견해를 극복하기 위한 맥도웰의 방책을 소개했다. 맥도웰의 입장은 나중에 본격적으로 다시 논의할 것이므로 여기서는 최대 공약 논제에 대해 한 가지 지적을 하고 넘어가기로 하겠다. 최대 공약 논제는 다음 원리와 상당히 유사해 보인다.

◆ **동등성 원리**: 주관적으로 동일한 두 경험의 인식론적 기여는 동일하다.

주관적으로 동일한 두 경험의 사례는 빨간 사과를 실제로 보는 경험과 빨간 사과를 환각하는 경험이다. 이 두 경험이 주관적으로 동일하다고 말하는 것은 아무런 차이가 없다는 의미는 아니다. 빨간 사과를 실제로 보는 경험은 사과가 주체 앞에 있는 상황에서 발생한다. 반면 빨간 사과를 환각하는 경우 주변에 아무런 사과가 없을 수 있다. 그럼에도 불구하고 "내면적으로" 두 경우는 같다고 할 수 있다. 또는 세상이 경험 주체에게 현상되는 바는 동일하다. 철수 자신의 입장에서 그 두 경험은 동일하다. 동등성 원리는 소위 내재주의적 직관에 충실하다고 볼 수 있다. 경험 주체의 입장에서 고려한다면 주관적으로 동일한 경험들의 인식론적 기여는 동일하다고 보아야 하지 않을까? 만일 빨간 사과를 실제로 보는 지각 경험이 빨간 사과가 있다는 믿음을 정당화해준다면, 빨간 사과를 보는 것 같은 환각 경험을 한 사람도 동일한 믿음을 정당하게 가질 수 있다고 보아야 한다. 일인칭 시점에서는 내가 딱히 그 사람보다 나은 인식적 입장에 있지 않다. 물론 이미 지적했듯 주관적으로 동일한 경험들의 외적 상황은 다를 수 있고, 이 차이 때문에 경험들의 인식론적 역할이 달라진다는 주장은 가능하다. 그러나 이러한 주장은 지식에 대한 외재주의적 입장에 호소하고 있으며 외재주의적externalistic 입장은 주체의 관점을 포착하지 못한다는 비판이 제기될 수 있다. 즉, 철수 자신의 입장에서 제기되는 정당성의 문제를 답하는 데 도움이 되지 않는다는 것이다.

인식적 정당화나 지식에 대한 외재주의적 접근은 통상 믿음의 형성 과정에 주목한다. 예를 들어, 믿음의 인식적 위상은 그것이 신빙성 있는reliable 과정의 산물이냐 아니냐에 의존한다는 주장은 외재주의적이다. 봉주르Laurence Bonjour는 "노만"이라는 가상의 인물을 통해 외재주의를 비판한다. 노만은 상당히 신빙성 있는 천리안을 가지고 있어서 그 덕분에 현재 대통령의 위치에 대한 참인 믿음을 가진다. 그러나 그는 자신이 어떻게 현재 대통령의 위치에 대해 알게 되었는지는 전혀 의식하지 못한다. 다른 사람이 물을 경우 대통령이 어디에 있는지를 정확히 말해 줄 수 있지만, 이러한 능력이 자신의 천리안 덕분임은 전혀 모르고 있다. 이 경우 노만의 믿음이 정당성을 결여하고 있다는 것이 봉주르의 주장이다. 노만의 능력에 대해 잘 알고 있는 제3자의 입장에서는 노만의 믿음이 어떻게 참이 되는지 전혀 신비하지 않다.

> 그러나 이 점이 어떻게 노만의 믿음을 정당화해줄 수 있단 말인가? 노만 자신의 관점에서는 그의 믿음의 참은 우연이다. 노만의 믿음의 정당성과 합리성은 노만이 가질 수 없는 제3자의 입장이 아니라 노만 자신의 입장에서 평가되어야 한다(Bonjour, 43-44).

봉주르의 이러한 반론, "주체적 관점의 반론the Subject's Perceptive Objection"이 담고 있는 직관은 인식적 정당성과 합리성은 주체의 관점에서 이해되어야 한다는 것이다. 이 책은 봉주르의 직관을 수용하고 어떤 방식으로 그 직관을 수용할 수 있을지에 초점을 맞추고 있다.

여기서 중요한 점은 동등성 원리가 최대 공약 논제와 구분되어야 한다는 것이다. 물론 동등성 원리를 받아들이고 환각 경험이 주관적 세계에 대한 믿음을 정당화해준다면 주관적으로 동일한 참인 지각 경험도 주관적 세계에 대한 믿음을 정당화해준다. 그러나 동등성 원리 자체가 환각 경험이 주관적 세계에 대한 믿음을 정당화해줄 뿐이라는 논제를 강요하지는 않는다. 즉, 최대 공약 논제와 달리 동등성 원리 자체가 데카르트적 견해를 함축하지는 않는다. 만일 최대 공약 논제를 데카르트적 견해를 함축하는 것으로 이해한다면 동등성 원리는 최대 공약 논제와 구분되어야 한다. 동등성 원리는 아직 경험의 "인식론적 기여"가 무엇인지에 대해 특정한 가정을 하지 않고 있다. 경험 e가 어떤 인식론적 기여를 한다면, 그것과 주관적으로 동일한 경험 e′도 동일한 기여를 한다고 말할 뿐이다. 물론 외재주의를 받아들이는 사람은 내재주의적 직관 자체를 부정할 수 있지만 이는 동등성 원리가 데카르트적 견해를 강요하므로 동등성 원리는 부정되어야 한다는 비판과는 구분되어야 한다. 동등성 원리는 경험의 현상적, 주관적 성질의 인식론적 의미를 심각히 받아들인다는 의미에서 주관주의적이다. 그러나 이러한 의미의 주관주의는 지식의 토대가 주관적 세계에 있다는 주장의 부정과 양립 가능하다. 동등성 원리 자체가 데카르트적 견해를 함축하지 않는다면, 데카르트적 견해를 부정하는 사람이 반드시 동등성 원리를 부정해야 할 필요가 없다.[3] 즉, 데카르트적 견해를 부정하는 사람이 반드시 인식론적 선

3 또한 동등성 원리를 받아들이는 사람은 형이상학적 선언주의를 수용할 수 있다. 왜냐하면, 위에서 지적했듯이 형이상학적 선언주의가 인식론적 선언주의를 함축하지 않기 때문이다. 즉, 동등성 원리를 받아들이는 것이 우리로 하여금 형이상학적 이원론을 받아들일 것을 강요하지 않는다. 주관적으로 구분되지 않는 경험들의 인식론적 함의가 같다는 말은 그 경험들의 대상이나 내용이 같다는 말을 함축하지 않는다. 두 경험, e1과 e2의 대상이나 내용이 다르다고 해도 두 경험이 주관적으로 구분되지 않거나 주관

언주의를 받아들일 필요가 없다.

또한 경험의 인식적 독립성의 수용이 반드시 데카르트적 견해를 강요하는 것은 아니다. 한 경험의 인식론적 함의의 총체를 그 경험의 소여 the given이라고 하자. 즉, 한 경험의 소여는 그 경험으로부터 내가 세계에 대해 무엇을 알 수 있는지 무엇을 정당하게 믿을 수 있는지를 말해준다. 전통적 경험론에 따르면 경험은 사고와 독립적으로 소여를 가지며 이러한 소여 개념은 데카르트적 견해를 함축하지는 않는다. 비록 경험이 경험 주체가 가지고 있는 사고/세계관과 독립적으로 소여를 가진다고 해서 그 소여가 반드시 주관적 세계에 대한 직접적 인식이 될 이유는 없기 때문이다.

경험의 인식적 독립성과 동등성 원리 모두 데카르트적 견해를 강요하지 않는다면, 무엇이 전통적 경험론을 데카르트적 견해로 귀착되게 했는가? 감각소여 이론에 따르면 우리가 경험을 통해 직접 지각하는 대상은 외적 세계의 대상들이 아니라 내적인 대상들이다. 이러한 견해는 경험의 소여와 인식적 독립성을 인정할 뿐 아니라 소여에 대해 특정한 가정을 하고 있다. 즉, 경험은 개념에 의해 매개되지 않고 대상, 성질, 사실 등 실재의 모습을 직접적으로 우리에게 드러내준다는 것이다. 세계의 어떤 부분이 우리에게 직접적으로 드러남으로써 경험이 인식론적 기

적으로 동일할 수 있다. 주관적으로 동일한 경험들의 인식론적 함의가 같다는 말은 경험의 주관적인 동일성에 대한 어떤 형이상학적 논제를 가정하지 않고 있다. 형이상학적 선언주의가 옳다면 e1을 통해 주체에게 주어진presented 대상은 노란 컵이지만 환각 경험인 e2를 통해 주체에게 주어진 대상은 기껏 노란 컵의 감각소여이다. 그럼에도 불구하고 e1과 e2는 주관적으로 동일할 수 있다. 경험의 주관적 특징을 궁극적으로 어떻게 해명하든지 주관적으로 동일한 경험들은 그 주체의 인식론적 삶에서 동일한 함의를 가질 수밖에 없다는 것이 동등성 원리의 내용이다.

여를 한다는 것은 경험의 소여에 대한 특정한 가정이다. 굽타를 따라 우리는 이를 "**명제적 소여**the propositional given"라고 부를 것이다(Gupta, 33).[4] 한 경험의 소여는 그 경험이 우리의 믿음 체계에 대해 가지는 인식적 기여의 총체인데, 그 소여가 명제적이라는 것은 소여에 대한 특정한 입장이다. 명제적 소여에 따르면, 경험의 인식적 기여는 항상 특정 명제 P에 대한 정당화를 제공한다.

명제적 소여를 가정하면 동등성 원리는 자연스럽게 우리를 데카르트적 견해로 인도한다. 어떤 경험 e가 외적 명제 P를 소여로 가진다고 해보자. 예를 들어, 나의 현재 경험은 "내 앞에 소나타가 주차되어 있다"라는 소여를 가진다. 그런데 만일 내가 꿈에서 동일해 보이는 소나타를 보았다면 그 꿈의 경험 e′는 e와 주관적으로 동일하다. 그렇다면 동등성 원리에 의해 e′ 또한 외적 명제 P를 소여로 가져야 한다. 그러나 e′는 그러한 소여를 가질 수는 없다. 외적 명제가 성립하지 않기 때문이다. 나는 꿈을 꾸고 있고 내 앞에 소나타는 없다. 없는 사실을 알 수 없다. 따라서 경험이 명제적 소여를 가진다면 외적 대상에 관한 명제는 배제될 수밖에 없다.

그렇다고 해서 감각소여 이론이 옳다는 말은 아니다. 내적 대상에 대한 명제 또한 경험의 소여에 문제없이 포함될 수 있는지는 불분명하다. 전통적 경험론에 따르면 감각소여가 직접적 인식의 대상이다. 감각소여에서는 현상과 실재의 구분이 성립하지 않는다. 즉, 물리적 대상과 달리 다양한 경험이 가능하지 않다. 그러나 지각의 상대성이 성립하지 않는다는 사실이 감각소여에 대한 우리의 경험에 직접적 인식을 제공하는

4 굽타 저술의 한 중심적 주장은 명제적 소여의 가정이 경험론을 데카르트적 견해로 인도하는 주범이라는 것이다.

가? 내가 노란 컵을 보고 있다고 생각할 때도 나의 경험은 실제로 노란 감각소여 대상을 가지고 있을 수 있다. 만일 감각소여가 나의 경험에 주어진 대상이라면 그 현상이 바로 그것의 실재가 된다. 그러나 이 말이 경험의 주관적 성질이 감각소여를 결정함을 함축하지는 않는다. 즉, 비록 나의 현재 경험의 주관적 성질이 감각소여로부터 기인했다고 해도 그것이 필연적으로 참을 보장하지는 않는다. 왜냐하면 그 주관적 성질은 실제로 노란 컵에 기인했을 수도 있기 때문이다. 경험의 주관적, 현상적 성질은 주체, 세계의 여러 다양한 조합과 양립 가능하다. 위의 가능성 외에도 내 경험의 현상적 성질은 노란 조명하의 하얀 컵일 수도 있고 혹은 노란색 렌즈를 통해서 본 하얀 컵일 수도 있다.

경험이 객관적 세계의 대상들에 대한 직접적 의식을 제공하지 않는다는 감각소여 이론가들의 지적은 옳다. 즉, 경험의 소여는 객관적 명제를 포함하지 않는다. 그러나 그렇다고 해서 경험이 주관적 세계에 대한 직접적 의식을 제공하는 것은 아니다. 비록 우리 경험의 대상들이 감각소여라고 하더라도 경험이 대상들에 대한 인식을 제공하지는 않으며 언어의 지시 대상을 고정해주지 않는다. 경험이 최소한 감각소여에 대한 특별한 인식적, 의미론적 기여를 할 수 있다는 추론은 다음과 같이 타당하지 않다.

1. 태양계에는 일곱 개의 행성이 있다.
2. 따라서 필연적으로, 태양계에는 일곱 개의 행성이 있다.

그렇다면 데카르트 견해를 계승하는 전통적 경험론의 핵심적 문제점은 바로 경험이 세계의 대상, 성질, 사실을 직접적으로 드러내 준다는 명제적 소여라고 진단할 수 있다. 즉, 경험은 내적 세계든 외적 세계든 특정 사태를 우리에게 드러내 주는 데 인식적 기여가 있다고 보기 어렵다. 데카르트 견해의 핵심적 문제점에 대한 이러한 진단은 맥도웰의 진단과 뚜렷하게 차별된다. 사실 최대 공약 논제의 근처에는 동등성 원리와 같은 호소력 있는 원리가 있다. 따라서 최대 공약 논제에 주목하기보다는 명제적 소여를 청산해야 할 데카르트적 유산으로 간주할 수도 있다. 명제적 소여의 문제점을 인식한다면 이는 대안적 소여 개념을 찾는 작업에 동기를 부여할 수 있을 것이다. 그러나 맥도웰의 노선을 택할 경우, 비명제적 소여에 대한 추구는 아예 가시권 밖으로 사라진다.

지금까지 데카르트적 견해의 극복과 관련하여 두 가지 상이한 접근에 대해 알아 보았는데, 데카르트적 견해를 극복하는 과제는 3부에서 본격적으로 다룰 것이다. 1부의 나머지 부분에서는 데카르트적 견해를 받아들일 경우 어떤 결과가 발생하는지를 좀 더 살펴보기로 하겠다. 오랜 철학적 논의가 보여주는 바는 데카르트적 견해가 외적 세계에 대한 지식의 문제와 관련하여 우리를 막다른 골목으로 인도한다는 것이다. 즉, 필연적으로 외적 세계를 상실할 수 있다는 우려가 제기된다.

3장

재현주의적 실재론

1. 재현주의적 지각 이론

경험experience은 통상 지각perception과 구분된다. 환각의 경우 경험은 발생하지만 주변 세계에 대한 어떤 인식을 가져오지는 않는다. 다시 말해 빨간 사과를 환각한 경험이 당신 앞에 있는 빨간 사과에 대한 인식을 가져오는 것은 아니다. 우리가 무엇을 지각했다고 할 때는 인식을 포함한다. 따라서 지각이 경험을 함축하지만 그 역은 성립하지 않는다. 그렇다면 경험에 무엇인가를 추가함으로써 지각을 분석하려고 할 수 있다. 우선 인지적 측면을 추가하는 방식이 제안될 수 있다. 경험만으로 어떤 인식을 가져오지 않지만, 경험에 인지적 측면을 추가할 때 지각이 생성되는 것이다. 한편, 반대 방향에서의 분석도 가능하다. 즉, 경험을 특정한 지각으로 이해하는 것이다. 이렇게 분석할 경우 일단 환각이 문제가 된다. 빨간 사과를 환각하는 것이 빨간 사과의 존재에 대한 지각을 가져다주지는 않기 때문이다. 그러나 빨간 사과를 환각하는 경우도 빨간 사과가 아닌 다른 대상을 지각하는 것으로 분석할 수도 있다. 즉, 사과와 같이 마음-독립적인 물리 대상이 아니라 마음-의존적인 심적 대상을 지각하는 것으로 보는 것이다. 물론 위에서 살펴본대로 감각소여 이론에 따르면 실제로 빨간 사과를 보는 경우에도 우리가 지각하는 대상은 감각소여이다.

지각의 본성에 대한 다양한 입장들과 방대한 논의를 정리하고 분류할 필요가 있다. 이를 위해 다음 세 문장을 보자.

1. 물리 대상은 마음-독립적이다.
2. 물리 대상은 지각의 직접적 대상이다.
3. 지각의 직접적 대상은 마음-의존적이다.

위의 세 문장은 비일관적이며 적어도 하나는 거짓이다. 어떤 문장을 부정하느냐에 따라 최소한 다음 세 가지 입장이 가능하다.

- 관념론idealism: 2와 3을 받아들이고 1을 부정
- 재현주의적 실재론representative realism: 1과 3을 받아들이고 2를 부정
- 직접적 실재론direct realism: 1과 2를 받아들이고 3을 부정

이 중 관념론과 재현주의적 실재론은 공히 3을 받아들인다. 즉, 감각소여 이론을 따라 직접 지각의 대상을 감각소여와 같은 심적 대상에 제한하며 인식론적으로 데카르트적 견해를 계승한다. 그러나 관념론과 달리 재현주의적 실재론은 마음-독립적 물리 대상에 대한 믿음을 받아들

인다. 3장에서는 재현주의적 실재론의 내용과 문제점을 살펴보기로 하겠다. 우리의 관심사는 과연 데카르트적 견해의 틀 내에서, 즉, 3을 받아들이면서 마음-독립적 세계를 복구할 수 있는가에 있다.

로크가 대변하는 재현주의적 실재론에 따르면 외적 세계의 대상들로부터의 자극은 우리의 감각 기관에 인과적 영향을 끼치고, 이는 두뇌를 거쳐 "감각 경험"을 촉발한다. 이를테면 앞에 사과가 있을 때 우리는 사과 표면에 반사한 빛이 눈을 통해 망막을 자극하고 그 자극이 다시 두뇌에 전달되는 복잡한 뇌신경학적 과정을 거쳐 "사과를 본다"는 경험을 한다. 재현주의적 실재론은 지각에 대한 과학적 지식과 어우러진다. 그렇다고 해서 재현주의적 실재론을 순수한 과학적 이론으로 간주하기는 어렵다. 과학적 설명은 소위 "사과를 본다"는 경험의 생성에 이르기까지의 과정을 밝히는 데 주력하지만, 그 주체가 실제로 사과를 보는지 아니면 다른 대상을 보는지 등에 대해서는 질문을 제기하고 답하려 하지 않기 때문이다. 반면, 재현주의적 실재론에 따르면, 우리는 사과와 같은 외적 대상들 자체를 결코 직접 지각하지 못하며 그 대상들이 촉발한 관념을 지각할 뿐이다. 관념들은 직접 의식되는 반면, 관념들은 그것을 인과적으로 촉발한 외적 대상들을 재현하거나 표상한다. 주체의 입장에서는 외적 대상들의 존재와 성격에 대한 지식이 간접적일 수밖에 없다. 관념들로부터 그것이 표상하는 바를 읽어내야 하기 때문이다. 다시 말해, 재현주의적 실재론은 관념론과 마찬가지로 지각의 직접적 대상이 마음-의존적임을 인정한다.

로크는 마음이 지각하는 것, 혹은 지각, 사고, 이해의 직접적 대상을 "관념ideas"이라고 부른다. 그리고 마음의 관념을 생성하는 대상의 힘을 "성질qualities"이라고 부른다. 로크에게 있어 "관념"은 인상이나 감각 등

심적 대상들을 포괄하는 단어이다. 이를테면 눈덩이는 우리의 마음속에 하얗고, 차고, 둥근 관념들을 인과하는 힘을 가지고 있다. 하얗고, 차고, 둥근 관념들은 눈덩이의 어떤 성질들과 상응하는가? 성질은 다시 1차적 성질과 2차적 성질로 분류된다. '딱딱함', '부피', '모양', '움직임' 등은 외적 대상들이 본래적 가지고 있는 1차 성질이며, '색깔', '소리', '맛' 등은 대상 자체가 본래적으로 가지고 있는 성질은 아니다. 크기, 모양, 움직임 등 대상 자체가 가지고 있는 1차 성질들의 조합이 색깔, 소리, 맛의 관념들을 생성하며 그 성질은 대상이 그러한 관념을 생성할 수 있는 성향적 성질들이다. 성향적 성질들도 대상 자체의 성질이라고 할 수 있지만 색깔, 소리, 맛과 유사한 성질이라고 할 수는 없으며, 오로지 지각 주체의 관념에 따라 상대적으로 정의될 수밖에 없다. 이는 외적 대상들이 지각 주체의 존재 유무와 상관없이 가지는 1차 성질과 확연히 구분된다.

로크의 지각 이론은 마음-독립적 외적 세계의 존재를 받아들인다는 점에서 일상적인 세계관에 부합한다. 그러나 과연 일상적 믿음을 로크의 방식으로 옹호할 수 있을지는 논란거리이다. 로크의 지각 이론은 옳은가? 왜 받아들여야 하는가? 마음-독립적 물질 자체에 귀속되는 1차적 속성을 부정하는 버클리George Berkeley는 과연 우리가 그러한 관념을 가질 수 있는지 묻는다. 로크도 2차적 속성이 물질 자체에 귀속되는 성질이 아니고 마음-의존적임은 인정한다. 그러나 1차적 성질은 마음-독립적이다. 이에 대해 버클리는 우선 1차적 속성은 2차적 속성과 연합되어 경험된다고 지적한다. 빨간 사과는 딱딱함과 부피, 모양 등과 색깔이라는 속성을 가지고 있다. 버클리는 빨간 사과의 1차적 속성을 색깔로부터 추상화해서 색깔 없는 커피컵을 생각해보라고 주문한다. 색깔은 없지만 모양, 크기, 경도는 있는 사과를 생각할 수 있는가? 버클리 자신은 그러한 추상화를 실행할 수 없다고 고백한다. 아마 실제로 빨간 사과를 보고 상상으로 다른 색을 가진 동일한 모양의 사과를 상상할 수는 있을 것이다. 그럼에도 불구하고 여전히 어떤 색을 가지고 있어야 한다. 버클리는 따라서 마음-의존적인 2차 속성과 분리될 수 없는 1차 속성들도 결국 마음-의존적이 될 수밖에 없다고 결론 내린다.

1차 속성이든 2차 속성이든 지각의 직접적 대상은 관념이다. 관념은 지각과 독립적이지 않다. 그런데 로크는 관념을 넘어서 그와 독립하여 존재하는 물질과 그것의 1차 속성이 존재한다고 본다. 버클리는 과연 우리가 그러한 존재를 어떻게 알 수 있는지 묻는다. 관념으로부터 출발해서 그것과 독립적인 물질의 존재를 추론하는 것이 정당한가? 부정적 답변의 근거에 대해서는 다음의 세 가지 대답이 가능할 것이다.

첫째, 물질 그 자체는 감각에 직접적으로 의식되지 않는다. 딱딱함이라는 1차 속성을 경험할 때 우리는 촉각을 사용한다. 손으로 압박할 경우 딱딱한 고체는 저항을 느낀다. 그러나 그 저항감은 반드시 딱딱함과 비슷하지 않다. 예를 들어 아주 팽팽하게 바람을 집어넣은 농구공을 만질 때도 딱딱한 고체와 같은 저항을 느낄 수 있다.

둘째, 원형의 동전도 각도에 따라 타원형으로 보이기도 한다. 어떤 관념이 동전 자체의 성질과 유사하다고 결론 내려야 하는가? 물론 동전 자체는 둥근 모양이라고 생각한다. 그러나 감각 자체가 이를 말해주지는 않는다.

셋째, 관념과 대상의 유사성을 논하려면 관념에 상응하는 대상을 볼 수 있어야 하지 않는가? 두 개의 돌의 모양을 비교하려면 그 두 돌을 모두 보아야 한다. 그런데 관념에 상응하는 대상을 볼 때, 로크 자신의 견해에 따라 결국 우리가 보는 것은 대상 자체가 아니고 관념일 뿐이다.

물론 둥근 동전을 보기도 하고 만져보기도 해서 어떤 시각 관념과 촉각 관념이 유사한지를 알 수는 있다. 그러나 이는 관념들 간의 유사성이지 관념과 대상 간의 유사성을 알 수 있는 방법은 아니다.

대상의 존재는 감각이나 이성을 통해서 알 수 있다. 감각이 아니라면 이성이 1차 속성과 물질의 존재를 확보해주는가? 관념으로부터 물질의 존재로 인도하는 이성적으로 불가피한 길이 존재하는가? 버클리나 흄과 같이 회의적인 철학자들은 외적 물질의 세계가 없음에도 불구하고 우리가 가지는 모든 관념들이 그대로 유지되는 가능성은 충분히 상상 가능하다고 지적한다. 물론 그럼에도 불구하고 우리는 외적 대상이 존재한다고 믿는다. 이 믿음은 정당한가? 흄은 이 질문 자체가 잘못되었다고 본다. 대신 흄은 우리가 어떻게 해서 그 믿음을 가지게 되었는지를 물어야 한다고 주장한다. 왜 우리는 직접 지각하는 대상은 인상과 같은 심적 대상임에도 불구하고 그와 별개의 책상에 집착하는가? 사람들은 비록 번지점프 기구가 안전하다고 알고 있으나 그 지식이 높은 위치에 있을 때의 공포심을 제거해주지는 않는다. 자신의 지식에 비추어본다면 공포심을 느낄 이유가 없다. 그럼에도 불구하고 공포심은 자연스럽게 생성된다. 마찬가지로 "A가 B의 원인이다"라는 말은 A와 B 사이의 심적 연결을 의미한다. 즉, 비슷한 경험들이 지속될 때 우리의 마음은 다음 순간에도 유사한 경험이 반복될 것이라고 예상한다. 이러한 마음의 습관은 우리가 타고난 심리적 경향 때문이다. 그러나 흄의 이러한 설명은 이성적 근거의 부재와 양립 가능하다.

버클리 또한 그의 시각 이론에서 객관적인 거리가 시각에 주어져 있지 않다고 주장한다. 그렇다면 거리에 대한 우리의 관념은 어디서 오는가? 버클리의 답변에 따르면 거리 지각은 시각이 촉각이나 운동과 연계됨으로써 가능하다. 직관적인 사례를 들어보자. 차가 어떤 방향에서 당신에게 다가올 때, 차가 오는 방향을 어떻게 인식하고 있는가를 언어적으로 표현하기 어렵다 해도 차가 오는 방향을 손으로 가리킬 수 있다. 혹은 그 방향으로 몸을 돌릴 수 있다. "저 방향"이라는 말이 의미하는 바는 당신의 몸과 운동이 정의된 공간에 상대적으로 이해될 수 있다. 방향은 절대적으로 인식되지 않고 당신의 몸과 주변 물리적 공간에 상대적으로 인식된다. 방향에 대한 이러한 주장은 거리 지각은 운동 관념과의 연결을 필요로 한다는 버클리의 사고와 밀접히 연관되어 있다.[1]

흄과 버클리는 로크식의 재현주의에 대해 심각한 반론을 제기했다. 일단 우리가 직접 지각하는 대상이 관념들이라고 인정한다면, 그 관념들과 독립적인 것으로서 물리 대상에 대한 인식과 믿음의 정당성을 확보하기 어렵다. 재현주의적 실재론에 대한 또 다른 불만은 비록 관념들이 물리 대상을 재현할 수 있다고 해도 우리가 직접 지각하는 대상이 외적 세계를 재현한다는 사실이 우리의 경험이 외적 세계를 재현함을 의미하지는 않는다는 것이다. 경험이 외적 세계를 재현조차 하지 않는다면 어떻게 경험이 외적 세계에 대한 우리의 믿음을 정당화해줄 수 있겠는가? 물리 대상이 우리의 직접적 의식 밖에 놓여 있다면 우리가 과연 "물리 대상"이라는 말에 의미를 부여할 수 있는지조차 의심스럽게 된다. 재현주의적 실재론은 결국 외적 세계의 상실을 초래한다.

---

1 R. Schwartz, *Vision*, Wiley-Blackwell, Oxford, 1993. 참조.

2. 지각에 대한 인과 이론

외적 물리 대상에 대한 지각이 추론 과정을 요구하므로 외적 물리 대상을 직접적으로 "지각"했다고 볼 수 없다는 버클리의 비판에 대해서 잭슨은 다음과 같은 반발을 제기한다. 방 안에 앉아서 집 앞 도로를 지나가는 자동차 소리를 들었다고 하자. 감각소여 이론에 따르면 직접적으로 지각된 것은 자동차 소리이고 우리는 이로부터 "자동차가 간다"라고 추론한다. 그러나 자동차 소리가 아니라 자동차 자체를 지각할 수는 없는가? 그 소리가 자동차가 내는 소리임을 모른다는 사실이 자동차 자체를 청각 경험의 대상에서 배제하는가? 만일 그 소리가 실제로 자동차로부터 나는 소리라면 우리는 자동차를 지각했다고 할 수 있지 않나? 학습과 추론은 그 소리가 자동차에서 나는 소리임을 믿거나 알기 위해 필요하지 자동차를 듣기 위해 필요한 것은 아니다. 잭슨은 자동차가 지각의 "간접적" 대상임을 인정한다. 그런 의미에서 잭슨은 로크의 재현주의를 계승한다. 그러나 잭슨은 그 "간접적"이라는 말을 반드시 학습과 추론을 포함하는 것으로 이해할 필요가 없다고 주장한다. 이러한 주장을 뒷받침해주는 사례는 다음과 같다.

두 사람이 배를 타고 항해하고 있다고 해보자. 둘 다 밤하늘의 북극성을 보았다. 그러나 그중 한 사람만이 그것이 북극성임을 알고 이러한 정보에 따라 항로를 변경해야 함을 안다. 반면 다른 사람은 그것이 북극성임을 모른다. 둘의 차이는 어떤 별이 북극성인지를 분간할 수 있는 능력이다. 그러나 이러한 차이에도 불구하고 둘 다 북극성을 보기는 했다. 즉, 두 사람 다 "비인식적non-epistemic" 의미에서 북극성을 지각했다. 그러므로 두 사람의 차이는 개념적, 추론적 능력에 있다. 비인식적 지각은 그러한 능력을 요구하지 않는다.

지각을 두 종류로 구분하는 것, 비인식적/인식적 지각의 구분 자체에 논란의 여지가 있다. 경험 자체가 개념과의 융합을 요구하며 경험의 내용은 개념적이라고 주장하는 사람의 입장에서는 비인식적 지각이라는 개념 자체를 문제 삼을 것이다. 심리학적 증거에 기반을 두고 지각이 이론적인 배경으로부터 단절된 이론-중립적인 과정이 아니라 오히려 배경 지식에 의해 영향을 받는 과정이라고 주장할 수도 있다. 경험 주체의 배경 지식이나 인지적 능력이 개입되지 않은 순수하게 경험적인 능력으로서의 비인식적 지각이라는 심리학적 실체에 의심을 제기할 수 있다.

비인식적/인식적 지각의 구분을 받아들이더라도 여전히 문제는 있다. 위에서 살펴보았듯 경험에 주어진 대상은 외적 대상이 아니라 내적인 감각소여라는 것이 전통적 견해였다. 잭슨은 전통적 견해를 받아들이더라도 외적 대상이 단지 마음 안에서 구성된다고 볼 필요가 없다고 주장한다. 그렇다면 어떻게 외적 대상이 비인식적 지각의 대상이 될 수 있는가? 한 가지 대답은 지각 경험과 외적 대상 사이에 인과관계가 성립한다는 것이다. 만일 당신의 앞에 큰 거울이 있고 그 거울이 당신 뒤편에 있는 화분을 비추고 있다고 해보자. 이때 당신은 거울의 존재를 알지 못한다. 따라서 당신은 당신의 앞쪽에 화분이 있다고 생각한다. 그리고 실제로 화분은 거울 뒤 당신의 앞에 있기는 하다. 이때 당신이 본 화분은 어느 것인가? 우리의 직관에 따르면 당신은 거울 뒤의 화분이 아니라 당신 뒤편에 있는 화분을 보았다. 이러한 직관을 잘 설명해주는 것이 인과적 가설이다. 당신의 지각 경험은 거울에 비친 뒤편의 화분과 연결되어 있고, 경험의 성격은 그 화분의 성질과 체계적으로 연동된다. 즉, 화분이 움직이거나 깨어지면 당신의 경험도 따라서 변한다. 그러나 화분에는 이러한 연계가 결여되어 있다.

인과적 연결이 지각의 대상을 결정하는 데 기여한다는 주장은 설득력이 있다. 그러나 이 주장은 인과관계가 지각의 충분조건임을 함축하지는 않는다. 선천적으로 시각 장애를 겪던 사람이 수술을 통해 시각을 가지게 되었다고 해보자. 이런 사람들은 아직 시각 경험을 활용하지 못할 뿐만 아니라 오히려 혼란스러워 할 수도 있다. 물론 시각 경험은 가지게 되었다고 할 수 있으나 "대상을 본다"고 할 수 있을지 의심스럽다. 그렇다면 대상들과 시각 경험 사이에 적절한 인과관계가 존재한다는 것은 비인식적 의미에서도 물리 대상을 지각한다고 말하기에 충분하지 않다.

또 다른 문제는 인과적 연결이 비인식적 지각의 대상을 결정해주지는 않는다는 점이다. 왜냐하면 지각 경험은 외적 대상의 변화와 인과적으로 연동될 뿐 아니라 대상에서 반사된 빛의 패턴, 망막에 맺힌 상, 신경연결의 패턴 등과도 연동된다. 비록 외적 대상이 변하지 않아도 망막에 맺힌 상을 인위적으로 조절한다면 지각 경험은 변화한다. 그렇다면 이 여러 대상 중 어느 것이 비인지적 지각의 대상인가?

> 나는 지금 나의 시각 신경을 보지 않는다. 기껏해야 특정한 인과적 방식으로 연결된 대상들만이 표상되고, 보여지고, 알려지고, 지칭된다. 인과 이론가들은 바로 그 특정한 종류의 인과관계가 무엇인지를 말해주어야 한다 (Stampe, 44).

결국 비인지적 지각의 대상을 결정하는 문제에 대해서는 지금까지 제시된 다양한 해결책 중 그 어느 것도 만족스럽지 못하다는 것이 필자의 견해이다.[2]

3. 경험과 사고의 분리

우리의 지각 경험을 특정한 외적 대상에 대한 경험으로 만드는 것은 무엇일가? 이에 대해 인과 이론가들은 지각 경험과 대상 사이의 인과관계로 답하고자 한다. 그러나 위에서 살펴보았듯이 인과 이론은 여러 문제에 봉착한다. 인과 이론이 잘못되었다면 이로부터 어떤 교훈을 얻을 수 있을까? 또는 잘못된 교훈은 무엇인가?

인과 이론의 핵심은 지각 경험의 대상을 결정하기 위하여 지각 경험을 촉발하는(선 경험적) 인과관계에 주목하는 것이다. 즉, 인과 이론은 지각 경험에 의해 촉발되는(후 경험적) 인지적 과정이 지각 경험의 대상과 무관한다고 가정하고 있다. 어떤 대상 O를 F로 보기 위해서는 O 자체를 보는 것이 필요하다. 즉, 인지적 지각은 O 자체를 보는 대상적 지각을 필요조건으로 요구한다. 인지적 지각을 대상적 지각에 인지적 요소를 첨가한 것으로 분석하는 것이다.

- O를 F로 본다seeing that O is F = O를 본다seeing O + 개념적 능력

예를 들어, 책상 위에 커피컵이 있음을 보기 위해서는 책상 위의 커피컵을 보고 또한 그것을 커피컵으로 개념화해야 한다.

인과 이론에 대한 한 비판은 바로 이러한 분석 자체를 문제시한다. 비판을 제기하는 사람은 비인지적 지각 자체가 이미 개념적 능력에 의존한다고 주장한다. 보다 일반적으로 지각의 대상은 사고 능력과 행동

2 B. Yoon, "Intentionality of Perceptual Experience", *Erkenntnis*, 52, 2000. 참조.

능력에 의존한다는 것이다. 지각을 사용하는 사고와 행동의 능력에 의해 지각 대상이 결정된다. 이러한 관점의 한 예는 노에Alva Noe 등이 제시하는 행화 이론enactive theory of perception에서 찾을 수 있다. 노에에 따르면 외적 대상에 대한 지각 능력은 그 지각을 사용하는 행동과의 연관성에 의존한다. 예를 들어, 우리 앞에 조각상이 있다고 하자. 조각상은 여러 각도에서 다양한 현상을 우리에게 드러낼 것이다. 물론 그 조각상은 단순한 현상들의 모임이나 집합이 아닌 독립적으로 존재하는 물체이다. 그렇다면 어떤 의미에서 우리는 부피와 뒷면을 가진 3차원의 물체인 조각상을 본다고 할 수 있을까? 답은 감각-행동의 연계에 대한 지식knowledge of sensory-motor coordination에 있다. 우리가 조각품을 볼 수 있는 것은 몸이나 눈의 운동에 따라 그 물체가 우리에게 어떻게 현상될지를 알기 때문이다.[3] 이런 접근의 한 철학적인 선례는 퐁티Maurice Merleau-Ponty 등의 현상학적 전통에서 찾을 수 있다. 퐁티는 "모든 외적 지각은 즉각적으로 내 몸에 대한 어떤 지각과 동일한 의미를 가진다"고 말한다(Merleau-Ponty, 31).[4] 나의 몸은 외적 객관 세계를 구성하는 중심점을 제공한다. 다른 전통이긴 하나, 정보의 처리보다는 정보의 채집을 지각의 핵심으로 간주하는 깁슨의 직접적 지각 이론에서도 유사한 사고를 찾을 수 있다. 지각의 세계는 각 동물의 행동 가능성affordances에 의해 구성된다. 평편한 둔덕은 날아가는 새에게는 "착지할 수 있는 곳", 사슴에게는 "타고 넘어가야 할 곳", 개미에게는 "집을 지을 수 있는 곳"으

3 Alva Noe, *Action in Perception*, MIT Press, 2004.의 1장을 참조. 노에의 접근에 대한 비판적 고찰은 윤보석, 「지각과 몸: 노에의 이론을 중심으로」(『인지과학』, 제25권 4호, 2014)를 참조할 것.

4 "Every external perception is immediately synonymous with a certain perception of my body(…)"

로 지각된다. 환경이 각 동물에게 행동의 소지를 제공afford하는 것이다. 극단적으로 표현하자면, 지각의 세계는 몸에 상대적으로 구성된다. 이러한 접근들은 모두 지각 대상을 결정함에 있어 몸과 행동을 강조하고 있다. 지각을 단지 세계와 단절된 마음에 입력을 제공하는 수동적 기능을 가진 것이 아니라 개체의 행동과의 연관성에 의해 구성된 것으로 보는 것이다.

이와 같은 비판은 경험과 사고를 융합된 것으로 보는 칸트적 견해를 계승하고 있다고 볼 수 있다. 어떤 의미에서 현대의 소위 재현주의 representationalism도 칸트적 요소를 가지고 있다. 재현주의는 지향성과 재현적 내용을 기반으로 의식과 현상성을 분석하고자 한다. 즉 마음을 근본적으로 재현적인 것이라고 본다. 보다 구체적으로 재현주의는 (i)재현적 성질을 행동주의적, 기능적, 인과적, 생물학적 용어로 분석하고 (ii) 의식 경험의 본성을 재현적 성질에 있는 것으로 분석한다. 즉 지향적, 재현적 성질을 의식과 분리하여 (i)을 달성한 다음 의식 경험을 재현적 성질로 분석함으로써 (ii)를 성취한다. 그다음 (i)과 (ii)를 종합할 경우 마음 일반에 대한 통합적인 자연주의적 이론이 제공될 수 있다는 것이다. 이러한 접근의 저변에는 통상 사고에 부여되는 지향적, 재현적 성질이 보다 근본적이며 현상성은 지향성에 환원된다는 가정이 있다. 현상적 경험의 독립성을 부인한다고 볼 수 있다.[5]

그렇다면 사고와 경험의 상호 연관성에 대한 이러한 논의로부터 어떤 인식론적 결론을 도출할 수 있을까? 만일 경험이 사고에 의존한다면 경험이 우리의 사고에 대한 중립적인 정당화 역할을 할 수 없다는 결론

5 이러한 가정에 대한 한 반론은 지향적, 재현적 성질이 의식에 의존한다는 주장이다.

이 도출될까? 이러한 결론은 바람직하지 않고 불가피하지도 않다. 경험이 인과적, 형이상학적으로 사고에 의존한다는 것은 경험의 인식적인 독립성과 양립 가능하다. 경험은 사고 없이 온전하지 않고 사고로부터 부분적으로 파생한다고 해도 우리의 사고에 논리적으로 반발할 수 있다. 사실 사고와 경험의 본성에 대한 우리의 사고 또한 결국 경험적으로 정당화될 수밖에 없지 않는가? 이런 가능성을 열어둔다면, 경험의 인식론적 역할은 사고와 독립적으로 규정될 수 있다고 봐야 한다(물론 경험의 본성과 관련하여 선험적인 주장을 뒷받침하려는 시도가 있기는 하다). 즉, 사고와 경험의 본성을 포함한 세계에 대한 담론과 논쟁에 있어서 경험은 이성적 역할을 가져야 한다. 물론 전통적 경험론은 경험을 사고와 분리시켜 경험이 주관적 세계에 대한 즉각적 지식을 가져올 수 있다고 보았고, 이는 결국 외적 세계의 상실과 회의주의를 가져왔다. 그러나 이러한 난국의 원인은 경험과 사고의 분리보다는 경험의 인식론적 역할에 대한 특정한 가정에 있을 수 있다. 즉 위에서 지적했듯이, 경험이 만일 인식론적 역할을 한다고 해도 이는 특정한 대상이나 사태를 우리에게 직접 드러내는 데 있을 수밖에 없다는 명제적 소여의 가정이 원인일 수 있다. 명제적 소여의 가정은 데카르트적 견해를 강요하며, 지각의 대상은 내부 세계에 한정된다. 여기서 외적 세계에 대한 지각의 문제가 첨예하게 대두된다. 재현주의적 실재론의 한 유형에 따르면 경험은 외적 대상에 대한 비인식적 지각을 제공함으로써 외적 대상에 대한 지식에 기여한다. 이에 대해 외적 대상에 대한 지각이 순수하게 비인식적 측면과 개념 능력이 결합된 것으로 보는 분석 자체에 문제가 있다는 비판이 제기될 수 있다. 사실 그 "비인식적 지각"이 어떻게 주체의 앎에 인식적 기여를 할 수 있는지 불가사의하다. 그 비인식적 측면이 주체의 개념과 결합할 경우 외적 대상에 대한 지각이 발생한다고 하지만, 여전히 경험 주체는 내적 세계에 감금되어 있으며, 진정한 의미에서 외적 세계와 연결되어 있다고 보기 어렵다. 따라서 재현주의적 실재론에 대한 반발들은 충분히 공감할 수 있지만 그렇다고 해서 개념 활동과 독립된 경험의 인식적 권위를 부정할 이유는 없다. 왜냐하면, 문제는 경험의 인식적 독립성이 아니라 경험의 인식적 기여에 대한 특정 가정에 있을 수 있기 때문이다.

4. 최선의 설명

재현주의적 실재론자가 마음-독립적 물리적 세계에 대한 가정을 정당화하는 한 방법은 최선의 설명으로의 추론inference to the best explanation에 호소하는 것이다. 동일한 대상도 보는 각도에 따라 여러 사람에게 다르게 보일 수는 있지만 그럼에도 불구하고 사람들의 경험은 서로 비슷하다. 중고 책상을 구입할 때 책상을 판 사람이 책상에 대해 가지고 있었던 감각소여까지 구입할 수는 없다. 그리고 판매자는 더 이상 책상에 대한 감각소여를 가지지 않는다. 그러나 구매자는 판매자의 감각소여와 비슷한 감각소여를 계속 가지게 될 것이다. 왜 비슷한 감각소여들이 발생하는가? 러셀은 이에 대한 최선의 설명이 다수의 사람들에 공통적인 동일한 대상이 있기 때문이라고 주장한다.

이와 같은 주장을 한 후 러셀은 위와 같은 설명이 심각한 문제를 가지고 있음을 즉각 인정한다. 여러 사람들의 비슷한 감각소여를 설명하기 위해 공적인 외적 대상이 필요하다는 설명은 나의 감각소여 이외에 "다른 사람"

이라는 존재를 상정하고 있다. 따라서 공적인 외적 대상의 존재를 증명하기 위해 공적인 외적 대상을 가정하는 것이다. 이는 선결 문제의 오류이다.

러셀은 외적 세계의 존재를 **증명**할 수는 없다고 인정한다.[6] 이 세계가 나와 나의 감각소여로만 구성되어 있으며 모든 다른 것은 허구일 뿐이라는 유아론은 논리적으로 불가능하다. 논리적으로 불가능하지 않다는 것이 반드시 참을 의미하지는 않지만 그렇다고 해서 유아론이 틀렸고 일상적 세계관이 참이라는 근거는 무엇일까? 이에 대한 한 대답은 유아론은 일상적 세계관에 비해 더 "복잡한" 가설이라는 것이다. 고양이를 거실에서 보았는데 한참 뒤 방에서 다시 보았다면 그 사이에 고양이가 거실에서 방으로 움직였다고 보는 것이 자연스럽다. 만일 고양이가 나의 감각소여일 뿐이라면 내가 보지 않는 동안 아예 존재하지 않다가 내가 다시 볼 때 다시 배고픈 고양이로 소생했다고 해야 할 것이다. 거실에서는 밥을 먹고 배가 불렀는데 방에서 다시 볼 때 배고파한다. 만일 내가 보지 않는 동안 고양이가 존재하지 않았다면 이러한 변화를 어떻게 설명할 것인가? 유아론은 이러한 변화를 설명되지 않는 기초적인 사실로 받아들일 수밖에 없다. 반면 고양이가 독립적으로 존재한다고 보는 것은 이러한 변화를 통합적으로 설명하는 훨씬 "단순한" 가설이다 (Russell, 23).

러셀은 여기서 감각소여와 외적 세계의 관계를 자료와 그것을 설명하는 이론적 가설의 관계로 간주하고 있다. 외적 세계를 상정하는 가설이 감각소여에 대한 가장 최선의 설명을 제공하므로 이는 외적 세계를 믿어야 할 좋은 이유가 된다는 것이다. 그러나 고양이의 사례를 좀 더

---

6 반면, 무어는 외적 세계의 존재를 증명하려고 했다. 무어의 증명은 3부에서 다룰 것이다.

자세히 살펴보면 이러한 주장에도 문제가 존재한다. 고양이가 시간 t1에는 거실에, 시간 t2에는 방에 있었다면 이를 설명해주는 것은 고양이가 연속적으로 움직여 거실에서 방으로 갔다는 사실이다. 고양이가 사라졌다가 다시 방에서 재생했다는 가설은 위의 관찰에 대한 설명으로 받아들이기 어렵다. 그러나 이러한 설명은 시간 t1에서의 고양이에 대한 감각소여와 시간 t2에서의 고양이에 대한 감각소여의 존재를 설명하는 것과는 별개의 문제이다. 즉, 물리 대상으로서의 고양이는 연속적인 단계를 거치지 않고 변화했다고 보기 어려우나 감각소여의 발생을 설명하는 것은 다른 문제가 된다. 고양이가 에너지를 필요로 하는 동물로, 소화 기관을 가지고 있어서 그 상태가 변한다는 가정 자체가 바로 여기서 문제시되는 사안이므로 이 또한 선결 문제의 오류이다. 버클리는 유물론자들이 외적 대상이 어떻게 관념을 발생시키는지 왜 물리적 자극으로부터 심적인 관념이 유도되는지를 설명하지 못했다고 비판한다.

최선의 설명 모델이 가지는 또 다른 문제는 일상적 판단의 정당화에 대한 잘못된 기술을 하고 있다는 것이다. "책상 위에 노란 컵이 있다"라는 일상적 판단을 고려해보자. 최선의 설명 모델에 따르면 이 판단은 나의 경험을 넘어서는 이론적 위상을 가진다. 즉, 그 판단은 나의 경험에 대한 기술을 넘어서는 추론의 산물이다. 우선 "나는 이런 경험을 하고 있다"라는 판단을 내린다. 그리고 "이런 경험이 있으면 노란 컵이 있다"라는 이론적 지식으로부터 노란 컵에 대한 나의 판단이 도출된다. 그런데 그 배경 지식은 어디서 오는가? 이 배경 지식이 선험적인 것이 아니라면, 어떻게 경험이 그러한 지식을 제공하는가? 그리고 과연 우리의 일상적 판단이 반드시 이러한 방식으로 정당성을 가지게 되는지조차 불분명하다. 경험이 일상적 판단에 대한 정당성을 제공한다고 해서 일상적 판단이 경험의 내용에 대한 판단으로부터 추론적으로 정당화될 필요는 없다.

일반적으로 이론적 가설을 평가함에 있어 그것에 의해 설명되고 예측되는 실세계의 자료는 그 가설에 중립적으로 기술될 수 있어야 한다. 즉, 평가 대상인 가설의 내용을 기술하기 위해 도입된 용어를 사용해서 그 자료를 기술할 수는 없다. 따라서 최선의 설명 모델에 따르면 나의 경험은 일상적 판단과 독립되게 기술되어야 한다. 예컨대 "책상 위에 노란 컵이 있다"는 판단을 구성하는 "책상"이나 "노란 컵"과 같은 개념이 사용되지 않고 나의 경험이 기술될 수 있어야 한다. 그러나 이러한 요구가 충족될 수 있는지는 불투명하다. 일반적으로 경험을 기술할 때는 자신이 가지고 있는 외적 세계에 대한 개념들을 자연스럽게 사용한다. 만일 현재 나의 시각 경험을 기술하라고 한다면 "나는 책상 위의 노란 컵을 보고 있다"라고 할 것이다. 일상적 판단이 경험에서 한 걸음 더 나아간 것이라기보다는 경험에 대한 기술이 일상적 판단으로부터 한 걸음 뒤로 후퇴한 것이라고 보는 것이 더 실제 실행에 부합한다. 즉, 책상에 대한 판단보다 오히려 경험에 대한 판단이 더 "이론적"인 위상을 가지고 있다고 볼 수도 있다.

과학적 지식에 의하면 고양이로부터 반사된 빛이 동공을 통해 망막을 자극하고 이런 자극의 패턴이 시신경을 통해 시각 중추에 전달되어 "시각 경험"이 발생한다. 그러나 문제는 마지막 단계에 있다. 많은 철학자들이 지적하듯이 두뇌의 활동과 경험의 생성 사이에는 "설명적 간극the explanatory gap"이 존재한다. 비록 두뇌 활동과 경험 사이에 어떤 필연적인 의존관계가 성립한다고 해도 우리가 그 관계를 이해할 수 없다는 것이다. 블록Ned Block의 유명한 비유에 따르면, 두뇌의 활동에 의해서 의식 상태가 발생하는 것은 알라딘의 마술 램프를 문지르면 지니가 나오는 것처럼 이해하기 어렵다. 물론 그 둘 사이에 구조적인 유사성이 발견될 수도 있다. 그러나 이러한 상응 관계correlation의 성립만으로는 설명을 제공했다고 할 수 없다. 설명이 존재하지 않는다면 최선의 설명도 존재하지 않는다. 물리 대상을 볼 수 없는 세계invisible universe에 귀속시킨 후 우리가 볼 수 있는 대상을 물리 대상에 의해 설명되는 것으로 보고자 하는 것은 결국 설명 방식 자체의 정당화에 대한 질문을 필연적으로 남긴다. 오래 전부터 과연 마음-독립적 대상들이 경험 내용에 대한 최선의 설명을 제공하는지에 대한 비판이 제기되었다. 과연 물리주의자들이 감각과 인상의 생성을 "설명"할 수 있을까? 인상이나 관념이 어떻게 마음-독립적 외적 대상에 의해 생성되는지에 대한 적절한 설명은 여전히 나오지 않고 있다.

흄은 직접적으로 지각하지 않는 대상의 연속적인 존재에 대한 믿음의 근거를 물으면서 지각되지 않는 대상에 대한 인상을 가질 수 없다고 주장한다. 인상 자체는 나에게 "이것은 외적 대상으로부터 왔다"고 말해주지 않는다. 흄의 유명한 구절[7]을 인용하자면, 하나의 지각은 이중 존재의 관념을 제공하지 않는다.

7 "A single perception can never produce the idea of double existence."

4장

현상론과 의미 분석

지금까지 재현주의적 실재론이 봉착하는 여러 문제들을 살펴보았다. 재현주의적 실재론은 다음 세 문장 중 1과 3을 받아들이고 2를 부정하는 입장이었다.

1. 물리 대상은 마음-독립적이다.
2. 물리 대상은 지각의 직접적 대상이다.
3. 지각의 직접적 대상은 마음-의존적이다.

데카르트적 견해는 3에 의해 대변된다고 볼 수 있으므로, 만일 3을 받아들인다면 남는 선택지는 2와 3을 받아들이고 1을 부정하는 것이다. 즉, 관념론을 따라 마음-독립적 물리 대상을 부정하는 것이다. 데카르트적 견해의 틀 내에서 마음-독립적 세계를 복구하는 문제의 해결에 대한 비관적 전망은 마음-독립적 세계의 부정에 동기를 제공한다. 현상론phenomenalism은 20세기 초 관념론적 사고를 계승하는 영향력 있는 이론이었다. 4장에서는 현상론의 문제점들을 통해 3을 유지하는 또 다른 선택지도 받아들이기 어려움을 보이고자 한다.

1. 관념론과 현상론

러셀은 물리 대상이 마음-독립적이라고 주장하는 동시에 우리가 그것에 대한 "앎"을 가질 수 있다고 본다. 지각에 의해 알 수 있는 대상이 내적인 심적 대상에 국한된 상황에서 마음-독립적 대상에 대한 앎은 어떻게 확보되는가? 러셀은 지식을 크게 두 가지 종류로 구분한다. 감각소여에 대한 앎은 직접의식에 의한 앎knowledge by acquaintance이다. 물리 대상은 직접의식에 의해 알 수 없다. 그렇다고 해서 물리 대상에 대한 앎이 불가능한 것은 아니다. 러셀은 물리 대상에 대한 직접의식은 불가능하지만 그럼에도 불구하고 기술에 의한 지식knowledge by description이 가능하다고 주장한다. 이를테면 "나는 중국의 황제를 직접 의식할 영광을 가지지는 못했지만, 나는 그가 존재한다는 참인 판단을 한다."는 것이다(Russell, 44).

러셀에 따르면 일상적 고유명사는 축약된 한정 서술구이다. 비스마르크Otto von Bismarck는 자신의 이름을 사용하여 자신을 지칭할 수 있다. 그가 "비스마르크는 키가 작다"라고 주장할 때 그 자신이 이 주장의 요소가 된다. 비스마르크 자신은 자신의 이름을 진정한 의미의 고유명사로 사용할 수 있다. 그러나 다른 사람들이 "비스마르크"라는 단어를 사용할 때는 사정이 다르다. 일단 다른 사람들은 비스마르크를 볼 때 그의 몸과 행동과 연관된 자신들의 감각소여를 직접 지각할 수밖에 없다. 비스마르크의 몸과 행동은 특정 역할과 직위와 연결된다. 이를테면, 관찰자는 비스마르크를 "독일 제국의 첫 번째 수상"으로 서술할 수 있다. 결국 다른 사람들이 "비스마르크"라는 고유 명사를 사용할 때 그 단어는 비스마르크에 대한 어떤 서술들을 축약하고 있다고 보아야 한다. 물론 그 서술들은 어떤 방식으로 다른 사람들이 가진 감각소여와 연결되어야 한다.

그런데 물리 대상에 대한 표현들은 어떻게 감각소여와 연결되는가? 예를 들어 "이것은 사과다"라는 문장을 보자. 그 문장은 "이것은 시고, 둥글고……" 등으로 정의될 수 있을 것이다. 이 경우 정의항은 감각소여와 그것의 성질들을 지칭하는 어휘들로 채워진다. 이는 직접적 정의이다. 한편, 직접적 방식 외에 다른 방식의 정의도 가능하다. 정의하고자 하는 단어가 등장하는 모든 문장에 대해 그 단어가 사라진 다른 문장을 제시하는 정의 방식이 바로 그러한 경우이다. 러셀의 한정 서술구 이론the theory of definite description은 정관사를 포함하는 한정 서술구를 직접적으로 정의하는 대신 한정 서술구가 등장하는 문장 전체를 다른 문장으로 대체한다. 한정 서술구를 포함하는 문장은 양화사 문장으로 분석된다.[1] 정관사 "the"는 독립적으로 의미를 가지지 않는 불완전한 기호이다.

직접적 정의와 문맥적 정의를 활용하여 러셀이 뒷받침하려고 하는

1 예를 들어 "the Present King of France is bald"라는 문장은 "프랑스의 현재 왕이 최소 한 명 그리고 최대 한 명이 존재하며, 그 사람은 대머리이다"로 분석된다. 분석된 문장에서 "the"는 사라진다. 러셀의 분석에 따르면 원래 문장은 거짓이다. 현재 프랑스에는 왕이 없기 때문이다.

원리는 다음과 같다.

> 우리가 이해하는 모든 명제는 전적으로 우리가 직접 대면하는 요소들로 구성되어야 한다(Russell, 58).

러셀의 이 근본 원리에 따르면 우리는 결국 경험을 통한 직접 지칭에 의해 의미가 확보되는 단어들과 그 단어들로 정의된 문장만을 이해할 수 있다. 예를 들어 "중국의 황제"처럼 우리가 직접 의식할 수 없는 대상들에 대한 의미 있는 진술이 가능하다면, 이는 우리가 직접 대면하는 감각소여와의 연결을 필요로 한다. 물리 대상에 대한 지식은 궁극적으로 직접의식에 토대를 두고 있어야 한다. 그러나 이 말이 물리 대상과의 직접 의식을 필수로 요구하는 것은 아니다. 물리 대상에 대한 고유명사와 한정 서술구는 그들이 사용되는 전체 문장의 분석을 통해 물리 대상을 지칭하는 표현이 제거된 문장으로 정의된다. "독일 제국의 첫 번째 수상", "사과" 등 물리적 어휘들은 독립적 의미를 가지지 않는다. 그들은 그들이 등장하는 문장 내에서 문맥적으로 의미를 가진다. 그러한 표현들은 그들이 등장하는 모든 문맥에서 직접 의식되는 대상들을 지시하는 단어들로 교체되기만 하면 된다. 이러한 의미에서 러셀의 한정 서술구 이론은 직접의식을 넘어선 의미의 확대를 설명하는 유효한 수단을 제공한다. 즉, 직접적 정의가 허용되지 않는 표현들도 문맥적 정의를 통해 경험적 의미를 확보할 수 있다.

그러나 한편 이러한 의미론적 구도가 과연 마음-독립적 세계에 대한 실재론과 부합하는지 여부는 불투명하다. 물리적 세계에 대한 진술의 의미와 지식이 결국 감각소여에 대한 진술의 의미와 지식으로 환원된다면 결국 세계에 대해 알아야 하는 지식은 감각소여에 대한 지식에 제한되는 게 아닐까? 그렇다면 결국 마음-독립적 세계에 대한 진술과 믿음을 포기하는 것은 아닐까? 물리 대상에 대한 진술과 지식이 결국 감각소여에 대한 진술과 지식으로 환원된다면 진정한 의미에서 감각소여를 넘어서는 것은 존재하지 않는다. 이러한 생각은 결국 관념론으로의 이행에 동기를 제공한다.

관념론자들은 재현주의적 실재론과 달리 아예 마음-독립적 세계를 부정한다. 이는 우리가 직접적으로 지각하는 대상은 마음-의존적임을 인정하면서도 이로 인해 야기되는 마음-독립적 세계의 인식에 대한 문제를 근본적으로 차단한다. 물리 대상을 지각의 영역 안으로 끌고 들어와 주관적 관념의 세계와 외적 객관적 세계 사이의 간극을 제거한다. 그렇다고 해서 관념론자들이 소위 물리 대상에 대한 언명들이 무의미하다고 생각할 필요는 없으며 그들 또한 그렇게 생각하지도 않는다. 물리 대상에 대한 담론을 감각소여에 대한 담론으로 정의한다면, 물리 대상에 대한 담론의 의미를 보존할 수 있다. 현상론자들은 러셀의 방법을 활용하여 물리 대상에 대한 언명의 내용을 감각소여만을 사용하여 정의할 수 있다고 주장한다. 러셀의 표현을 빌리자면 외적 물리 대상은 감각소여의 "논리적 구성물logical constructions"이다. 현상론은 관념론의 정신을 계승한다.

현상론에 따르면 외적 대상들에 대한 모든 주장은 감각소여를 언급하여 완전히 기술할 수 있다. 현상론은 하나의 의미론적 주장이다. 20세기 초반의 경험론에 대한 논의의 중심에는 일상적 혹은 과학적 명제의 내용과 의미에 대한 분석이 놓여 있다. 현상론자들을 외적 대상뿐 아니라 이론적인 대상들의 존재론적 위상에 대하여 반실재론적 태도를 취한다. 가령 원자, 중성자 등 이론적 대상의 존재론적 위상에 대하여 현상론자들은 그것이 인과적 추론을 통하여 감각으로부터 추론할 수 없음을 지적한다. 이때 원자는 오히려 "적도"와 같이 가상적 존재로, 현상을 예측하기 위해 도입된 도구적 존재이다. 뉴턴 역학에서의 "힘"은 실제 존재하지 않지만 그렇다고 무용한 것은 아니다. 실제 존재하지 않더라도 현상을 예측하기 위해 유용할 수 있다. 뉴턴에서 아인슈타인으로의 전이는 "힘"의 존재에 대한 반박이 아니다. 중요한 것은 "힘"이 존재하느냐 아니냐가 아니라 현상들을 얼마나 정확히 예측할 수 있느냐이다. 뉴턴의 이론보다 아인슈타인의 이론이 수성의 정확한 위치와 같은 천문학적 사실들을 더 잘 예측한다. 현상론에 따르면 존재하는 것은 감각들이며 다른 모든 존재들은 감각들로 구성된다.

현상론은 의미, 인식에 대한 문제로부터 출발해 형이상학적 결론을 도출하는 하나의 사례로 이해될 수 있다. 감각소여가 의식에 직접적으로 주어졌다고 가정했을 때, 그와 독립적인 대상들에 대한 인식에 우리는 어떻게 도달할 수 있으며 그들을 무엇이라고 지칭할 수 있을까? 그 대상들은 우리의 마음에 어떻게 등록될 수 있는가? 내 마음에 등록되지 않는 것은 어떤 의미를 가질까? 이러한 태도는 마음에 등록되지 않는 사물들에 대한 반실재론에 동기를 부여한다. 현상론자들은 또한 과학적 실재론에 대한 비판을 제기한다. 과학의 이론적 대상들에 대한 말이 의미 있는 것은 그 말들이 신비스럽게 마음 밖의 세계와 "연결"되기 때문이 아니다. 설사 그렇다고 해도 그 연결이 어떻게 그 말의 구체적 사용에 영향을 줄 수 있겠는가? 단어와 관련된 나의 모든 사용에 아무런 차이를 가지오지 않는 의미는 부정되어야 한다.

위에서 언급했듯이 그렇다고 해서 현상론자들이 일상적, 이론적 대상들에 대한 담론을 무의미하다고 생각하는 것은 아니다. 지금 교실에 놓여 있는 책상에 대해 "이 책상은 밤새 이 방에 있었다"고 말한다고 해 보자. 수업이 없는 밤에 아무도 책상을 지각하고 있지 않다면 그 책상의 존재는 지각과 독립된 것이 아닌가? 이에 대해 현상론자는 "만일 누군가 밤에 그 책상을 보고 있다면, 어떤 감각을 가질 것이다"라고 분석한다. 실재하는 경험이 아니라 "가능한 경험"에 호소하는 것이다. 문장의 의미는 현재 그리고 가능한 경험들에 어떠한 차이를 가져오는가에 의해 결정된다. 어떤 문장도 무수히 많은 미래 경험들을 포함할 수 있으며 따라서 완벽히 검증될 수 없다. 만일 내가 앞에 있는 책상에 더 가까이 가서 관찰해 본 결과 그것이 책상처럼 생긴 홀로그램이라는 것이 드러나면, "이 방에 책상이 있다"는 문장은 반증된다.

현상론자들은 미래의 어떤 경험에 의해서도 반증되지 않으며 그러한 반증 가능성으로부터 면제된 특별한 언어를 상정한다. 이 특별한 현상적 언어가 일상적, 이론적 언어를 환원하는 기반이 된다. 예를 들어, "이 방에 책상이 있다"는 문장과 달리 "이 방에 책상이 있는 것처럼 보인다"라는 진술은 나중에 그것이 책상처럼 보이는 홀로그램임을 발견한다고 해도 여전히 반증되지 않는다. "책상이 실제로 존재하지는 않지만 여전히 그런 것처럼 보이기는 했다"라고 말할 수 있기 때문이다. 현상론자들은 "이 방에 책상이 있다"와 같은 문장의 의미는 결국 그러한 현상적 언어로 기술할 수 있다고 본다. 이러한 환원적 정의에 의해 일상적, 이론적 담론의 의미와 정당성은 현상적 언어의 의미와 정당성에 토대를 둘 수 있게 된다. 이것이 현상론자들의 의도이다.

2. 현상론의 문제점들

그러나 현상론적 환원은 성공하기 어렵다. 첫째, 현상론자들이 환원의 기반으로 채택하는 현상적 진술은 진정으로 참인가? 우리는 P라는 일상적 판단이 착시 등에 의해 잘못된 것으로 드러났을 때 "P처럼 보이기는 했다"고 말한다. 사실 P가 거짓임이 드러나도 여전히 P처럼 보일 수 있다. 우리가 뮐러-라이어Müller-Lyer illsion의 두 선이 착시 현상임을 알고 보더라도 여전히 두 선의 길이는 다르게 보인다.[2] 그러나 "P처럼 보이기는 했다"라고 말할 때의 의도는 P라는 판단에 경험적인 근거가 있었음을 의미한다. 경험적 근거가 있었고 따라서 경험 자체에 국한한다면 P에 대한 믿음을 받아들일 충분한 근거가 있다고 말하는 것이다. 그러나 이 말이 경험이 P라는 내용과 독립된 내적 영역에 대한 Q라는 판단의 자체적인 정당화를 함축하는 것은 아니다. 독립적인 정보에 의해 뮐러-라이어의 두 선의 길이가 같음을 알고 있더라도 경험 자체에 대해서는 "여전히 두 선의 길이가 다르게 보인다"는 기술이 참이다. 그러나 이러한 현상적 보고는 수정 가능성으로부터 항상 제외되어 있는가? 두 선의 길이가 다르게 보이지 않는데도 불구하고 그렇게 보일 수는 없는가?

소위 부주의 맹시inattentional blindness라는 현상을 고려해보자. 사이먼과 샤브리스Simons & Chabris의 유명한 실험에 따르면 피실험자들은 농구 경기를 찍은 비디오를 감상하면서 경기 내용에 대한 질문에 답해야 한다. 예를 들어 한 팀의 멤버들 간에 연속적인 패스의 횟수를 계산해야 한다. 그런데 경기 중 고릴라 변장을 한 사람이 코트 안을 걸어 다

2 똑같은 길이의 두 선이 끝에 추가된 '깃'의 방향 때문에 다른 길이로 보이는 착시.

니며 여러 동작을 하고 지나갔다고 하자. 나중에 피실험자들에게 고릴라 변장을 한 사람에 대해 질문하면 태반이 그런 사람을 본 적이 없다고 보고한다. 이때 피실험자들의 경험은 고릴라 변장을 한 사람이 등장하지 않는 경기를 보는 경험과 주관적으로 동일한가? 피실험자들이 회상해보건데 후자의 상황과 구분할 수 없다면 두 경험은 동일하다고 할 수 있을까? 그러나 이러한 대답은 회상의 절대적 신뢰성을 가정하고 있다. 물론 동일하다는 대답이 틀렸다는 말은 아니다. 단지 현상적 판단이 정당하려면 회상이 틀릴 가능성을 정당하게 배제할 수 있어야 한다는 말이다. 현상적 판단조차 수정 가능성으로부터 자유롭지 않다.

또 다른 사례로서 달구어진 인두를 등에 대는 고문을 당하고 있는 제임스 본드를 상상해보자. 여섯 번째까지 뜨거운 인두가 등에 닿는 고통을 느낀 본드에게 일곱 번째에는 얼음을 등에다 댄다고 해보자. 고통에 대한 기대 때문에 순간은 엄청난 고통을 느낀다고 생각했을지 모르나 잠시 지난 후 본드는 "실제로는 별 거 아닌 느낌이었다"라고 자신의 당초 생각을 수정할 수 있다. 주관적 현상과 느낌에 대한 판단도 전체적인 상황에 대한 배경 지식과 예상, 기대 등에 의해 왜곡될 수 있는 가능성에서 자유롭지 않다.

현상적 판단과 현상 사이의 간극gap은 다른 방향으로도 성립한다. 48개의 점이 있는 점박이 개를 잠시 보고서 "48개의 점이 있는 것처럼 보인다"고 판단하지 못할 수 있다. 48개의 점 모두 현상하기는 했을 것이다. 그럼에도 불구하고 올바르게 현상적 판단을 내리지 못할 수도 있다.

현상론의 훨씬 더 심각한 문제는 다음과 같다. 만약 현상적 진술을 문제없이 확보했다고 가정하면 현상론적 환원은 성공할 수 있을까? 즉, 물리 대상에 대한 진술을 현상적 언어로만 정의할 수 있는가? 이런 정의가 성공하기 위해서는 정의하는 과정에서 물리 대상에 대한 개념이 다시 도입되지 않아야 한다. 그런데 사실상 그러한 도입은 불가피하다. 예를 들어 "책상이 있다"를 어떻게 현상적 언어로 정의할지 생각해보자. "모양이 어떻고, 크기가 어떻고, 색깔이 어떻고, 만질 때 느낌이 어떻고……"라고 정의한다고 하자. 분명 책상이 가지는 특징적인 현상은 있다. 그러나 이 현상은 가변적이다. 조명에 따라, 시각에 따라 달라진다. 여기서 현상을 "정상적인 상황"에서 드러나는 것으로 국한할 수도 있다. 그런데 정상적인 상황이란 무엇인가? 아마 조명이 일상적이고 나의 시각 기제가 정상적으로 작동하고 있는 조건을 포함할 것이다. 깜깜한 밤에 책상을 본다면 그냥 검은 현상밖에 없다. 그러나 정상적인 상황이 무엇인지 규정하기 위해 "조명", "시각 기제" 등 물리적 용어를 사용해야 한다면 이는 물리적 언어가 완전히 현상적 언어로 정의될 수 있는지에 대해 의문을 제기한다.

현상론은 논리실증주의의 기반이 되는 검증주의 의미이론Verification Theory of Meaning과 밀접히 연관되어 있다. 검증주의 의미이론에 따르면 한 문장의 의미는 그것의 "검증 조건verification condition"에 있다. 한 문장의 검증 조건은 그 문장이 참임을 보여주는 경험들이다. "저것은 계란이다"라는 문장이 참임을 보여주는 한 경험은 계란을 깨뜨렸을 때 노른자위가 보인다는 것이다. 이외에도 많은 경험들이 그 문장이 참임을 보여줄 수 있다. 반면, 만일 어떤 문장이 참일 때 이 사실이 경험에 반영되지 않는다면, 그 문장은 검증 조건이 없고 따라서 검증주의 의미이론에 따르면 무의미한 문장이 된다. "모든 것의 크기가 두 배가 되었다."는 문장을 예로 들어보자. 모든 것이 어젯밤에 크기가 두 배로 되었음을 내가 확인할 수 있는 증거는 무엇인가? 내가 가진 줄자의 길이마저 두 배로 커졌기 때문에 줄자를 사용할 수 없다. 마찬가지로 "어젯밤에 나는 통 속의 두뇌가 되었다"를 내가 확인할 수 있는 경험은 없다.[3] 검증 조건 의미론에 따르면 회의주의적 가설은 무의미하다.

그러나 검증 조건 의미론은 철학자들의 형이상학적 언명들뿐 아니라 많은 문장들을 무의미하게 만들 위험이 있다. 검증 조건 의미론 또한 현상론적 환원처럼 문제에 봉착한다. 타인의 심적 상태에 대한 진술을 고려해보자. 나의 지루함 이외에 직접 경험할 수 있는 지루함이란 없다. 그러나 타인의 지루함에 대해 우리는 의미 있게 얘기한다. "타인의 지루함"을 검증할 수 있는 조건들은 무엇인가? 행동에 대한 기술을 검증 조건으로 간주할 수 있을 것이다. 행동에 대한 기술을 환원의 기저로 놓고 심적 용어를 행동적으로 정의하려는 구체적인 사례를 보자. 세미는 "방학 때 제주도에 놀러가고 싶다"는 욕구를 가지고 있다. 이 욕구는 세미의 행동과 어떻게 연결되는가? 아마 "제주도에 놀러가고 싶니?"라고 어머니가 물었을 때 "네"라고 대답하는 것이 예상 가능한 하나의 행동일 것이다. 그러나 만일 세미가 친구와 상의해서 계획을 확정한 다음, 엄마에게 내 계획을 며칠 후 말하는 것이 좋겠다는 생각을 가지고 있다면 당장 "네"라고 답하지 않을 것이다. 또는 피곤하고 만사 귀찮아서 아무런 대답을 할 의욕이 없을 경우에도 "네"라고 답하지 않을 것이다. 아마 우리는 기껏 "이러저러한 방해 요소들이 없다면 세미는 '네'라고 대답할 것이다"라고 말할 수밖에 없다. 그런데 방해 요소들이 없다는 조건, 즉, 이

3 통 속의 뇌brain in a vat는 다음과 같은 가상의 상황이다. 내가 잠든 사이에 외과 의사가 나의 두뇌를 내 몸으로부터 분리하여 두뇌에 영양분을 공급하는 액체로 차 있는 통 속에 넣은 후 컴퓨터에 연결하여 통상 나의 외부세계로부터 받아들이는 자극을 인공적으로 모사한다. 통 속의 뇌는 일상적 경험을 하게 되지만, 그 경험은 모두 거짓이다.

러저러한 방해 생각, 욕구 등이 없다는 조건이 이미 심적 상태를 지시하고 있다. 심적 용어를 순전히 행동적 용어로 정의하려고 했지만 그 정의 과정에서 심적 용어가 다시 등장하는 것이다.

콰인W. V. O. Quine과 같은 철학자들은 의미 전체론meaning holism에 기초하여 현상적 환원을 비판한다. 의미 전체론에 따르면 문장은 경험과 연결되는 단위가 아니다. 즉, 각 문장에 대해 이것이 경험에 어떠한 차이를 가져올지 물을 수 없다. 어떤 이론 T를 검증하기 위해 T로부터 경험적 결과 O가 예상된다고 해보자. 그리고 O가 실제로 관찰되었다고 해보자.

$$\frac{\begin{array}{l}T \rightarrow O \\ O\end{array}}{T}$$

만일 예측한대로 O가 관찰되었다고 해도 이로부터 T가 참이라는 결론을 필연적으로 도출할 수는 없다. 그러나 O가 T를 입증confirm하는 증거로 채택될 수는 있다고 생각할 수 있다. 그러나 상황은 이렇게 단순하지 않다. T로부터 O를 도출하기 위해서는 여러 추가적 가정들이 전제되어야 한다. 그 추가적 가정들을 A라고 할 때, O는 엄밀하게 T&A 전체를 입증한다고 해야 한다. 이로부터 O가 T를 개별적으로 입증한다는 결론은 도출되지 않는다. O가 오로지 A를 입증할 수도 있지 않은가? 콰인은 전체 믿음의 집합이 경험과 대면하며 어떤 특정한 믿음에 대해서도 그에 반하는 증거를 믿음 전체의 다른 부분을 조정함으로써 무력화시킬 수 있다고 봤다. 콰인이 옳다면 물리적 대상에 대한 개별 문장을 현상적 언어로 정의하려는 시도는 근본적으로 잘못된 시도이다.

3. 분석적 진리와 인식론

지금까지 20세기 초반의 경험론에 있어서 의미에 대한 논의가 중요한 위상을 가지고 있음을 보았다. 인식론에 있어 의미론은 어떻게 그러한 위상을 가지게 되었는가?

흄의 유명한 구분에 따르면 모든 진리는 관념의 관계relations of ideas에 대한 것이거나 혹은 사실matters of fact에 관한 것이다. 관념의 관계에 관한 진리는 세계에 존재하는 어떤 사실에 의존하지 않고 순수하게 사고의 작동에 의해 발견된다. 반면 사실에 대한 진리는 경험에 호소해야만 알 수 있다. 흄의 구분은 이후 경험론자들에 의해 계승되는데, 20세기 초 경험론자들은 칸트의 "선험적 종합판단"을 부정한다. 세계에 대한 지식을 확보함에 있어 경험의 역할이 있지만 추가적으로 이성의 역할이 요구된다는 칸트의 주장과 달리 현대 경험론자들은 이성의 역할이 분석적 진리에 국한된다고 보았다. 이성은 세계의 구조에 대해 인식적으로 기여하는 바가 없고 오로지 개념의 분석이나 의미의 함축을 드러내는 데 사용될 뿐이다. 선험적 지식은 결국 분석적 진리로 환원된다. 우리의 전체 지식은 경험적이거나 혹은 선험적이다. 선험적 지식이 결국 분석적 지식으로 환원된다면, 결국 분석적 진리는 우리의 전체 지식에서 경험의 기여를 뺀 나머지에 해당된다. 그런데 데카르트적 견해에 따르면 경험의 기여는 대단히 제한적이다. 따라서 분석적 진리는 감각소여에 대한 지식과 우리의 일상적 지식 사이의 방대한 간극을 메워줘야 하는 부담을 떠안게 된다. 의미라는 개념이 세계에 대한 우리의 지식과 경험에서 주어진 것 사이의 방대한 공간을 채우는 역할을 담당하는 것이다. 이러한 이유로 20세기 초 경험론자들은 의미 분석을 철학적 작업의 중심에 두었으며, 현상론자들은 물리적 세계에 대한 일상적 판단의 의미를 감각소여를 통해 분석하려고 했다. 그런데 바로 이러한 의미론적 작업들이 추후 콰인 등이 제기한 심각한 비판에 직면하게 된다.

간격을 메울 수 있는 마지막 수단이 제거된 상황은 데카르트적 견해와 그에 기반을 둔 전통적 경험론의 몰락을 예고한다. 현상론과 실증주의에 대한 콰인, 데이비슨D. Davidson, 셀라스W. Sellars 등의 비판은 흔히 경험론의 포기로 이해되기도 한다. 그러나 데카르트적 견해의 부정을 경험론의 포기와 동일시하는 것은 성급하다. 이는 추후의 논의에서 중요하게 다시 다루도록 하겠다.

마지막으로 한 가지 지적할 점은 다음과 같다. 철학적 사상의 흐름은 단순하지 않다. 어떤 이론이나 운동이 몰락했다고 해서 그와 관련된 모든 것이 폐기되지는 않는다. 가장 반동적 대응이라고 간주되는 입장이 이전 이론의 핵심적 부분들을 답습할 수도 있다. 현상론적 환원의 몰락에도 불구하고 러셀의 근본 원리는 어떤 의미에서 여전히 계승되고 있다. 캠벨은 최근 러셀의 근본 원리를 복원하려고 시도하면서 다음과 같이 말한다.

> 러셀은 직접의식을 대상에 대한 사고보다 기초적이지만 대상까지 도달함으로써 바로 그 대상에 대한 사고를 가능케 하는 것으로 생각했다. 나는 이것이 대상에 대한 의식적 주목을 이해하는 하나의 모델을 제공한다고 논증할 것이다. 대상에 대한 의식적 주목은 대상에 대한 사고보다도 더 기초적인 상태이지만 그럼에도 불구하고 그 대상을 사고 주체의 주관적 삶에 포함시킴으로써 대상에 대한 사고를 가능케 한다(Campbell, 6).

물론 캠벨은 직접의식의 대상이 감각소여에 국한된다는 러셀의 제한Russell's restriction을 부정한다. 즉, 직접의식의 대상이 마음-독립적 물리 대상이라고 보는 것이다. 따라서 직접의식은 마음-독립적 물리 대상에 대한 사고를 가능케 한다. 캠벨의 견해는 직접적 실재론direct realism의 한 표현으로 볼 수 있다. 즉, 다음 세 문장 중 1과 2를 받아들이고 3을 부정하는 입장이다.

1. 물리 대상은 마음-독립적이다.
2. 물리 대상은 지각의 직접적 대상이다.
3. 지각의 직접적 대상은 마음-의존적이다.

지금까지 우리의 관심사는 3을 받아들일 경우 어떤 결과가 발생하는지에 있었기 때문에 아예 3을 부정하는 입장은 논하지 않았다. 전통적인 관점에서 본다면 3을 부정하는 입장은 상당히 반동적이다. 그러나 캠벨의 경우가 시사하듯이 3을 부정하는 입장 또한 전통적 경험론의 전제들로부터 자유롭지 않다.

전통적 경험론에서는 언어와 세계가 만나는 지점이 주관적 실재이며, 주관적 실재를 지칭하는 단어들은 의미론적으로 특별한 위상을 가지는 토대이다. 따라서 전통적 토대론에 있어 인식론적 토대론은 **의미론적 토대론**과 연동되어 있다. 즉, 직접적 의식은 언어가 세계와 연결됨으로써 의미를 확보하는 데 있어 특별한 역할을 한다. 캠벨은 3을 부정함으로써 전통적 경험론을 정면에서 부정하면서도 자신의 생각에 전통적 경험론의 올바른 요소를 가려내어 계승하려고 한다. 즉, 경험이 사고의 지시를 가능케 하는 특별한 역할을 가진다는 러셀의 견해는 보존되어야 한다고 보는 것이다. 이런 점에서 러셀의 견해는 감각소여 이론과 무관하게 여전히 계승되고 있다.

그러나 캠벨이 보존하려고 하는 러셀의 견해에 대해 두 가지 지적을 할 수 있다. 첫째, 러셀의 견해의 배경에는 의미론과 존재론의 결합이 있다. 의미 있는 문장의 논리적 형식에 대한 분석은 그 문장을 궁극적으로 감각소여를 지칭하는 표현들로 환원시켜줌으로써 언어와 세계의 연결을 드러낸다. 논리적인 의미에서의 고유명사는 오로지 그것의 지칭에 의해 의미가 확보된다. 실재 대상이 존재하지 않는다면 논리적 고유명사는 무의미하다. 따라서 원래 문장이 의미가 있었다면 그 문장을 분석한 문장에 등장하는 고유명사는 실재 대상의 존재를 함축한다. 이는 논리적 형식으로부터 존재론적 결론을 도출할 수 있다는 것이다. 언어의 의미에 대한 통찰은 언어의 여러 부분들이 어떻게 세계와 연결되는지를 투명하게 드러내준다. 언어분석에서 최종적으로 도출하게 되는 비논리적 어휘들은 실제 존재하는 대상이나 성질들을 지시하거나 표현한다. 그러나 이는 의미론과 존재론을 혼동한다는 비판을 받을 수 있다. 의미에 대한 분석이 과연 어떤 단어들이 실재와 연결되는지를 알려줄 수 있을까? 의미론의 목적은 다른 곳에 있다는 지적이 가능하다. 예를 들어, 문장과 그것을 구성하는 단어들의 의미를 분석하는 것은 문장의 논리적 함축을 기술하기 위해 필요하다.

둘째, 러셀의 의미론적 견해를 부정하는 것은 경험의 의미론적 기여 자체를 부정하는 것이 아니다. 경험이 여러 다른 요소들과 더불어 우리 사고의 지향성을 고정하는 데 불가결의 기여를 할 수 있다. 만일 내가 볼 수도 만질 수도 들을 수도 없다면 "이 커피컵"이라는 말에 의미를 부여하고 사용할 수 없을 것이다. "이 커피컵에 리필해주세요"라고 말할 때, 내가 의도한 것은 이 세상에 존재하는 수없이 많은 유사한 다른 컵이 아니라 내가 보는 바로 그 컵이다. 만일 그 컵이 구분되지 않는 다른 컵으로 교체된다면 내가 그 문장으로 의미하는 바는 달라질 것이다. 그러나 이러한 주장은 경험 자체만으로 특정한 물리 대상에 대한 지시를 고정할 수 있다는 주장을 함축하지 않는다. 1인칭 시점에서 고려할 때 경험은 여러 다른 대상들의 주어짐과 양립 가능하다. 따라서 경험이 대상과의 직접의식을 통해 사고의 지향성을 가능하게 해준다는 캠벨의 지적이 반드시 전통적 경험론의 올바른 직관을 보존하는지는 불분명하다.

경험의 정당화 역할에 대한 경험론자들의 주장이 근본적으로 옳다고 해도 그 역할을 어떻게 이해해야 하는가는 또 다른 문제이다. 이와 관련하여 전통적 경험론자들은 근본적으로 데카르트적 견해를 답습하고 있다. 즉, 경험은 주관적 세계에 대한 지식을 제공함으로써 세계 탐구에 대한 인식론적 토대를 제공한다는 것이다. 경험의 인식론적 함의는 어떤 대상, 사실, 성질 등에 대한 특별한 인식을 제공하는 데 있다. 이들에게 남은 과제는 외적 세계에 대한 지식을 주관적 토대에 정초하는 것이다. 그러나 이러한 작업은 난관에 봉착했으며, 역설적이게도 회의주의적 사고를 무력화하려는 노력은 외적 세계에 대한 지식의 확보를 더 어렵게 만들어 놓았다. '마음은 내부, 세계는 외부'라는 데카르트적 이분법 구조 내에서 인식의 주체는 투명하게 드러나는 마음의 내부에 위치한다. 그러나 나 자신 외의 다른 존재들에 대한 어떤 징표를 주관적 토대 내에 찾을 수 있는가? 데카르트적 견해의 틀 내에서 과연 외적 세계로 나갈 수 있는 합리적 통로가 있는가? 나 외에 어떤 다른 존재가 있다는 것을 정당하게 믿을 수 있는가? 세계에 대한 지식을 주관적 토대에 정초하려는 많은 시도들이 제시되었으나 이는 심각한 비판들에 직면하게 되었다.

2부

전통적 토대론에 대한 비판

1부에서 살펴본 전통적 토대론의 기획은 20세기 중반부터 거센 비판에 직면하게 되었다. 셀라스, 콰인, 비트겐슈타인, 데이비슨, 굳맨, 로티 등 20세기 분석철학을 대표하는 철학자들은 모두 전통적 토대론에 대해 강력한 비판을 제기했다. 전통적 토대론은 이들에 의해 완전히 몰락했다고도 볼 수 있다. 2부에서는 대표적으로 셀라스, 콰인, 데이비슨의 저술에서 제기된 경험론 비판을 살펴보기로 하겠다. 전통적 경험론에 대한 이들의 비판이 담고 있는 타당한 논점들이 있는가? 있다면 무엇인가? 1부에서 이미 전통적 토대론을 소개하면서 그에 대한 비판들을 언급했다. 이에 비추어 볼 때 셀라스, 콰인, 데이비슨의 비판이 지나치거나 부적절한 측면은 없는가? 이러한 질문에 답하는 작업은 토대론을 부활시키고자 하는 보다 최근의 여러 시도들을 평가하는 데 필수적이다. 토대론을 부활하고자 하면서 토대론에 제기된 가장 강력한 비판들의 장점과 단점들을 가려서 수용하지 않는다면 토대론의 부활은 단순한 과거로의 복귀에 불과할 것이기 때문이다.

5장

셀라스의 소여의 신화

1. 셀라스의 딜레마

셀라스는 우선 경험의 내용에 대한 하나의 구분을 주장한다. 한 가지 내용은 명제적 내용이다. 명제적 내용은 세계를 표상하고 세계가 이러저러함을 말하는 내용이다. 세계를 표상하는 내용이 반드시 개념적인가 아니면 비개념적 표상도 가능한가라는 질문에 관하여 "비개념적 내용"의 존재와 성격에 대한 논란이 있다. 셀라스에 따르면 명제적 내용을 가지기 위해서는 개념이 필요하고 개념은 언어를 필요로 한다. 따라서 개념과 언어를 가지지 못한 개체의 심적 상태는 명제적 내용을 결여한다. 예를 들어 S의 현재 경험은 "S가 책상 위에 노란 커피컵이 있음을 보고 있다"고 기술될 수 있다. 이때 우리는 "책상 위에 노란 커피컵이 있다"라는 문장을 사용하여 S의 경험 내용을 기술한다. 이러한 경험의 명제적 내용은 문장의 의미와 상응하며 셀라스에 따르면 문장의 의미는 그것의 적합한 사용에 있다. 셀라스가 받아들이는 추론주의에 따르면 문장의 의미는 그것의 추론적 역할에 있으며, 추론적 역할은 언어-입력 역할language-entry roles, 언어-언어 역할language-language roles 그리고 언어-출력 역할language-departure roles에 의해 결정된다. "저것이 노랗다"는 문장의 의미를 알기 위해서는 어떤 상황에서 "저것은 노랗다"는 문장을 발화해야 하는지 알아야 하고, "저것은 노랗다"라는 문장을 긍정하면 "저것은 색깔을 가지고 있다" 또는 "저것은 파랗지 않다"라는 문장을 추론할 줄 알아야 한다. 그리고 "나는 팔을 들고자 한다"라는 문장을 긍정하면 팔을 올리는 것이 그 문장의 적절한 사용에 부합한다.

그런데 경험에 명제적 내용을 부여하고자 하는 동기는 무엇인가? 이 질문은 "경험이 인식론적 역할을 할 수 있는가?"라는 질문과 무관하지 않다. 만일 경험이 명제적 내용을 가지지 않는다면 경험이 인식론적 역할을 할 수 없고, 경험이 인식론적 역할을 가진다면 경험은 명제적 내용을 가져야 한다고 생각할 수 있다. 즉, 경험은 이 명제적 내용 때문에 믿음을 정당화할 수 있는 힘을 가진다. 경험은 명제적 내용을 가짐으로써 소위 이성의 논리적 영역the logical space of reason에 포함될 수 있다.

그러나 셀라스는 경험이 명제적 내용을 가진다는 것 자체가 경험이 그 내용의 판단을 정당화해준다고 보지는 않는 듯하다. 경험이 명제적 내용을 가짐으로써 논리적 영역에 포함될 수 있기는 하나 경험이 판단과 믿음을 정당화하기 위해선 다른 배경 지식이 필요하다고 보기 때문이다. 나의 현재 경험이 "책상 위에 노란 커피컵이 있다"는 내용을 가지고 있다고 해도 그 내용이 참임을 말해주는가? 경험이 그 명제 내용의 옳음을 **주장한**다고 해보자. 즉, 어떤 내용을 주장하거나, 희망하거나, 두

려워하는 등의 여러 태도 중 경험은 명제 내용을 주장한다고 하자. 경험이 명제적 내용을 가지더라도 그 내용을 주장하지 않는다면 경험이 명제적 내용을 담고 있는 방식은 동일한 명제적 내용을 가진 욕구나 단순한 추정과 차이가 없다. "내일 비가 온다"는 명제적 내용을 가진 욕구가 아무리 강하다고 해도 내일 비가 온다는 믿음을 정당화해주지는 않는다. 그런데 만일 경험이 명제 내용에 대해 주장한다면 내가 그 주장을 받아들이는 것은 정당한가? 반드시 그러하지는 않다. 이를테면 뮐러-라이어 그림을 볼 때, 나의 시각 경험은 "두 선의 길이가 다르다"는 명제적 내용을 가진다고 할 수 있다. 두 선은 길이는 다르게 보이는데, 이 착시 현상은 내가 그 두 선의 길이의 동일함을 다른 방식으로 알고 있다고 할 때도 지속된다. 그러나 만일 그 두 선의 길이가 같음을 정당하게 믿고 있다면 시각 경험의 명제적 내용을 받아들이는 것은 정당하지 않다. 판사는 증인이 거짓말한다는 정보를 독립적으로 확보하고 있을 경우 그의 증언을 받아들이지 않아야 한다.

한편 셀라스는 명제적 내용이 경험 내용의 전부라고 보지는 않는다. 셀라스는 "인상들impressions" 혹은 "즉각적인 경험들"을 언급하면서 이들의 지향적 내용도 경험의 내용으로 받아들인다. 이를테면, 해바라기의 방향은 태양의 움직임에 상응하여 변화한다. 그러므로 해바라기의 방향은 태양의 위치와 규칙적으로 상응한다. 이런 의미에서 해바라기는 태양을 "지향한다"고 할 수 있다. 인간의 내적인 상태도 마찬가지로 외부의 여러 상황들과 상응할 수 있다. 이러한 의미의 지향성을 가진 즉각적 경험은 그 주체의 개념과 언어 능력을 요구하지 않는다. 커피컵에서 반사된 빛이 망막을 자극하고 신경 연결을 통해 시각 중추에서 즉각적 경험이 생성된다. 커피컵에 대한 소위 "내적 인상 또는 이미지"가 생성된다. 셀라스는 내적 인상이나 이미지가 외적 대상을 지향하는 것은 명제적 내용에 의한 지향성과 구분되어야 한다고 보며, 즉각적 경험이나 인상들의 지향성은 인식론적 함축을 가지지 못한다고 주장한다. 즉, 인상들은 우리가 세계에 대한 우리의 판단을 조정하고 정당화해주지 못한다. 빨강에 대한 인상을 가진다는 것은 잭슨의 용어대로 빨강과 인과적으로 연결된 비인식적 상태일 뿐일 수 있다. 빨간 인상의 주어짐이 나에게 어떤 정보를 전해주는가? 나는 빨간 인상의 주어짐으로부터 무엇을 배울 수 있는가? 빨간 인상이 빨간 대상들과 규칙적으로 상응한다고 해서 내가 "빨간 것이 있다"라는 믿음을 정당하게 믿거나 혹은 그러한 앎을 가질 수 있는가? 그렇다고 보기 어렵다. 왜냐하면 최소한 나는 "빨간 인상이 빨간 대상들과 규칙적으로 상응한다"라는 일반적 지식을 가져야 하기 때문이다.

셀라스가 말하는 즉각적 경험의 내용과 명제적 내용의 구분은 "F형 경험"과 "F개념이 적용된 경험"의 구분과 상응하는 것으로 볼 수도 있다.[1] 전자는 F가 일반적으로 야기하는 경험이고, 후자는 F가 있는 것처럼 보이는 경험이다. F형 경험은 F개념 없이도 가질 수 있는 경험이다. 두세 살 된 어린이도 국화꽃의 특징적인 모양을 시각적으로 구분해 낼 수 있으나, "국화"라는 개념을 적용하여 경험적 정보를 해석하는 능력은 아직 없을 수 있다. F형 경험만으로는 아직 경험 주체가 자신의 경험을 통해 세계에 대해 무엇을 배울 수 있는지 알 수 없다. 반면, F개념이 적용된 경험은 외부로부터 주어진 내용을 주체가 그의 개념을 적용하여 해석한 것이다.

1 이러한 접근에 대한 상세한 소개는 김도식의 저서 『현대 영미 인식론의 흐름』(민음사, 1998)의 4장을 참조할 것.

명제적 내용과 인상들을 확연히 구분한다면 다음과 같은 딜레마가 성립한다. 경험은 명제적 내용을 통해 인식론적 정당화 역할을 할 수 있는가? 명제적 내용의 부여는 그와 상응하는 문장 사용의 네트워크에 의해 결정된다. 따라서 경험이 명제적 내용을 가진다는 것은 그 경험이 이러한 추론적 연결망에 포함되어 있음을 뜻한다. "빨강"이라는 개념을 가지기 위해서는 대상을 봄으로써 그것이 빨강임을 지각할 수 있는 시각 능력, 색을 관찰에 의해 파악하기 위한 주변 관찰 환경에 대한 지식 등이 필요하다. 따라서 사고와 판단으로부터 구별된 경험 **자체**가 인식론적으로 그리고 의미론적으로 사고와 판단에 대한 외부로부터의 이성적 기여를 제공하지는 않는다. 물론 경험은 셀라스가 인정하는 대로 명제적 내용 외에 인상들을 가지며, 이 인상들은 개념과 언어 능력과 독립적이다. 즉, 그들은 경험의 주어진 내용이라고 볼 수 있다. 그러나 이러한 인상들에는 아예 믿음을 정당화시킬 수 있는 자격이 결여되어 있다. 비개념화된 인상들은 이성의 논리적 영역 밖에 위치해 있다. 이것이 셀라스의 딜레마이다.

셀라스의 딜레마는 어떤 심적 상태의 내용이 비개념화되었지만 그럼에도 불구하고 인식론적 함의를 가질 수 있는 가능성을 배제한다. 비개념화된 소여unconceptualized given를 받아들이는 것이 바로 "소여의 신화the myth of the given"이다. 전통적 경험론에 따르면 모든 경험적 지식의 토대가 되는, 세계관에 의해 오염되지 않은 순수하고 중립적인 경험적 자료가 있다. 이에 따르면 주관적 세계에 대한 진리들은 직접적 의식에 의해 파악되며, 경험은 주체의 내면세계에 대한 확고한 지식을 제공해준다. 우리 자신의 세계관을 넘어서 세계 자체와 연결되는 것이다. 그러나 셀라스의 분석에 따르면 이러한 생각은 하나의 신화에 불과하다. 물론 "빨간 공이 있음을 보았다"라고 보고하는 경험은 빨간 공이 있다는 믿음을 정당화시켜줄 것이다. 그러나 그러한 경험은 이미 개념과 언어를 전제하고 있다. 반면, 개념과 언어를 전제하지 않는 경험의 측면이 존재하기는 하나 그러한 측면은 인식론적으로 무력하다. 경험의 두 다른 측면을 혼동할 때만 경험이 세계에 대한 우리 믿음을 정당화해준다는 잘못된 믿음을 가지게 된다는 것이 셀라스의 진단이다.

감각소여 이론가들은 셀라스의 딜레마를 다음과 같이 해결하려고 시도할 수 있다. 즉, 경험의 명제적 내용이 개념과 언어를 필요로 함을 인정하면서 단지 그 개념과 언어가 물리적 대상과 독립된 주관적 세계를 지향한다고 주장하는 것이다. 이를테면, "빨간 공이 있는 것처럼 보인다"라는 문장은 빨간 공에 대한 진술이 아니라 그 공이 나에게 현상되는 바 자체를 기술한다. "빨간"이라는 술어는 현상적 존재를 서술하며 그 단어의 의미는 즉각적으로 파악된다. 우리의 색 개념은 현상적 존재에 적용되는 것으로 습득되며 물리적 대상에 대한 적용은 파생적으로 확장된 것이다.

이러한 주장에 대한 셀라스의 답변은 "그 공이 빨간 것처럼 보인다"라는 현상적 진술이 "그 공이 빨갛다"라는 진술에 의존한다는 것이다. 즉, 물리적 대상에 대한 개념이 현상적 개념보다 논리적으로 우선적이다. "빨간"이라는 개념을 빨간 물리적 대상이 없는 상황에서 사용할 수도 있지만 그러한 사용은 그 개념의 물리적 사용을 전제하고 있다. "빨간"이라는 단어의 의미는 그것의 물리적 적용이 원초적이며 물리적 세계에 적용되는 다른 단어들과의 네트워크 내에서 결정된다.

셀라스 이론의 세부적 내용들에 대해서는 논란이 있을 수 있으나, 전통적 경험론에 대한 그의 핵심적인 비판에는 많은 철학자들이 동조했다. 경험의 주어진 소여를 통하여 토대론을 옹호하려는 이론에 대하여 봉주르는 다음과 같이 비판한다.

> 소여의 기본 내용은 일상적 인지 상태의 두 측면, 즉, 다른 인지 상태를 정당화하는 능력과 그들 자신이 정당화될 필요성을 구분하고 난 후 전자를 가지면서 후자는 가지지 않는 어떤 상태—즉각적 인식 또는 직관—을 찾는 데 있다. 그러나 우리는 이제 이러한 시도는 근본적으로 잘못되었으며 본질적으로 희망이 없음을 알 수 있다. 왜냐하면 인지 상태의 동일한 측면, 그것의 단언적 또는 최소한 표상적 내용, 이 다른 상태를 정당화하면서 동시에 그 자신이 정당화될 필요를 창출하기 때문이다(Bonjour, 78).

어떤 상태가 다른 것을 정당화할 수 있다면 그것은 자신 스스로 정당화될 필요성을 가지기 때문에, 이 두 측면은 분리될 수 없다. 즉, 어떤 상태가 세계가 어떠하다고 재현하는 성질을 가질 때 바로 다른 상태를 정당화할 수 있는 근원이 되지만 동시에 그 상태 자체가 정당화될 필요성이 요구된다. 내가 경험을 통해 세계가 어떠함을 알게 되었다고 하자. 경험이 나에게 P가 참이라고 말해주고 나는 경험의 권위에 호소하여 P를 받아들인다. 그러나 경험의 권위 자체가 어디서 오는지 당연히 물을 수 있다. 세상이 어떤 방식으로 현상된다는 것이 왜 세상이 실제로 그러함을 보여주는 증거가 되는가? 우리의 인지적 실행은 경험의 인식론적 권위를 가정하고 있다. 이는 그 권위에 대한 도전이 부당하거나 부적절하기 때문이 아니다. 경험이 실제로 특별한 인식론적 위상을 가진다는 소여이론에 대하여, 셀라스나 봉주르는 경험의 특별한 권위에 대한 믿음은 단지 하나의 신화일 뿐이라고 비판한다.

2. 경험론의 해체

셀라스의 전통적 경험론에 대한 비판은 전통적 경험론의 문제점을 제거하고 경험론을 새롭게 옹호하려는 시도로 연결되는가, 아니면 아예 경험론을 해체하려는 시도였는가? 이는 해석자들 사이에서 논란거리이다. 셀라스의 진짜 의도가 무엇이건 그의 이론 내에서 경험론을 유지하는 것은 쉽지 않아 보인다. 우선 지각 정당화perceptual justification에 대한 다음 첫 번째 모델을 고려해보자.

M-1. 어떤 믿음이 다른 심적 상태에 기초함으로써 정당성을 가진다면, 바로 그 심적 상태 자체는 정당화되어 있어야 한다.

즉, 정당성을 남에게 대여할 수 있기 위해선 자기 자신이 정당성을 확보할 수 있어야 한다는 말이다. 이 모델은 위의 봉주르의 지적을 반영하고 있다. 그러나 경험의 인식론적 역할을 받아들이는 사람은 M-1을 받아들이기 어렵다. 경험 자체가 정당한지 아닌지 묻는 것이 적절한지 의심스럽기 때문이다. 지하 주차장을 돌면서 주차 공간이 한 군데 있음을 보았고 따라서 "저기에 빈 주차 공간이 있다"는 믿음을 가지게 되었다고 하자. 분명 나는 시각 경험에 근거해서 그러한 믿음을 가지게 되었다. 그러나 시각 경험 자체는 정당함을 의미 있게 말할 수 있는 대상이 아닌 것 같다. 물론 그 시각 경험에 대한 **믿음**은 정당한지 아닌지 의미 있게 물을 수 있다. 만일 시각 경험의 내용에 대해 또는 시각 경험의 어떤 특징에 대해 특별한 인식적 접근을 할 수 있다면, 이에 기반을 두고 시각 경험에 대한 우리의 믿음이 정당화된다고 주장할 수 있다. 그러나 이러한 주장은 시각 경험 자체가 정당화된다고 말하는 것과 전혀 다르다. 경험의 정당화 역할을 받아들이는 사람은 경험이 자기 자신의 정당함을 물을 수 없는데도 불구하고 믿음을 정당화해줄 수 있다고 주장할 수 있다. 이러한 사람은 M-1을 받아들일 수 없다. 즉, M-1은 경험의 정당화 역할을 옹호하려는 사람이 호소할 수 있는 적합한 모델이 아니다.

> M-2. 어떤 믿음이 다른 심적 상태에 기초함으로써 정당성을 획득한다면, 그 심적 상태의 내용이 믿음의 내용에 대한 적절한 이유가 되어야 한다.

이 모델 또한 지각 정당화를 설명해주지 못한다. 다른 심적 상태, 즉, 경험의 내용이 셀라스의 명제 내용이라고 해보자. 위의 주차장 예에서 "저기에 빈 주차 공간이 있다"는 나의 판단을 정당화하는 시각 경험의 내용은 무엇인가? 그 경험의 명제적 내용이 있다면 그 또한 "저기에 빈 주차 공간이 있다"가 되지 않을까? 그렇다면 이는 선결 문제의 오류의 한 사례가 되며, 애당초 믿음을 받아들이지 않았던 사람에게 시각 경험은 아무런 설득력을 가질 수 없다. 왜 P를 믿어야 하느냐고 묻는 사람에게 "P니까"라고 답한다면, 이는 적절한 이유가 되지 못한다.

> M-3. 만일 어떤 경험(P)이 믿음(P)을 정당화한다면, "일반적으로 P처럼 보이면 P이다"라는 믿음이 정당해야 한다.

셀라스 또한 일반적으로 현상이 실재에 대한 신빙성 있는 증거가 된다는 믿음이 필요하다고 인정한다. 그러나 M-3의 문제점은 배경 믿음의 정당성이 어떻게 보장되느냐에 있다. 물론, 배경 믿음의 정당성은 그 믿음에 반하는 증거가 없는 한 자동적으로default 승인된다고 보고 M-3을 유지하는 방법도 있다.[2] 이러한 접근은 우리의 인지 실행을 반영한다는 장점이 있다. 일상적으로 우리는 명시적이지 않으나 세계에 대한 배경 이론을 전제하고 있고 경험에 기반을 둔 판단의 정당성은 그러한 배경 이론의 정당성에 의존한다. 그런데, 경험 자체의 정당화 역할은 무엇인가? 즉, 배경 이론의 기여와 독립적으로 경험 자체는 어떠한 기여를 하는가? M-3를 받아들이는 사람은 이에 대답해야 할 부담을 가진다. M-3의 또 다른 문제점은 우리가 경험에 기초하여 믿음을 형성하지만 그렇다고 그 경험에 대한 믿음을 형성하지는 않는 것처럼 보인다는 데 있다. 우리는 세계가 현상되는 방식에 대한 믿음을 형성한 다음 현상과 실재의 연관에 대한 배경 지식을 동원하여 세계에 대한 믿음에 추론적으로 도달하는 것은 아니다. 오히려 **세계가 우리에게 현상되는 방식 그 자체**가 세계에 대한 우리의 믿음들을 인식적으로 중재해주는 경향이 있다. 따라서 M-3도 지각 정당화에 대한 적절한 모델로 보기에 어려운 지점들이 있다.[3]

결과적으로 위에서 언급된 세 가지 방식들에 모두 문제가 있지만, 그럼에도 불구하고 경험의 인식론적 역할에 대한 믿음을 포기하기는 쉽지 않다. 어쩌면 경험의 이성적 역할을 생생하게 보여주는 것은 경험이 결여된 경우일지도 모른다. 예를 들어, 의식 탐구에서 많이 언급되는 맹

---

2 정당성 전이 실패를 기반으로 독단론를 비판하는 라이트와 데이비스는 바로 우리가 그러한 자동적 정당화default entitlement를 가지고 있다고 주장한다. 그들의 견해에 따르면 지각 정당화는 그러한 자동적 정당화에 의존한다.

3 지각 정당성의 문제는 Peter Markie, "The Mystery of Direct Perceptual Justification", *Philosophical Studies* 126, 2005.에서 위의 세 가지 모델을 기준으로 직접 제기되고 있다.

시blindsight 환자의 경우 시계visual field의 어떤 부분에 대해 아무런 시각 경험이 없다. 최소한 본인들은 그 부분을 전혀 볼 수 없다고 말한다. 그럼에도 불구하고 강요된 선택의 문제에서 맹시 환자들은 전혀 보지 못한다고 말한 부분에 놓여진 물체의 특징에 대해 평균 이상의 확률로 올바른 대답을 선택한다. 이를테면 보이지 않는 부분에 놓여진 화살의 방향이 위를 향하고 있다고 할 때, 상하좌우 중에서 "상"을 선택한다. 그런데 맹시 환자가 자발적으로 "화살이 위를 향하고 있다"고 판단하는 것은 아니다. 정보가 간접적으로 그들의 행동에 영향을 미치지만 직접적인 통제는 결여된 경우이다. 그런데 "화살이 위를 향하고 있다"는 생각이 불현듯 떠오르는 가상의 초맹시 환자super blindsight를 상상해보자. 이 경우에도 화살이 위를 향하고 있다는 믿음은 여전히 본인의 입장에서는 정당성을 결여하고 있다. 화살에 대한 정보가 그의 생각을 인과적으로 촉발한 것은 사실이나 전자가 후자를 이성적으로 정당화해주지는 못한다. 마치 어젯밤까지 골똘히 생각하던 문제의 해답이 아침에 갑자기 떠오르는 것처럼 세계에 대한 생각이 갑자기 형성되는 경우, 우리는 그 생각에 대한 이성적 근거가 결여되어 있다고 말할 것이다. 그렇다면 이러한 정당성의 결핍은 왜 발생할까? 하나의 자연스러운 대답은 현상적 경험의 결여이다. 비록 간접적으로 영향을 주는 정보는 입수되었으나, 화살이 상하좌우 중 상을 향하고 있을 때의 특징적인 현상성phenomenology을 가지는 경험이 없었기 때문에 "화살이 위를 향하고 있다"는 믿음이 정당화되지 않은 것이다.

경험의 정당화 역할을 복구하기 위한 실마리는 기존의 정당화 역할에 대한 옹호와 비판이 공유하는 가정을 드러내는 데서 찾을 수 있다. 셀라스와 봉주르의 소여에 대한 비판은 소여를 직접적 의식에 기반을 둔 것으로 이해하는 이론들을 향하고 있다. 직접적 의식에 대하여 봉주르는 다음과 같이 지적한다.

> 진리 상응론에 대한 친숙한, 그리고 여전히 강력한 관념론적 반론에 따르면 만일 진리 상응론이 옳다면 우리는 우리의 믿음이 참인지 결코 알 수 없다. 왜냐하면, 우리는 믿음 체계를 벗어나서 믿음들이 세계와 상응하는지 아닌지 알 수 있는 시각을 가질 수 없기 때문이다(Bonjour, 223).

봉주르가 강조하는 대로 믿음 체계를 벗어나서 믿음과 세계의 상응을 파악할 수는 없다. 믿음을 참으로 만드는, 믿음과 상응하는, 믿음과 독립된 세계 내의 사태 자체를 직접 지각할 수 있는가? 그러한 파악 자체가 인지적 상태이며 이는 어떻게 파악할지에 대한 개념틀을 요구하지 않는가? 경험의 정당화 역할을 세계에 대한 직접의식에서 찾을 수 없다. 이런 점에서 봉주르는 전통적 경험론에 대한 유효한 비판을 제기한다. 그러나 그렇다고 해서 경험의 정당화 역할을 포기할 필요는 없다. 왜냐하면 전통적 경험론은 소여에 대한 특정한 가정에 기반을 두고 있기 때문이다. 즉 경험을 대상, 성질, 사실 등에 대한 직접적 의식으로 보는 것이다. 1부에서 지적했듯이 전통적인 데카르트적 견해는 명제적 소여의 가정을 받아들인다. 이러한 가정은 근본적으로 재고되어야 할 수도 있다. 경험의 인식적 기여는 직접적 의식에 있다는 가정이 성립하지 않으면, 직접적 의식에 대한 부정으로부터 경험의 인식적 기여에 대한 부정이 도출되지 않는다.

셀라스에 따르면 만일 경험이 세계에 대한 믿음을 정당화한다면 이는 경험의 명제적 내용 때문이다. 이러한 제약은 결국 경험론의 해체를 불가피하게 만든다. 왜냐하면 봉주르가 강조하는 바대로 그 명제적 내용으로 인하여 경험 자체의 정당성을 다시 물을 수 있기 때문이다. 경험을 이성적 공간으로 끌어들이고자 하는 의도에서 경험에 명제적 내용을 부여했다고 볼 수 있지만, 이런 방식은 결국 경험이 정당화의 퇴행 문제를 종식시킬 수 없게 만든다. 이로부터 우리가 얻을 수 있는 교훈은 비록 경험에 명제적 내용이 있다고 해도 그 명제적 내용이 바로 경험의 정당화 역할을 결정하는 것은 아니라는 것이다. 만일 경험이 세계에 대한 믿음을 정당화한다면 이 정당화는 우리가 가진 믿음 체계의 정당성에 의존한다. 이를 받아들인다고 해보자. 이로부터 도출될 수 있는 한 결론은 경험 자체의 정당화 힘이 그것의 명제적 내용에 있지 않다는 것이다. 경험이 믿음을 정당화해줄 수 있으면서 그 자신의 정당화의 필요성으로부터 면제될 수 있는가? 이에 대한 긍정적 대답을 하고자 하는 철학자는 경험이 세계에 대한 직접의식을 제공함으로써 인식적으로 기여한다는 가정을 반드시 받아들일 필요가 없다.

6장

콰인의 경험론 비판

1. 경험론의 두 도그마

콰인은 전통적 경험론의 핵심에 다음 두 도그마가 있다고 진단한다.

- 분석적 진리와 종합적 진리의 구분
- 환원주의

칸트 철학에서 등장한 첫 번째 도그마에는 선례들이 있다. 이미 흄이 관념의 관계relations of idea와 사실적 진리matters of fact를 구분했고 라이프니츠는 이성적 진리와 사실적 진리를 구분했다. 어떤 문장이든지 그것의 참은 그 문장의 의미와 세계에 의해 결정된다. "콰인은 철학자이다"라는 문장은 만일 콰인의 인생 역정이 달랐다면 참이 아닐 것이다. 또한 "철학자"라는 단어가 경찰관을 의미한다면 그 문장은 참이 아닐 것이다. 그렇다면 우리는 참을 결정하는 두 요소 중 세계의 기여가 전혀 없는 경우를 상상할 수 있다. 어떤 문장이 사실과 무관하게 의미만으로 참이 될 때 그 문장은 '분석적 참'이다. 즉 문장의 참을 결정함에 있어 세계의 기여가 전혀 없는 경우가 분석적인 문장이 된다.

그러나 "의미만으로 참이 된다"는 개념을 철학적으로 해명하는 작업은 쉽지 않다. 예를 들어, 카르납Rudolf Carnap은 분석성을 "세계 기술state-description"이라는 개념을 사용해 설명하려고 했다. 세계 기술은 한 언어의 모든 원자 명제에 진리치를 부여한 결과물이다. 만일 어떤 언어가 P1, P2, P3라는 세 개의 원자 명제로 구성되어 있다면, 각 명제에 참을 부여한 세계 기술은 〈t, t, t〉가, P1에만 참을 부여한 세계 기술은 〈t, f, f〉가 되며, 이런 식으로 8개의 세계 기술이 존재한다. 명제논리학에서 진리표를 작성하는 것과 동일하다. 카르납에 따르면 그 언어의 어떤 문장이 분석적이라 함은 그 문장이 모든 세계 기술에 참임을 의미한다. 이러한 분석성은 통상 논리학에서 이해되는 "논리적 참"과 일치한다. 세계가 어떻게 바뀐다고 해도 여전히 참으로 남는 문장이 결국 세계의 기여 없는, 순전히 의미로만 참이 되는 문장이다.

카르납의 설명에 대하여 콰인은 위와 같은 설명이 성립하기 위해서는 원자 명제들이 서로 독립적이어야 한다고 지적한다. 만일 "철수는 총각이다", "철수는 결혼했다"와 같이 서로 독립적이지 않는 문장들이 원자 명제에 포함되어 있다고 해보자. 그렇다면 그 두 문장 모두에 참을 부여하는 세계 기술이 존재한다. 따라서 우리가 분석적 진리로 간주하는 "어떤 총각도 결혼하지 않았다"라는 문장은 모든 세계 기술에 대하여 참은 아니므로 그것이 종합적인 문장이 되고 만다. 따라서 카르납의 설명은 "총각", "미혼 남자"와 같은 표현들이 배제된 언어에 적용될 수밖에 없다. 그렇다면 그의 설명은 분석적 문장들 전체에 해당되지 못하고 기껏 논리적 참에만 적용된다. 분석적 문장들의 집합이 논리적 참보다 더 포괄적임을 받아들인다면 카르납의 설명은 불충분하다.

우리가 "두 단어의 의미가 같다" 혹은 "두 단어는 동의어이다"라고 말할 때는 두 단어 간에 어떤 관계를 의도하는 것일까? 물론 어떤 두 단어도 심리적 연상과 시적인 뉘앙스에서까지 일치하기는 어렵다. 콰인과 그가 비판하는 이론가들 모두 "인지적 동의성cognitive synonymy"을 염두에 두고 있다. 그러나 콰인은 정확히 인지적 동의성이 무엇인지 해명하기 어렵다고 주장한다. 예를 들어, 모든 문맥에서의 교체 가능성interchangeability도 동의성을 해명해주지는 못한다. "모든 문맥"이라는 개념은 언어에 상대적이다. 만일 어떤 단어가 외연적인 언어에 포함되어 있다고 한다면, 즉, 외연에서 일치하는 두 단어가 교체 가능하다면, 이러한 의미에서의 교체 가능성은 동의성을 위해 충분하지 않다. 술어가 참이 되는 대상들의 집합이 일치하거나 혹은 이름이 지시하는 대상이 일치하는 경우에도 의미가 다른 경우들이 있기 때문이다. 한편, 내포적 어휘를 포함하는 언어 내에서의 교체 가능성은 이미 분석성을 전제한다는 문제가 있다. 내포적 어휘 자체에 대한 사용이 분석적 참을 수용할 수 있도록 이해되기 때문이다.

첫 번째 도그마에 대한 콰인의 한 흥미로운 지적은 그것이 "비경험론적인 경험론의 도그마"이며 "형이상학적인 신념"이라는 것이다(Quine, 37). 콰인이 언급하듯이 분석적/종합적 구분은 칸트와 라이프니츠 등 합리론적 전통의 철학자들도 공유하고 있다. 이런 이유로 콰인이 첫 번째 도그마를 "비경험론적 경험론"이라고 말했을 것이다. 그렇다면 분석적/종합적 구분은 딱히 경험론의 도그마라고 할 수 없다. 이것은 경험론을 평가하는 데 있어 중요하다. 물론 전통적 경험론이 현대에 계승되면서 분석적 참에 무거운 철학적 역할이 부여되었고, 따라서 콰인의 비판이 그러한 방식으로 계승된 경험론에 적절하고 치명적인 비판이 되는 것은 사실이다. 그러나 우리는 경험론이 현대에 계승되면서 왜 분석적 참이 철학적으로 중요하게 되었는지를 물어야 한다. 애당초 분석적 참이 그러한 위상을 가질 이유가 없다면 콰인의 비판으로부터 경험론을 새롭게 계승할 수 있는 길이 열릴 수 있다. 이는 3부의 관심사가 될 것이다.

2. 자연화된 인식론

토대론적 사고에 따르면, 철학적 작업은 경험 과학의 기초와 토대를 제공하는 제일 철학the First Philosophy의 위상을 가진다. 그러나 콰인의 "자연주의적 인식론"에 따르면, 인식론은 단지 심리학의 한 분과에 불과하며 철학과 과학은 마치 바다 위에 떠 있는 배를 구성하는 부품과 같다. 배를 부분적으로 수선할 수는 있다. 그러나 어딘가에 정박하여 전체를 다 해체하고 새로운 배를 만들 수는 없다. 철학의 작업은 애당초 과학의 토대를 제공하는 데 있지 않다.

콰인 자신은 나름대로 경험론을 새롭게 발전시키려는 시도를 한다. 우선 콰인은 경험론의 프로젝트에서 (자신이 "conceptual"이라고 부르는) 의미론적 작업과 인식론적doctrinal 작업을 구분한다. 전자는 "문장 S가 무엇을 의미하는가?"라는 질문에 답하는 것이며, 후자는 "S가 참인가?"라는 질문에 답하는 것이다. 이 별개의 질문들이 서로 연결되는 것은 경험이 의미의 초석인 동시에 진리에 대한 증거를 제공하기 때문이다. 이러한 경험론적 전통을 콰인도 계승한다. 그렇다면 콰인의 경험론이 전통적인 경험론과 다른 측면은 무엇인가?

콰인의 경험론의 윤곽을 살펴보기 위해 우선 두 번째 도그마에 주목해보자. 분석적 참, 그리고 의미라는 개념에 대한 콰인의 비판은 두 번째 도그마인 환원주의에 대한 비판으로 이어진다. 콰인이 염두에 두고 있는 환원주의는 물리적 세계에 대한 언어를 현상적 언어와 논리학으로 환원하려는 현상론적 환원이다. 콰인은 일상적 혹은 과학적 담론을 경험적 문장으로부터 논리학적인 수단만을 사용하여 도출하려는 전통적 경험론의 시도가 성공할 수 없다고 본다. 이미 첫 번째 도그마에 대한 비판에 의해 이와 같은 의미론적 환원은 근본적인 문제점을 안고 있다. "동일한 의미"라는 개념 자체가 불투명하고 실체가 분명치 않은데 일상적 문장을 그와 동일한 의미를 가진 현상적 문장들로 정의하려는 문제의식은 애초부터 잘못될 수밖에 없다는 예상을 할 수 있다. 두 번째 도그마를 비판하면서 콰인은 그러한 환원을 실제로 수행하고자 할 때 발생하는 문제점들을 지적한다.

카르납의 이성적 재구성rational reconstruction은 현상적 환원을 체계적으로 추구한 대표적 사례이다. 물리적 문장을 현상적 문장들과 논리학으로 재구성한다는 것은 물리적 문장들이 제거될 수 있으며 물리적 문장을 통해 말하고자 하는 바, 즉, 그것들의 인지적 내용을 현상적 문장들과 논리학만으로 다 표현할 수 있음을 보여준다. 이러한 재구성은 물리적 문장들이 현상적 문장들과 논리학이 가지는 정당성을 계승할 수 있게 한다. 과학적 언명의 정당성은 결국 현상적 문장들과 논리학의 정당성을 확보하는 문제로 환원될 수 있다. 물론 물리적 문장들을 이성적으로 재구성하는 작업은 물리적 문장들이 실제로 어떻게 습득되었는지를 밝히는 작업과 독립적이다. 이는 마치 우리가 현상적 문장들과 논리학 그리고 집합론을 배운 다음 그에 기초하여 물리적 문장들의 사용을 배우지 않는 것과 같다.

한 물리적 단어를 현상적 단어들로 직접 정의하는 방식 외에 러셀의 한정 서술구 이론과 같이 문맥적 정의contextual definition를 활용할 수 있다. 즉, 단어의 단위가 아니라 문장의 단위로 환원을 시도하는 것이다. 그러나 문장 단위의 환원도 어려움에 봉착한다. 만일 카르납의 환원적 프로그램이 성공했다면 이는 물리적 담론의 인식적 정당성을 확보해 줄 것이다. 그러나 콰인은 카르납의 프로그램이 실패했으며 왜 실패할 수 밖에 없었는지에 대한 설명을 제시한다. 콰인의 의미 전체론에 따르면 문장이 아닌 이론 전체가 의미를 담지하는 단위이다.

왜 의미 전체론인가? 처음 접하는 부족의 언어를 기존 언어 지식의 도움을 받지 않고 번역하려는 언어학자의 입장에서 생각해보자. 이 언어학자는 원초적 번역radical translation을 수행한다. 어떤 언어의 문장을 자신이 이해하는 언어의 문장으로 번역하고자 할 때 언어학자는 결국 원어민 문장이 관찰 가능한 어떤 상황에서 발화되는지에 대한 기록에 의존할 수밖에 없다. 즉, 원어민의 언어적 행동의 총체가 그 언어를 번역하는 증거가 된다. 어떤 번역이 관찰 가능한 모든 상황에서 동등성을 가져온다면 이는 일단 좋은 번역으로 받아들일 수 있다. 즉, 원주민이 "A"라고 발화하는 모든 상황에서 내가 "B"라고 발화한다면 "A = B"라는 번역은 적절하다고 기대할 수 있다. 그러나 한편 모든 상황에서 동등성을 가져오는 복수의 번역들이 존재할 수 있다. 이것이 번역의 불확정성indeterminacy of translation이다. 우리의 언명은 분명 외부로부터의 감각 자극의 총체를 넘어선다. 그렇지 않다면 자극의 총체와 관련하여 동등한 복수의 번역이 존재할 수 없다. 그렇다고 해서 외부로부터의 감각 자극의 총체를 넘어서는 추가적인 의미적 사실semantic facts은 존재하지 않는다. 다음은 퍼트남Hilary Putnam의 글이다.

> 의미들은 단어를 부착할 수 있는 박물관의 전시물들이 아니다. 두 단어가 "동일한 의미"(그리고/또는 "동일한 지칭")를 가진다는 말은 그들의 의미(혹은 그들의 지칭)를 동일시하는 것이 좋은 해석적 실행이라고 말하는 것 이상도 이하도 아니다(Putnam, 119).

그렇다면 번역의 불확정성은 객관적인 의미론적 사실에 호소함으로써 해소해야 할 현상이 아니다. 콰인은 그 현상을 받아들이고 왜 그런 현상이 일어나는지를 설명하려고 한다. 불확정성 현상을 설명하는 것이 의미 전체론이다.

콰인은 행동주의적 관점에서 경험이라고 하는 것을 사적이거나 내적인 어떤 사태가 아니고 외적으로 측정할 수 있는 외부로부터의 자극stimulation으로 간주한다. 이러한 외적 자극에 조건화되어 있는 문장들이 관찰 문장observation sentences이다. 그러나 기존에 우리가 가지고 있는 배경 정보가 관찰 문장의 사용에 영향을 미칠 수 있다. 어떤 사람이 통상 토끼로부터 오는 자극에 노출되어 있더라도 만일 본인이 지금 환각을 하고 있다고 믿는다면 "저기 토끼가 있다"라고 발화하지 않을 것이다. 한 문장의 의미를 결정하는 데 있어 배경 지식이 관여한다. 그러나 문장의 의미를 이해하기 위해 필요한 배경 지식과 그것을 넘어서는 배경 지식을 어떻게 구분할 수 있는가? 분석적/종합적 구분에 대한 콰인의 비판을 염두에 둔다면 이 질문에 대한 답은 부정적이다. 그러나 외적 자극에 직접적으로 조건화되어 있는 문장들은 관찰 문장들이다. 외적 자극이 항상 관찰 문장의 사용을 촉발하지는 않지만, 외적 자극에 의해서만 촉발되는 문장이 관찰 문장이다. 이런 의미에서 관찰 문장은 여전히 의미론의 토대를 제공한다. 관찰 문장은 외부로부터의 자극에 직접적으로 조건화되어 있어서 관찰 문장의 공유를 통해 언어에 대한 입문이 가능하다. 자동차가 지나갈 때, 혹은 자동차 그림을 보면서 어머니는 "자동차"라고 말하고 아이도 "자동차"라고 반복하는 연습을 한다. 처음에는 다른 모양을 가지고 있으나 가지치기를 통해 서로 비슷한 모양이 된 나무들과 유사하다. 언어를 배우는 아이와 언어를 가르치는 어머니는 공유된 외적 자극을 통해 공통의 언어를 소유하게 된다. 이런 의미에서 언어는 콰인의 용어대로 "사회적 기술"이다. 그리고 보다 이론적인 문장들은 관찰 문장들에 조건화되어 있다. 언어나 이론 전체가 외적 자극들에 특정한 방식으로 조건화됨으로써 경험적 의미를 확보하게 된다.

콰인의 의미론이 의미 전체론으로 귀결된다면, 그의 인식론적 작업은 어떤 윤곽을 가지는가? 인식론의 전통적 과제는 세계에 대한 지식의 토대를 제공하는 것이었다. 경험론에서 그 토대는 관찰 명제가 제공한다. 즉, 과학적 진술을 경험에 근거한 관찰 명제로 환원함으로써 과학 담론이 확고한 경험적 기반 위에 있음을 보여주는 것이다. 카르납의 이성적 재구성은 이러한 작업의 한 대표적 사례이다. 그런데 이러한 시도들은 심리학적 탐구와 분명히 차별된다. 왜냐하면 심리학을 포함한 경험 과학 일반의 토대를 제공하는 것이 인식론과 철학의 과제이므로 그러한 과제를 수행함에 있어 심리학의 결과에 호소할 수 없기 때문이다. 이러한 호소는 어떤 것을 정당화하기 위해 바로 그것을 전제하는 순환적 사고이다.

그러나 콰인은 자연화된 인식론epistemology naturalized에서 실제로 인간이 어떻게 빈약한 외적 자극meager input으로부터 방대한 이론torrential output을 생성하는지를 경험적으로 탐구해야 한다고 주장한다. 어떤 과정을 거쳐서 경험적 증거를 초월하는 이론적 내용이 산출되는가? 경험이 어떻게 이론을 정당화하는가? 콰인은 인식론이 이러한 질문들에 대한 경험과학의 탐구 결과를 자유롭게 사용해야 한다고 주장한다. 그 이유는 전통적 인식론이 성공할 수 없다는 평가에 있다. 우리는 세계에 대해 존재론적 가정을 하고 개념적 틀을 구성한다. 그런데 어떤 가정과 개념이 세계를 온전하게 반영하는지를 경험적 증거에 기초해 보여줄 수는 없다. 과학을 경험적 증거로부터 논리적으로 도출할 수 없다. 노이랏Otto Neurath의 유명한 비유를 사용하여 콰인은 과학과 그것을 정초하려는 인식론을 모두 바다에 영원히 떠 있을 수밖에 없는 배의 부분들로 간주한다. 배가 육지에 정박할 수 있다면 그 지점이 모든 다른 것의 토대가 될 수 있다. 모든 것을 다 해체하여 새로운 배를 만들 수도 있다. 그러나 항해하는 배는 오로지 부분적으로 점진적인 수정과 개선을 할 수밖에 없다. 인식론의 과제는 실제로 우리의 믿음 체계가 외적 자극에 어떻게 대응하는지를 밝혀내는 작업과 불가분의 관계를 가진다.

3. 콰인의 경험론

콰인의 경험론은 전통적 경험론과 상당한 거리가 있다. 전통적 경험론에서 경험은 주관적 세계에 대한 확실한 지식을 제공함으로써 세계에 대한 지식의 토대를 마련해주었으나 콰인은 이러한 토대론을 정면으로 부정한다. 자연화된 인식론에서 분명히 드러나듯이 인식론의 과제는 더 이상 모든 지식의 토대를 찾는 데 있지 않다.

그럼에도 불구하고 콰인은 여전히 세계에 대한 판단의 궁극적인 증거는 경험에서 올 수밖에 없으며, 단어의 궁극적 의미도 경험적 증거에 기반을 두고 있다고 믿는다. 그러나 과연 콰인의 경험론이 인식론적 경험론이라고 할 수 있을지는 지극히 의심스럽다. 콰인의 "관찰 문장"은 경험과 가장 가까이 있는 문장이다. 이를테면 나는 책상 위에 커피컵이 있음을 보고 "커피컵은 책상 위에 있다"고 말한다. 나의 시각 경험이 나의 판단을 정당화해준다. 그러나 콰인의 경험론은 이를 인정할 수 있을까? 콰인에게 있어 경험적 증거라고 하는 것은 우리의 감각기관에 입력되는 외적 자극들이다. 관찰 문장들은 바로 외적 감각 자극에 조건화되어 있다. "책상 위에 커피컵이 있다"라는 문장을 이해하는 사람은 어떤 종류의 외적 자극이 있을 경우에 그 문장을 발화한다. 그러나 외적 감각 자극과 관찰 문장의 관계는 정당화의 관계라고 보기 어렵다. 외적 자극들은 관찰 문장의 사용을 촉발하나 정당화하지는 않는다. 이는 돌덩이가 믿음을 정당화하지 않는 것과 마찬가지다. 빛이나 음파의 패턴 그리고 후각 기관을 자극하는 분자들은 무엇을 정당화할 수 있는 종류의 대상들이 아니다. 그렇다면 결국 콰인은 경험론의 핵심적 논제를 부정하고 있는 것이다.

콰인의 의미 전체론에 따르면 "커피컵이 책상 위에 있다"는 문장을 경험 자체만으로 정당하게 받아들일 수 없다. 각 문장에 대해 무엇이 그것을 정당화해주는 증거인지를 결정할 수 없기 때문이다. 비록 통상적으로 커피컵이 있는 것 같은 경험을 하더라도 내가 만일 현재 환각을 하고 있다던가 홀로그램 전시장에 있다고 정당하게 믿는다면 그 경험은 나의 판단을 정당화해주지 않는다. 동일한 경험은 때에 따라 “커피 컵 홀로그램이 있다”는 믿음을 정당화해줄 수도 있다. 이러한 상황에 대한 전통적 해결 방법은 경험이 일상적 판단이 아닌 주관적 세계에 대한 판단을 정당화해준다고 보는 것이다. 이는 결국 다시 데카르트적 견해와 전통적 경험론의 모든 문제들에 봉착하는 것이다. 그러나 데카르트적 견해에 호소하지 않고도 경험의 정당화 역할을 보존할 수 있다면, 콰인과 같이 경험의 정당화 역할을 포기할 이유는 없어 보인다. 경험의 정당화 역할을 받아들일 경우 결국 데카르트적 견해를 수용할 수밖에 없다는 생각은 경험의 정당화 역할에 대한 특정 가정에 기반을 두고 있다. 즉, 경험의 인식론적 함의는 오로지 명제적 내용으로 파악되어야 한다는 명제적 소여의 가정이다. 물론 위에서 보았듯이 콰인 또한 문장 단위를 인식론적 그리고 의미론적 단위로 간주하지 않아야 한다고 주장한다. 각 문장은 경험과 대면하지 않는다. 그러나 이로부터 경험의 정당화 역할이 없다는 결론은 도출되지 않는다.

결론적으로 우리가 콰인의 경험론 비판으로부터 얻을 수 있는 교훈은 경험의 정당화 역할에 대한 부정이 아니라 전체론적인 성격에도 불구하고 과연 경험이 어떻게 믿음의 정당화에 기여하는지에 대한 새로운 모색이다.

7장

데이비슨의 정합론

1. 구조와 내용의 구분

데이비슨에 따르면 토대론적 경험론은 "내용과 구조의 이원론"을 전제하고 있다. 구조scheme에 해당하는 항목들은 우리의 세계관, 이데올로기, 개념 체계, 언어, 이론이며 내용content에 해당하는 항목들은 구조와 독립된 감각 자료, 증거, 현상 등이다. 구조/내용의 구분은 이데올로기/감각 자료, 언어/인상, 세계관/증거, 이론/자료 등의 구분과 상응한다. 한편에는 개념틀, 세계관, 이데올로기가 있고, 다른 편에는 그와 독립적인 인상, 자료, 주어진 것 등이 있다. 전자는 후자에 질서를 부여한다. 구조와 내용의 대비는 "조직하는 것"과 "조직되는 것"의 대비이다. 데이비슨은 (그가 경험론의 제 3의 도그마라고 불렀던) 이러한 구분 자체가 잘못되었다고 주장한다.

데이비슨의 구조/내용 구분에 대한 논의는 개념 상대주의conceptual

relativism를 비판하는 과정에서 등장한다.[1] 개념 상대주의에 따르면 우리가 아예 이해할 수 없는 상당히 다른 개념 체계나 언어가 가능하다. 쿤Thomas Kuhn의 표현을 쓰자면 "공약 불가능incommensurable"한 개념 체계들이 존재한다. 과학의 역사는 공약 불가능한 패러다임들의 교체로 이해된다. 패러다임들은 서로 비교가 불가능하며 어느 것이 다른 것보다 나은지 평가할 수 없다. 평가한다는 것은 공통의 언어와 기준을 전제하는 것인데, 세계관이 상이한 사람들의 언어는 의미 자체가 우리와 너무나 달라서 소통 자체가 불가능하다. 공약 불가능한 개념 체계들을 가진 주체들은 각자 자신이 만든 세계관 안에 갇혀 있다고 볼 수 있다. 물론 누구나 자신의 세계관을 탈피할 수는 없다. 그러나 특정한 세계관을 가지되 그 세계관을 합리적으로 수정하고 개선할 수 있는 가능성은 없을까? 개념 상대주의는 그러한 가능성을 배제한다. 이론과 독립된 중립적인 사실들은 없다. 상당히 다른 이론을 받아들이는 사람들은 이론을 받아들이는 근거 자체가 무엇인지에 대해 상당히 다른 기준을 가진다. 이론과 근거가 분리되더라도 궁극적으로 이론을 평가하는 근거도 이론 내적이라고 볼 수밖에 없다. 상당히 다른 여러 대안적 개념 체계들이 존재할 때 어느 것이 더 우월한지를 얘기할 수 없다. 그런 평가가 무의미하기 때문이다. 아마 여기서 도출될 수 있는 하나의 결론은 여러 다른 세계관들이 모두 다 동등하게 타당하다는 것이다. 이 결론은 4부에서 다시 논의될 것이다.

경험 자체가 우리의 판단을 정당화해주지는 않는다. 경험적 정당화는 세계관에 의존한다. 그러나 이로부터 경험의 정당화 역할이 없다는

---

1 D. Davidson, "On the Very Idea of a Conceptual Scheme", *Inquiries into Truth and Interpretation*, Oxford University Press, 1984. 참조.

결론은 도출되지 않는다. 이러한 추론이 부당함을 보임으로써 개념 상대주의를 비판할 수 있다. 그러나 데이비슨은 이러한 방법으로 개념 상대주의를 비판하지 않는다. 데이비슨은 "개념 체계"라는 개념 자체를 문제 삼는다. "개념 체계"라는 개념은 왜 문제가 되는가?

다른 문화권이나 시대가 우리와 다른 개념틀과 세계관을 가지고 있다는 말 자체에는 논란의 여지가 없다. 그런데 우리와 다른 세계관이 있을 때 우리는 그 세계관을 이해할 수 있는 가능성을 배제하지 않으며 인류학적, 역사적 연구나 탐사를 통해 다른 세계관들의 존재와 내용을 이해하려고 한다. 예를 들어, 아메리카 대륙의 인디언 부족들은 자신의 조상이 지구 안에 살고 있다가 지구 표면의 상태가 살기에 적합하게 되자 표면으로 나왔다고 믿고 있다. 기원에 대한 이러한 신화는 인디언 조상들이 만 년 전쯤 아시아 대륙에서 베링해협을 건너왔다는 과학적 발견과 상충한다. 인디언 조상들에 대해서 상당히 다른 견해들이 존재할 수 있다. 그러나 데이비슨이 문제 삼는 개념 상대주의에 따르면 우리가 이해할 수 없고 상호 번역이 불가능한 개념 체계와 언어들이 있다는 것이다. 과연 진정으로 다른 개념 체계의 가능성을 이해하는 것이 가능할까? 데이비슨은 극단적인 비교 불가능, 소통 불가능한 개념 체계들의 존재에 대해 회의적이다.

만일 우리 자신의 세계관에서 출발하여 다른 개념 체계에 대한 이해에 도달할 수 있다면 상호 번역이 가능하므로 그 개념 체계는 진정으로 다른 개념 체계가 아니다. 그렇다면 진정으로 다른 개념 체계의 가능성을 이해하기 위해서는 우리 자신의 세계관을 탈피해야만 할 것 같다. 그러나 이것도 불가능한 일이다. 우리는 스스로의 세계관을 탈피할 수는 없다.

동일한 대상을 여러 다른 시각에서 볼 수 있는 건 좌표상에서 관찰자와 대상의 상대적 위치가 다르기 때문이다. “다른 시각”이라는 개념 자체가 공통의 좌표를 전제하고 있다. 마찬가지로 “다른 개념 체계”라는 개념에 의미가 있다면 공통의 좌표가 필요하다. 이것이 데이비슨의 핵심 주장이다. 즉 다른 개념 체계들을 개념화할 수 있는 방식이 필요하다는 것이다. 그런데 세계관이 다르다는 것은 무엇인가?

예컨대 “언어”라는 개념을 가지고 세계관의 다름을 설명하려는 시도가 가능할 것이다. 즉, 세계관의 다름은 언어의 다름에 있다. 그러나 이러한 설명에 대한 반례는 언어가 다르지만 서로 번역 가능한 경우 과연 세계관이 반드시 다를지 불분명하다는 것이다. 따라서 개념 상대주의자는 세계관의 개별화의 한 필요조건으로 언어의 번역 불가능성을 제안할 것이다. 즉 두 언어가 만일 상호 번역 가능하다면 그 언어와 연계된 세계관은 다르다고 할 수 없다. 개념 상대주의자들은 아프리카 원주민들이 우리와 너무나 다른 자신들만의 형이상학과 세계관을 가지고 있어서 우리는 그들의 언어를 이해할 수조차 없다고 말할 수 있다. 그러나 언어를 이해할 수도 없다면 과연 아프리카 원주민들이 우리와 다른 형이상학과 세계관을 가지고 있는지는 어떻게 알 수 있는가? 그들이 언어를 가지고 있기는 한가?

우리가 이해할 수 없는 다른 언어들, 이것들은 무엇인가? 단순한 음파나 글자의 패턴이 아닌, “언어”라는 것은 무엇인가? 우리도 우리 자신이 가지고 있는 언어를 개념화해야 한다. 여기서 데이비슨은 개념 상대주의가 이해될 수 있기 위해서는 모든 언어와 개념 체계 밖에 놓여진 중립적이고 공통적인 어떤 것이 필요하다고 지적한다(Davidson, 190). 즉, 다른 언어는 바로 공통의 중립적인 경험 내용에 대한 다른 조직화로 이해될 수 있다는 것이다. 만일 중립적인 공통의 경험 내용을 상정하지 않는다면 두 언어가 상호 번역이 되지 않을 경우 그 이유는 서로 다른 경험 내용일 수도 있다. 언어나 개념 체계는 무언가를 조직화하는 힘이다. 다른 언어나 개념 체계들은 그 무언가를 다르게 조직화한다. 언어에 대한 이러한 정의는 "조직화되는" 어떤 것을 상정하고 있다. "조직화하는 것"과 "조직화되는 것"이 바로 구조와 내용의 구분이다.

데이비슨은 개념 상대주의가 구조와 내용의 구분을 요구하고 있음을 보인 후 그 구분을 부정함으로서 개념 상대주의를 공격한다. 개념 상대주의가 구조와 내용의 구분을 필요로 한다는 데이비슨의 주장이 옳다면 둘의 구분은 어떤 측면에서 잘못되었나? 세계관, 이데올로기, 개념 체계, 언어, 이론 등은 감각 자료, 증거, 현상 등과 서로 구분되어야 하는 게 아닐까? 개념 상대주의가 잘못되었기 때문에 그것이 요구하는 구조와 내용의 구분 자체가 잘못되었다는 결론은 도출되지 않는다. 데이비슨은 내용/구조에 대한 구분을 부정함으로서 개념 상대주의에 대응하고자 하는데, 이는 무리한 대응이다. 개념 상대주의는 다른 이유 때문에 잘못되었을 수도 있다. 자연스러운 구분을 부정하지 않으면서도 원하는 목적을 얻을 수 있다면 철학적으로 더 바람직하다고 볼 수 있다.

데이비슨 자신도 내용/구조의 구분 자체에 대해서는 뚜렷한 입장을 보이지 않고 있다. 오히려 데이비슨이 실제로 부정하는 것은 내용과 구조 사이의 **인식론적 관계**인 것으로 보인다. 즉, 주관적인 감각 자료와 경험이 객관적 세계에 대한 우리 주장을 정당화하는 토대가 된다는 생각을 부정하는 것이다. 데이비슨은 내용과 구조의 두 항에서 내용에 해당되는 것으로 감각 자료, 인상, 증거, 자료 등을 언급하는데 이들은 모두 주관적이며 객관적 세계와 독립된다. 따라서 주관적 자료는 객관적 세계에 대한 우리의 견해에 의해 오염되지 않은 중립적인 위상을 가진다.

전통적 경험론에 따르면 주관적 내용이 우리의 세계관과 세계 사이의 인식론적 매개 역할을 하는 것으로 간주된다. 데이비슨은 구조와 내용의 구분이 결국 주관적 세계와 객관적 세계의 구분과 상응한다고 본다. 주관적 세계에 대한 지식이 객관적 세계에 대한 견해들 간의 대립을 중재해줄 수 있다. 이는 결국 데카르트적 견해로 귀결된다. 우리는 주관적 세계의 장막 안에 갇혀 있고 우리가 표상하고자 하는 세계와 단절되어 있다. 이러한 출발점을 받아들이면 결국 근대 철학의 친숙한 문제점들이 제기될 수밖에 없고 "관념론, 환원주의적 경험론, 그리고 회의주의가 매력적으로 다가온다(Davidson, 2001: 43)." 데이비슨은 구조/내용 구분에 대한 비판을 통해 데카르트적 견해를 공격하고 있다.

데이비슨은 경험이 세계에 대한 상반되는 주장들을 중재하고 평가하는 합리적 기준을 제시하지 못하며 경험은 사고와 연결이 되어 있지만 그 연결은 인과적 연결일 뿐 정당화 연결과는 무관하다고 주장한다. 이러한 주장의 배경에는 만일 경험이 토대주의자가 말하는 바대로의 인식론적 역할을 한다면, 즉, 데카르트적 견해가 옳다면 이는 결국 외적 세계에 대한 회의주의에 귀결할 것이라는 진단이 있다. 그렇다면 데이비슨은 경험의 인식론적 역할이 무엇이냐에 대해 전통적 경험론자들과 견해를 함께한다. 단지 데이비슨은 그러한 의미의 경험의 인식론적 역할은 회의주의에 귀결되므로 경험의 인식론적 역할을 부정해야 한다고 주장한다.

2. 정합론

인식 정당성에 대해 토대론과 경쟁하는 이론이 정합론이다. 정합론에 따르면 서로 잘 연결되어 정합적인 믿음들은 정당하다. 믿음들이 서로 정합적이라 함은 통상 논리적 일관성logical consistency, 확률적 일관성, 그리고 추론 관계 등으로 제시된다. 이를테면 "비가 오고 있다"와 "비가 오고 있지 않다"를 동시에 포함하는 믿음 체계는 정합적이지 않다. 그리고 "비가 오고 있다"가 확률이 높아지면 "어떤 사람도 우산을 쓰고 있지 않다"는 확률은 낮아질 것이다. 두 믿음은 논리적으로 일관적이지만 확률적인 일관성을 결여하고 있다. 따라서 이 두 믿음은 정합적이지 않다. 그리고 아무런 추론 관계 없이 파편화된 믿음들은 정합적이라고 보기 어렵다.

정합론 내에서도 정합성을 정확히 어떻게 이해해야 하느냐에 대해서는 이견이 있다. 데이비슨 또한 이를 인정한다. 그럼에도 불구하고 정합론이 근본적으로 옳은 것은 한 믿음을 정당화하는 것은 오로지 다른 믿음일 수밖에 없기 때문이다. 이것이 정합론의 핵심이다. 정합론자는 믿음 이외의 다른 것들이 믿음을 정당화해줄 수 있다고 보지 않는다. 나의 믿음과 그와 상응하는 사실을 비교하는 과정에서 그 믿음으로부터 탈피하는 것은 불가능하다. 사실을 어떻게 받아들이는가에 따라 그 사실은 믿음 체계에 영향을 줄 수밖에 없다. 무엇을 참으로 받아들이느냐, 즉, 무엇을 믿느냐가 결국 우리의 믿음 체계를 정당화한다. 내가 P를 믿어야 하는지를 고찰하려면 내가 이미 받아들이는 것에 호소할 수밖에 없으며 믿음 체계의 밖으로 탈출할 수 없다. 물론 전통적으로 세계와의 직접 대면을 통해 특별한 종류의 믿음이 정당성을 확보한다고 간주되었으나 직접 대면 혹은 직접의식도 믿음에 의존한다(Davidson, 2001: 142).

그러나 정합론은 치명적인 문제점을 안고 있다. 서로 양립 불가능하지만 동등하게 정합적인 체계들이 있을 수 있기 때문이다. 믿음들이 내적인 정합성을 아무리 확보해도 세계와 상응하지 않을 수 있다. 지식과 참의 추구에 있어서 정합성은 충분하지 않다. 이러한 비판에 대응하기 위해 지식이나 참이라는 개념 자체를 수정하는 방법이 있다. 이를테면, 진리라는 개념을 "이상적으로 합리적인 믿음"으로 정의해버리는 것이다. 이러한 정의에 따르면 이상적으로 합리적인 믿음을 넘어선 진리란 불가능하며, 따라서 아무리 이상적으로 합리적이더라도 믿음이 참인지 알 수 없다는 회의주의자들의 반론은 성립할 수 없다. 이상적 합리성을 초월한 진리는 존재하지 않기 때문이다.

그러나 데이비슨은 진리에 대한 인식론적 이해에 호소해서는 안 되며 그럴 필요도 없다고 주장한다. 진리는 단순한 개념이다. 진리는 세계와의 상응이다. 자신이 받아들이는 진리에 대한 정합론은 이를 부정하지 않는다는 것이 그의 주장이다. 타르스키Alfred Tarski는 의미라는 개념을 전제하고 진리라는 개념을 그의 T-쌍조건문으로 정의하고자 했다. 예를 들어, 영어 문장인 "Snow is white"라는 문장은 눈이 하얄 때만 진리이다. 모든 영어 문장에 대해 우리가 이런 식으로 그것이 언제 참이 되는지를 명시하면 영어에 대한 진리 개념이 다 분석된다. 한 언어의 진리라는 개념을 정의하기 위해 다른 의미론적 개념은 도입될 필요가 없다. 반면 데이비슨은 진리라는 개념을 전제하고 의미를 진리 조건으로 이해하고자 했다. 진리 조건이 의미에 대한 적절하고 만족스러운 분석을 제공하는지는 또 다른 문제이나, 데이비슨은 진리 개념에 대한 수정적 견해를 제시하지는 않는다.

데이비슨은 지식에 대한 정합론이 실재론과 양립 가능하다고 주장한다. 진리와 실재론은 비인식적으로 이해되어야 한다. 이 점에서 데이비슨은 로티Richard Rorty와의 차이를 분명히 하고 있다. 비록 믿음을 정당화하는 것은 믿음일 수밖에 없지만 그럼에도 불구하고 믿음-독립적 세계와 믿음들과의 상응을 의미 있게 얘기할 수 있다는 것이다. 믿음과 세계의 독립성이 요구하는 것은 **각 믿음**에 대하여 그것이 거짓일 수 있다는 것이다. 우리가 믿는다고 해서 그것이 참임을 함축하지는 않는다. 그렇다면 정합적인 믿음 체계가 세계와 극단적으로 어긋날 수 있다는 비판에 대한 데이비슨의 대응은 무엇인가?

데이비슨은 정합적인 체계에 포함되어 있는 모든 믿음들이 다 거짓일 수는 없다고 주장한다. 그러나 믿음의 체계가 정합적이라는 것이 그 믿음들이 다 거짓일 수는 없음을 어떻게 보장해주는가? 우리의 믿음 체계가 정합적이지만 그럼에도 불구하고 전체적으로 세계와 어긋날 수도 있지 않는가? 내가 믿는 대부분이 거짓이 되는 가능성을 어떻게 배제할 수 있는가? 믿음 체계가 세계와 상응하는지 또는 참이 되는지를 의미 있게 논할 수 있다면 믿음 체계가 세계와 어떻게 연결되는지 물을 수 있고 따라서 그 둘을 연결시켜주는 증거를 어떻게 확보할 수 있는지를 물어야 하지 않을까? 그러나 데이비슨은 경험이 그러한 **인식적 중개자** 역할을 할 수 없다고 주장한다. 물론 경험은 **인과적 중개자** 역할을 한다는 의미에서 믿음과 세계를 연결하지만 정당화를 제공할 수는 없다. 믿음을 정당화시켜줄 수 있는 것은 다른 믿음들뿐이다. 그렇다면 데이비슨은 어떤 의미에서 믿음의 체계가 그것과 독립된 세계와 상응할 수 있다고 보는가?

데이비슨은 정합성이 세계와의 상응을 제공할 수 있음coherence yields correspondence을 보이고자 한다. 상당히 많은 믿음들과 정합적으로 조화되는 믿음은 참이다. 왜 그럴까? 이에 대한 데이비슨의 해답은 원초적 해석radical interpretation에 대한 그의 견해에 기초해 있다. 만일 어떤 언어가 해석될 수 있다면, 그 언어를 사용하는 사람들의 믿음은 대부분 참이 되어야 한다. 즉, 어떤 언어를 번역하면서 언어 사용자들의 세계에 대한 믿음들이 대부분 거짓이 되도록 할 수는 없다. 만일 어떤 언어를 번역했는데 그 번역에 따르면 언어 사용자들이 "고양이는 식물이다", "지구는 정지해 있다" 등 대부분 거짓된 믿음을 가지고 있는 것으로 드러난다면 그 번역은 잘못되었다는 것이다. 대부분의 믿음이 참이 되게 하는 번역이 옳다는 원칙이 자비의 원리the Principle of Charity이다.

> 어떤 사람의 언명과 행동들을 해석함에 있어 그의 믿음들이 우리의 기준에 의해 대부분 참이고 정합적이게 하는 방법을 찾지 못한다면, 그 사람이 이성적이거나, 믿음을 가지고 있거나 혹은 어떤 의미 있는 말을 할 수 있는 개체로 간주할 이유는 없어진다(Davidson, 1984: 137).

그러나 우리는 제대로 의미를 파악했지만 다른 사람들이 세계에 대해 잘못 생각하고 있을 수 있지 않는가? 옛날 사람들은 "지구는 정지해 있다"고 잘못 생각하지 않았는가? 위에서 지적했듯이 데이비슨은 개별 믿음이 거짓일 수 있음을 인정한다. 그렇다면 정합적인 믿음들의 대부분이 거짓일 가능성은 어떻게 배제하는가? 데이비슨은 언어의 해석과 믿음의 부여는 상호 의존적interdependent이라고 주장한다.

> 믿음과 의미의 상호 의존성은 명백하다: 화자는 어떤 문장의 의미와 자신의 믿음 때문에 그 문장을 참으로 받아들인다. 그가 그 문장을 참으로 받아들이는 것을 알고 그 문장의 의미를 알면 우리는 그의 믿음이 무엇인지 알 수 있다; 그의 믿음이 무엇인지 알고 있으면, 우리는 문장의 의미를 추론할 수도 있다. 그러나 원초적 해석은 의미에 대한 지식, 믿음에 대한 지

식, 그 어느 것도 가정할 수 없다(Davidson, Ibid: 134-135).

만일 고양이가 지나갈 때마다 외계인이 "##"이라고 발화한다고 하자. 우리는 발화자가 "##"를 참으로 받아들인다고 가정할 수 있다. 그리고 "##"가 "고양이가 지나간다"를 의미한다고 추정할 수 있다. 그러나 이 추정은 화자가 세계에 대한 우리의 믿음들을 상당 부분 공유할 것을 요구한다. 만일 화자가 "세계는 관념들로 구성되어 있다"라고 믿고 있다면, 우리는 그의 발화의 의미에 대한 최초의 추정에 대한 신뢰를 유지할 수 없다. 세계관이 우리와 상당히 다를 경우, 비록 "##"라는 언명이 "고양이가 지나감"과 상응한다고 해도 "##"의 의미를 우리가 사용하는 "고양이"의 의미와 같다고 볼 수 없다. 일반적으로 언어의 의미에 대한 파악은 그 언어를 사용하는 사람들의 믿음 체계와 독립되게 성취될 수 없다. 그 역도 마찬가지이다. 우리는 옛날 사람들이 "지구는 평평하다"고 믿고 있다고 생각한다. 옛날 사람들이 책자에 그렇게 적어 놓았다고 하자. 이런 방식으로 옛날 사람들의 믿음을 이해하려면, 그들이 "지구는 평평하다"고 했을 때 그 문장이 우리가 의도하는 의미와 동일한 의미를 가지고 있어야 한다. 만일 비록 "지구는 평평하다"고 써 놓았지만 그 문장이 우리가 이해하는 바와 다른 의미를 가지고 있다면 옛날 사람들의 믿음에 대한 우리의 판단 또한 정당함을 상실할 것이다.

그런데 믿음과 의미의 상호 의존성은 사람들의 믿음들이 대부분 참이라는 것을 뒷받침해주는가? 데이비슨은 상호 의존성의 문제를 해결할 수 있는 유일한 길이 바로 자비의 원칙이라고 주장한다. 즉, 믿음에 대한 지식은 해석적 능력을 요구하고, 해석적 능력은 화자의 믿음에 대한 상당한 지식을 가정하기 때문에 의미 파악의 출발점에서 가능한 유일한 선택지는 우리와 화자의 믿음이 대체적으로 일치한다는 가설이다. 위에서 지적했듯이 데이비슨에 따르면 우리가 이해할 수 없는 상당히 다른 개념체계나 세계관은 존재하지 않는다. 따라서 우리는 우리와 화자의 믿음들이 대체적으로 일치한다는 전제하에 다른 언어를 이해할 수밖에 없다.

그러나 믿음과 의미의 상호 의존성을 해결하기 위해 화자의 믿음과 우리의 믿음이 일치한다는 출발점은 불가피한가? 우리는 상호 의존성을 인정하더라도 상당히 많은 가설들을 출발점으로 택할 수 있다(Gupta, 2006: 195). 이를테면, 낮 동안 획득한 믿음들은 일치하고 밤에 획득한 믿음들은 일치하지 않는다는 가설도 출발점으로 택할 수 있다. "지구는 둥글다"라는 믿음은 일치하지만, "인간의 조상은 원시 동물이다"라는 믿음은 다를 수 있다. 상호 의존성을 극복하는 문제는 반드시 특정 가설을 요구하지 않는다. 임의의 출발점을 택하더라도 상호 의존성을 극복할 수 있다. 한 방법은 상호 의존성 현상에 대한 굽타의 이론에 호소하는 것이다. 3부에서 다시 논의되겠으나, 굽타 이론의 핵심적 아이디어는 "수정 과정revision process"에 있다. 수정 과정을 이해하기 위해 상호 의존적 정의를 고려해보자. "H"와 "G"의 의미를 모르고 있는 당신에게 그 단어들의 의미에 대해 다음과 같은 정의가 주어졌다고 하자.

x는 H이다 = x는 동물이거나 혹은 x는 G가 아니다.

x는 G이다 = x는 H이고 그리고 x는 과일이다.

위의 정의들이 상호 의존적인 것은 "H"의 의미가 "G"의 의미에 의존하고 역으로 "G"의 의미가 "H"에 의존하기 때문이다. 하나의 의미를 알면 다른 것의 의미를 알 수 있고, 그것의 역 또한 성립한다. 그러나 우리는 둘 다 모르고 있는 상황이다. 데이비슨이 말하는 믿음과 의미의 상호 의존성과 유사한 현상이다. 일견 상호 의존적 정의는 당신이 "H"와 "G"의 의미가 무엇인지 아는 데 아무런 도움이 되지 않는 듯하다. 이 상호 의존의 굴레를 어떻게 벗어날 수 있을까?

상호 의존적 정의에 대하여 굽타는 "H"와 "G"의 의미를 다음과 같은 방식으로 결정할 수 있다고 제안한다. 우선 이 세계에 {a, b, c, d}의 네 대상들이 존재하며 그중 a, b는 동물이고 c, d는 과일이라고 하자. 그 다음 두 술어의 외연에 대한 임의의 가설 h1, g1을 잠정적으로 택한다. 예를 들어 h1 = {a, c} 그리고 g1 = {d}라고 하자. 이 잠정적 가설을 위의 정의에 대입하면 "H"와 "G"의 의미에 대한 새로운 가설, h2, g2가 그 결과로 산출된다. 실제로 위의 정의에 h1과 g1을 대입하면, h2 = {a, b} 그리고 g2 = {d}가 된다. 이 가설, h2, g2를 다시 위의 정의에 대입할 경우 h3, g3가 얻어진다. 이런 대입이 반복될 경우 우리는 두 술어의 의미에 대한 가설들의 순열을 얻을 수 있다. 마찬가지로 임의의 가설 h1*, g1*으로부터 출발하여 또 다른 순열을 얻을 수 있다. 어떤 상호 의존적 정의는 순열들의 모임을 산출한다. 그리고 그 순열들의 모임은 어떤 특징을 가지고 있을 수 있다. 예를 들어, 위의 정의가 상호 의존적임에도 불구하고 모든 순열들이 어떤 시기 이후부터 특정한 가설로 수렴할 수 있다. 혹은 특정한 몇 가설들 사이를 순환하는 패턴이 형성되거나 그러한 수렴이나 패턴이 발생하지 않고 불규칙한 진행이 계속될 수도 있다. 중요한 점은 이러한 특징들로부터 상호 의존적 정의가 "H"와 "G"의 의미에 대해 담고 있는 정보를 읽어낼 수 있다는 것이다. 만일 어떤 상호 의존적 정의가 특정 시기 이후부터 지속적으로 안정된 가설로 수렴한다면 상호 의존성은 극복되고 "H"와 "G"의 의미가 결정된다고 볼 수 있다. 즉, 어떤 상호 의존적 정의가 임의의 가설로부터 출발해도 어떤 시기 이후부터는 수렴하는 순열들을 산출할 경우, 그 정의는 술어의 외연에 대한 결정적인 정보를 가지고 있다고 해석될 수 있다.

상호 의존성에 대한 굽타의 수정 이론을 받아들일 경우, 상호 의존성은 출발점부터 특정 가설을 강요하지 않는다. 즉, 데이비슨의 자비의 원리가 불가피하지 않다. 이 말은 실재와의 괴리 비판에 대한 데이비슨의 해결책이 성공적이지 못함을 의미한다. 그렇다면 결국 실재와의 괴리 비판은 여전히 유효하다고 할 수 있다.

정합성이 세계와의 상응을 제공할 수 있다는 데이비슨의 논증으로 다시 돌아가보자. 데이비슨은 경험의 인식론적 중개자 역할을 부정하고 믿음 체계에 대한 외부로부터의 이성적 중재의 가능성을 포기하는 대신, 믿음과 의미의 상호 의존성과 이로부터 도출된 자비의 원리에 호소하여 믿음 체계의 참을 확보하려고 한다. 만일 데이비슨의 이러한 대안이 성공적이라면 인식론적 중개자의 필요는 자동적으로 사라질 것이다. 그러나 위에서 살펴보았듯이 데이비슨의 대안에는 논란의 여지가 많다. 그렇다면 경험의 인식론적 중개자 역할에 대한 포기가 너무 성급했을 가능성을 심각히 고려할 필요가 있다.

믿음 체계에 의존하지 않고 경험 자체가 독립적으로 세계에 대한 직접적 인식을 제공한다는 전통적 경험론에 대한 데이비슨, 셀라스, 봉주르 등의 비판은 여전히 유효하다. 그러나 경험의 인식론적 역할이 반드시 그러한 방식으로만 가능한지는 분명치 않다. 경험이 우리의 판단을 정당화해준다면 이는 배경 믿음들의 정당성에 의존한다. 따라서 경험 자체가 소위 세계에 대한 원초적인 직접 인식을 제공하지는 않는다. 경험의 정당화 힘은 우리가 전제하는 세계관의 정당성에 의존하고 세계관의 정당성은 역으로 경험의 정당화 힘에 의존한다. 여기에 상호 의존성의 또 다른 사례가 있다. 문제는 이러한 상호 의존성이 경험의 정당화 힘을 배제하는가에 있다. 그럴 수밖에 없다고 생각하는 주된 이유는 전통적 경험론의 근저에 있는 경험의 정당화 힘에 대한 특정한 가설, 명제적 소여에 있다. 명제적 소여의 가정을 받아들이고 상호 의존성을 인정할 경우, 경험의 정당화 역할은 부정될 수밖에 없다. 그러나 명제적 소여의 가정을 받아들이지 않는다면, 상호 의존성은 경험의 정당화 역할과 반드시 충돌하지 않는다. 데이비슨, 셀라스, 봉주르의 경험론 비판은 모두 이 점을 간과하고 있다.

3부

새로운 토대론

최근 토대론은 다시 활발하게 논의되며 "토대론의 부활"이라고 부를 만한 흐름이 진행되고 있다.[1] 2부에서 논의된 토대론에 대한 거센 비판을 염두에 둘 때 이러한 동향은 괄목할 만하다. 3부에서는 전통적 토대론으로부터의 보다 분명한 이탈을 추구하는 토대론을 살펴보고자 한다.

인식적 선언주의epistemological disjunctivism와 독단론dogmatism은 공히 외적 대상에 대한 믿음을 토대 믿음으로 간주한다는 점에서 전통적 토대론과 확실하게 단절된다. 이러한 입장들을 옹호하는 철학자들은 경험이 드러내주는 사실들이 주관적 세계에 제한되어 있지 않으며 경험은 외적 세계에 대한 직접적인 지식 또는 정당화를 제공할 수 있다고 주장한다. 사실 일상적으로 우리의 경험은 주변 외적 환경을 직접적으로 드러내는 듯하다. 현재 나의 바로 앞에 컴퓨터 화면과 커피컵이 탁자 위에 놓여 있고 스스로 내성적으로 고찰해볼 때 경험은, 맥도웰의 표현을 빌리자면 "외부 세계로의 열림openness to the layout of reality"이다. 주변 세계가 투명하게 나에게 드러나는 것 같은 이러한 직관은 인식적 선언주의와 독단론의 동기를 제공한다.

새로운 토대론자들의 주장이 옳다면 전통적 토대론이 봉착했던 외적 세계에 대한 회의주의의 문제를 해소할 수 있는 길이 열릴 수 있다. 최소한 "주관적 세계로부터 어떻게 외적 세계로 나아갈 수 있는가?"라는 문제는 근본적으로 차단된다. 새로운 토대론의 기획이 성공할 수 있는지를 선언주의, 독단론의 순서로 살펴보기로 하자. 이들이 봉착하는 문제점들은 굽타의 대안적 접근에 주목할 동기를 제공한다.

8장

인식적 선언주의

1. 경험과 개념틀

인식적 선언주의를 대변하는 철학자는 맥도웰로, 선언주의에 대한 관심은 그의 영향력과 무관하지 않다. 경험은 어떻게 정당화 역할을 할 수 있는가? 또는 경험은 어떻게 이성적 영역the logical space of reason에 포함될 수 있는가? 맥도웰은 경험이 개념적 내용conceptual content을 가짐으로써만 이성적 영역에 포함될 수 있다고 주장한다. 경험의 개념적

1 토대론 부활은 여러 방향으로 전개되는데 여기서 모든 동향들을 다 논의할 수는 없다. 예를 들어, 마이클 윌리엄스Michael Williams는 그의 논문 "Doing without immediate justification"에서 새로운 토대론의 대표적인 사례로 봉주르와 드폴을 언급하고 있다. 특히 봉주르가 토대론을 비판한 대표적 철학자들 중의 한 사람이라는 점을 고려할 때 그의 토대론 옹호는 의외의 전환이다. 그러나 이 저술에서는 봉주르의 토대론을 논의하지 않을 것이다. 그의 토대론은 근본적으로 주관적 명제의 확실성에 기반을 둔 전통적 토대론을 계승하고 있기 때문이다.

내용은 맥도웰이 경험의 소여를 전통적 논의의 틀로부터 분리시키는 데 결정적인 역할을 한다. 전통적 소여 개념에 따르면 경험에 주어진 것은 어떤 개념적 틀에 의해서도 오염되지 않은 순수한 내용이다. 이런 이유로 경험의 소여는 특정 세계관을 뒷받침하거나 반증할 수 있는 중립적인 자료를 제공할 수 있다고 간주되었다. 그러나 맥도웰은 그러한 소여 개념이 인식론적으로 무용하다useless고 반박한다. 즉, 비록 경험이 비개념화된 소여unconceptualized given를 가진다고 해도 그 때문에 인식론적 역할을 할 수 있게 되는 것은 아니라는 것이다. 경험은 개념적 내용을 가지기 전에는 아예 이성적 영역 안에 포함될 수 없다. 맥도웰의 인식론은 경험의 인식론적 기여가 어떤 배경 지식에 의해서도 오염되지 않은 순수한 소여라는 논란의 여지가 많은 개념에서 분리하여 새로운 틀 안에서 재구성하려는 시도이다.

그런데 과연 경험은 개념적 내용을 가지는가? 아니면 최소한 부분적으로 비개념적 내용을 가지는가? 경험이 개념적 내용을 가지기 위해서는 경험의 주체가 개념을 가지고 있고 그 개념들로 구성된 믿음을 형성할 수 있어야 한다. 그러나 개념을 가지고 있다고 보기 어려운 동물이나 어린 아기의 경험은 내용이 없는가? 성인의 경험 또한 그 내용이 개념화를 넘어선 섬세한 내용들을 포함하고 있지 않는가? 여러 장식으로 가득 찬 카페에 앉아 주변 풍경을 음미하고 있다고 해보자. 눈에 들어오는 모든 색조와 형태에 대해 우리가 적절한 개념을 가지고 있지는 않다. 경험의 내용이 개념적인지 아닌지는 논란의 여지가 많다.[2]

맥도웰은 칸트를 따라 경험 자체가 특정 개념들과 불가분의 관계를

2 Gunther, York H., ed., *Essays on Nonconceptual Content*, MIT Press, 2003. 참조.

가지고 있다고 본다. 경험은 외부로부터의 주어짐receptivity과 개념적 활동spontaneity이 융합되어 있는 상태이다. 이러한 관점에서 맥도웰은 경험 자체만으로는 세계에 대한 믿음을 정당화할 수 없다는 주장에 문제가 있다고 비판한다. 만일 "경험 자체"라는 말이 개념이나 세계관과 분리된 순수한 어떤 주어짐 즉, 비개념화된 소여를 지칭하는 것이라면 그러한 경험은 아예 우리가 인식론적 함의를 부여할 수 있는 종류의 상태가 아니라는 것이다. 개념들과 독립된 경험을 받아들이는 것은 모든 개념과 독립적인 어떤 소여를 그냥 받아들이는 것과 진배없다는 것이다. 소여의 신화에 대한 거부는 비개념적 내용nonconceptual content에 대한 맥도웰의 비판의 저변에 있다.

소여의 신화로부터 탈피하는 것과 더불어 맥도웰은 우리의 사고 활동에 대한 외부로부터의 이성적 통제rational control from outside를 심각하게 받아들인다. 만일 믿음 체계가 내적으로 정합적이라도 경험으로부터 괴리되어 있다면 그러한 믿음 체계는 정당하다고 하기 어렵다. 믿음 체계가 정당하기 위해서는 경험과의 연결이 요구되며, 경험의 주어진 측면이 부각되어야 한다. 여기서 맥도웰은 정합론과 결별한다.

소여의 신화로부터 탈피하면서도 정합론을 거부하려는 맥도웰의 시도가 가지는 특징 중 하나는 경험의 인식론적 자율성epistemological autonomy의 부정이다. 경험으로 배울 수 있는 것, 경험의 이성적 역할이 이미 특정한 개념들에 의존한다면 경험은 그 개념들에 중립적인 인식론적 정당화를 제공할 수 없다. 이는 맥도웰이 데이비슨과 같은 정합론자들에 대항하여 경험의 인식론적 역할을 부활하려고 했던 의도에 역행하는 것처럼 보인다. 물론 경험에는 주어진 측면이 있기 때문에 믿음과는 다른 상태이고 따라서 믿음 체계 외부로부터의 입력을 제공하기는 한다. 그러나 그러한 주어진 측면은 경험의 이성적 역할을 결정하지 못한다. 경험은 개념적 내용을 가짐으로써 이성적 역할을 할 수 있다. 맥도웰이 소여 개념을 전통적 틀로부터 분리시키려는 중요한 시도를 한 것은 분명하다. 그러나 맥도웰이 경험의 인식론적 역할을 확보하는 방식은 경험을 특정 개념틀과 결부시킬 것을 요구하며, 이는 경험의 인식론적 자율성을 침해하는 결과를 가져온다.

맥도웰은 왜 경험의 인식적 역할을 복구하려고 하면서 인식적 자율성을 부정할 수밖에 없었을까? 그는 경험의 인식론적 자율성이 소여의 신화에 귀결된다고 보는 것 같다. 그러나 과연 그러한가? 경험의 인식론적 자율성을 존중하는 것이 모든 개념틀을 이탈하여 개념에 오염되지 않는 소여를 상정함을 의미할까? 이는 분명치 않다. 경험이 우리의 세계 탐구를 중재해주기를 기대할 때 그 기대의 배경에는 모든 개념틀을 초월하여 세상을 직접적으로 인식할 수 있다는 생각이 있을까? 그런 잘못된 생각보다는 오히려 우리가 가지고 있는 특정 개념틀이 특별한 인식론적 위상을 가지고 있지 않다는 생각이 배경에 있다고 볼 수도 있다. 즉, 비록 현재 우리가 받아들이는 개념틀을 벗어날 수는 없지만 그 개념틀이 잘못되었을 가능성을 인정할 수 있다. 이러한 인식이 바로 우리가 경험의 인식론적 자율성을 기대하고 추구하는 동기가 된다. 경험의 인식론적 자율성을 기대하는 배경에 딱히 우리가 모든 개념틀을 이탈하여 세계를 직접 지각할 수 있다는 가정이 있는 것 같지는 않다. 따라서 경험의 인식론적 자율성이 마치 소여의 신화를 필하는 것으로 믿을 이유가 없다. 경험의 인식론적 자율성이란 경험이 특정 개념틀에 중립적인 이성적 입력을 제공할 수 있음을 의미한다. 이러한 의미의 인식적 자율성은 모든 개념틀을 벗어나 세계를 직접 인식할 특별한 능력을 요구하지 않는다. 인식론적 자율성이 소여의 신화에 귀착되는 것처럼 보이는 것은 맥도웰이 경험의 인식론적 역할을 복구하기 위해 채택한 특정한 방식 때문이다.

개념틀과 분리된 소여란 인식론적으로 아무런 소용이 없으며 그것에 호소하는 것은 소여의 신화이다. 그러나 맥도웰 자신은 여전히 직접적 의식direct awareness을 통해 경험의 인식론적 역할을 복구하고자 한다. 즉, 경험은 어떤 대상과 사태를 우리에게 드러내는 데 그 인식적 역할이 있다는 것이다. 물론 그는 직접적 의식을 개념적 활동과 융합시킴으로써 소여의 신화를 극복하는 동시에 인식론적 역할을 복구하는 것이 가능하다고 믿었다. 그러나 우리가 직접적 의식을 아예 포기하고 경험의 인식론적 역할을 다른 방식으로 규정할 경우 경험의 인식론적 자율성이 존중될 수도 있다. 물론 그 다른 방식이 무엇일지는 구체적으로 제시되어야 한다. 여기서 중요한 점은 경험의 인식적 자율성이 반드시 모든 개념틀을 넘어서 세계를 직접 지각할 것을 요구하지 않는다는 것이다.

경험은 개념적 내용을 가지고 있고 그 개념적 내용 때문에 경험이 이성의 논리적 영역에 포함될 수 있다는 맥도웰의 주장에 대해 여러 의문들이 제기될 수 있다. 그러나 인식적 선언주의의 핵심 주장은 개념적 내용에 대한 논란과 분리될 수 있다. 즉, 인식적 선언주의자가 맥도웰의 개념적 내용을 받아들이지 않을 가능성이 있다. 경험의 내용과 관련한 논란과 독립적으로 추출할 수 있는 인식적 선언주의의 핵심 내용을 알아보기로 하자.

2. 사실 함축적 경험적 근거

맥도웰은 새로운 토대론의 부활에 상당한 영향력을 행사해왔다. 그는 데카르트적 견해에 대한 데이비슨의 비판을 수용하면서도 궁극적으로는 다른 길을 간다. 소여의 신화로부터 탈피해야 하지만 그렇다고 해서 경험의 정당화 역할을 전면 부정하는 정합론적 결론까지 갈 필요는 없다는 것이다(McDowell, 1994: 14). 맥도웰은 경험의 정당화 역할을 부정하는 결론이 결국 우리의 믿음 체계를 "진공 속의 공회전frictionless spinning in void"으로 강제하며 바로 이러한 상황이 애당초 소여의 신화에 동기를 부여했다고 진단한다. 따라서 그는 소여의 신화를 부정하면서 동시에 경험의 정당화 역할을 구제할 수 있는 방법을 제시하고자 한다.

데카르트적 견해에 따르면 경험의 인식론적 함의는 주관적 영역에 국한된다. 경험을 통해 우리가 즉각적으로 알 수 있는 것은 마음 내부의 그 사태나 대상들뿐이다. 맥도웰의 저술들은 해석적 문제를 발생시키지만, 핵심은 데카르트적 견해에 대한 반발과 극복이다. 전통적 토대론자들을 데카르트적 견해 또는 소여의 신화로 인도했던 배경 전제는 무엇일까? 이미 1부에서 간략히 소개했듯이 맥도웰은 착시 논증의 문제점에 대한 논의를 통해 그러한 배경 전제를 진단하려고 한다. 맥도웰이 문제시하는 착시 논증의 추론 단계는 마지막 일반화 단계이다. 착시의 경우 직접 지각하는 대상이 감각소여라고 해서 왜 실제 구부러진 막대기를 보는 경우에도 직접 지각의 대상이 막대기가 아니라고 해야 하는가? 맥도웰은 일반화 단계가 착시 논증의 치명적 결함이라고 진단한다.

다른 예로 다른 사람의 심적 상태에 대한 지식을 고려할 수 있다. 통상 우리는 사람들의 감정 상태를 (특히 가까운 사이인 경우) 즉각적으로 알 수 있다고 생각한다. 철수는 "영희는 슬프다"가 참인지 아닌지 영희를 보고 알 수 있다. 물론 영희는 실제로 슬프지 않으면서 슬픈 척한다든지 슬픈 표정을 연기할 수 있다. 동일한 얼굴 표정이 "슬픔의 부재"와 양립 가능하다. 그런데 이로부터 우리는 결코 타인의 감정을 직접 알 수 없고 타인의 얼굴의 기하학적 생김새를 알 수밖에 없다는 결론을 도출할 수 있는가? 동일한 얼굴 표정이 감정의 부재와 양립 가능하다고 해서 이것이 표정의 인식론적 힘에 대한 축소적 해석deflationary interpretation을 정당화하는가? 맥도웰은 이를 부정한다(McDowell, 1982: 455-79).[3]

축소적 해석을 정당화하기 위해서는 참인 경험이 제공하는 인식론적 기여가 착시나 환각의 기여보다 높을 수 없다는 원리(맥도웰이 '최대 공약 이론'이라고 부르는)가 전제되어야 한다. 최대 공약 이론에 따르면 주관적으로 구분되지 않는 두 경험의 인식론적 힘은 둘 중 열등한 경험의 힘보다 클 수 없다. 공약수가 상한 값upper bound을 결정한다. 맥도웰은 바로 최대 공약 이론이 경험의 인식론적 기여를 축소하여 우리를 데카르트적 견해로 인도하고, 따라서 외적 세계에 대한 지식의 문제를 첨예하게 혹은 해결 불능하게 만든다는 것이다. 맥도웰은 최대 공약 이론을 그의 선언주의적 이론으로 대체하려고 한다.

인식론적 선언주의에 따르면 주관적으로 동일한 두 경험들이 인식론

3 맥도웰은 비트겐슈타인을 회의주의자가 가정하는 소여의 개념을 부정한 것으로 해석한다. 회의주의자는 외적 행동이나 동작에 의거해서 다른 사람의 심적 상태를 판단할 때 그 동작이 심적 상태의 부재와 양립 가능하기 때문에 우리는 결코 타인의 마음 상태를 직접 알 수 없다고 주장한다. 이러한 주장의 숨겨진 가정은 양립 가능성이 일반적으로 동작의 인식론적 함의에 대한 축소 해석을 정당화한다는 것인데 바로 이 가정을 맥도웰은 부정하는 것이다.

적으로 상당히 이질적인 성질을 가질 수 있다. 그들의 공통점은 기껏 "~혹은 ~"라는 선언적 표현disjunction으로 기술될 수밖에 없다. "선언주의"라는 이름의 연유가 여기에 있다. 경험은 주체가 어떤 외적 사태를 직접 지각하는 상태(the good case)이거나 혹은 단지 그런 지각을 가지고 있는 것처럼 보이는 상태(the bad case)이다. 맥도웰은 지각 경험은 외적 세계의 믿음에 대한 **파기 불가능한**indefeasible 혹은 **사실 확정적**factive 이유를 제공해 줄 수 있다고 주장한다.

P라는 사실을 보는 경험seeing that P은 P라는 사실 자체를 우리에게 드러내주며 P에 대한 믿음의 참을 함축한다. 일반적으로 우리는 주변 사태들을 즉각 보고 알 수 있다고 생각한다. 감각 경험은 주변 사태를 투명하게 우리에게 드러내는 듯하다. 예를 들어 장그래가 동료에게 "오과장이 눈물 흘리는 것을 보았어"라고 했을 때, 그 말은 "오과장이 눈물을 흘린다"가 참임을 함축한다. "~을 보았다"는 사실 함축적 동사이다. 만일 오과장이 실제로 눈물을 흘리지 않았다면 장그래가 오과장이 눈물을 흘리는 것을 볼 수 없다. 물론 오과장이 눈물을 흘렸다고 장그래가 잘못 생각했을 수 있다. 눈에 티끌이 들어가 오과장이 눈물 흘리는 것처럼 보였을 수도 있다. 혹은 오과장이 눈물을 흘리고 있는 꿈을 꾸었을 수도 있다. 그러나 이런 경우가 가능하다고 해서 오과장이 실제로 눈물을 흘리고 있는 것을 버젓이 보고 있는 경우에도 장그래가 그 사실을 지각적으로 알 수 없다고 말해야 할까? 오과장은 바로 장그래 앞에서 눈물을 흘리고 있지 않는가? 정상적인 경우 지각은 사실 확정적 근거를 제공할 수 있다. 이것이 인식적 선언주의의 핵심 주장이다.

반면, 착시/환각인 경우에는 사실 자체가 존재하지 않으므로 착시/환각의 인식론적 기여는 사실 자체를 드러내 줄 수 없다. 단지 사실 자체를 드러내는 것처럼 보일 뿐이다. P라는 사실을 직접 지각하는 좋은 경우와 P가 거짓이지만 그런 것처럼 보이는 나쁜 경우, 두 경험의 현상적 속성how things look to one은 동일할 수 있다. 즉, 두 경험의 **공통 속성**은 있을 수 있다. 그렇다면 인식적 선언주의자는 경험의 인식론적 기여는 그 공통 속성에 수반하지 않는다고 주장하는 셈이다.

맥도웰의 선언주의는 통상 "인식론적 선언주의epistemological disjunctivism"라고 불리며 형이상학적 선언주의metaphysical disjunctivism와 구분된다. 형이상학적 선언주의metaphysical disjunctivism는 경험의 본성에 대한 한 이론이며 재현 내용이 참이 되는 경험veridical experience과 그와 주관적으로 구분되지 않는 착시나 환각 경험illusory or hallucinatory experience이 근본적으로 동일한 종류의 심적 상태라는 전통적 견해에 대한 반발로 제시되었다. 실제로 빨간 컵을 보는 경험을 e라고 하고, 빨간 컵을 환각하는 경험을 e′라고 하자. 전통적 견해에 따르면, e와 e′가 서로 주관적으로 구분 불가능하다는 사실은 두 경험이 어떤 근본적 성질을 공유하고 있다는 것으로 설명된다. e와 e′의 차이는 그 경험이 무엇에 의해 우연적으로 촉발되었느냐에 있을 뿐이다. 전자는 빨간 컵에 의해 촉발되나 후자는 두뇌의 교란에 의해 발생했을 수 있다. 전통적 견해는 경험을 두드러기로 간주한다. 두드러기의 원인은 지나친 일광욕이나 음식일 수 있다. 이때 두 경우는 근본적으로 동일한 피부 상태이며 단지 원인이 다를 뿐이다. 반면, 형이상학적 선언주의자는 e와 e′가 주관적으로 구분 불가능하다는 사실로부터 두 상태가 근본적인 심적 속성을 공유한다는 추론을 부정한다. 오히려 e와 e′는 근본적으로 다른 심적 상태이며 둘을 포함하는 집합은 기껏 선언적으로 기술될 수밖에 없다. 이를테면, "까마귀 또는 책상의 집합"처럼 말이다(Byrne and Logue, 59).

형이상학적 선언주의는 경험에 대한 관계적 이론the Relational Theory of Experience의 한 유형이라고 간주된다(Crane, 133). 경험은 대상과의 관계 맺음이다. 이런 의미에서 전통적 견해를 완전히 부정하는 것은 아니다. 단지 전통적 견해에서는 경험을 구성하는 대상들이 내적 대상들에 국한된다. 마음은 세계와 고립된 독립적 영역에서 진행되는 일련의 사태의 연속이 아니며 세계는 최소한 부분적으로 마음의 구성에 관여한다. 우리의 의식은 외적 세계를 포함할 수 있다. 선언주의는 이러한 일상적 직관을 보존하려고 한다. e는 빨간 컵 자체를 포함하는 상태이며 e′는 그렇지 않으므로 둘을 상당히 다른 상태로 볼 수밖에 없다는 것이다.

물론 e와 e′ 모두 "사과가 있는 것처럼 보인다"라고 기술할 수 있다. 문제는 이 기술이 참인 이유가 e와 e′가 공유하는 어떤 속성, 현상적 성질인가에 있다. 선언주의자는 그러한 속성의 존재를 부정한다. 선언주의자는 e와 e′가 "주관적으로 동일하다"고 인정할 수도 있다. 단지 그는 주관적 동일성을 e와 e′가 동일한 속성을 공유하는 것으로 이해하지 않을 것이다. 그렇다면 e와 e′ 모두 동일한 현상을 가짐을 어떻게 설명할 것인가? 비록 선언적으로 기술될 수밖에 없다고 주장하더라도 애당초 선언의 형태로 기술하려는 무엇인가가 있지 않는가? 이를 어떻게 설명할 것인가? 형이상학적 선언주의자들이 과연 적절한 설명을 제공할 수 있는지는 현재 논란의 대상이다.[4] 그러나 통상 인식적 선언주의는 반드

4 선언주의는 경험을 대상과의 관계 맺음으로 본다. 즉, 경험의 본성은 외부와 단절된 내부에서 발생하는 어떤 사태가 아니다. 사과를 보는 경험은 사과 자체를 포함한다. 그렇다면 환각 경험은 어떻게 분석할 것인가? 형이상학적 선언주의의 한 유형인 긍정적 선언주의positive disjunctivism에 따르면, 환각의 경우 외적 물리 대상이 아예 존재하지 않으므로 다른 대상을 상정한다. 예를 들어, 내 앞에 빨간 컵이 있는 것처럼 보일 때, 빨간 컵이 아닌 다른 대상, 인상impressions이나 감각소여sense-data를 상정하는 것이다. 이

시 형이상학적 선언주의를 함축하지는 않는다고 간주된다(Byrne and Logue, 67). 따라서 인식적 선언주의자는 형이상학적 선언주의가 봉착하는 문제들에 대해 직접적인 책임이 없다. 지각 경험과 착시/환각 경험의 인식적 차이는 둘 사이의 공통적 성질이 존재한다는 사실과 양립 가능할 수 있기 때문이다.

인식론적 선언주의에 따른 경험의 정당화 역할은 사실 함축적 이유를 제공할 수 있다는 점에서 상당히 강력하다. 이는 지식의 분석과 관련한 문제점을 해소시켜주는 효과를 가져 온다. 정당화와 참이 분리되는 게티어 반례Gettier Cases들은 '지식 = 정당화된 참인 믿음'이라는 분석에 반례가 된다. 예를 들어, 당신의 5미터 정도 앞에 하얀 기둥이 있는 것 같은 시각 경험을 하고 있다고 해보자. 실제로 하얀 기둥은 거기에 있다. 그런데 기둥과 당신 사이에 큰 거울이 있어서 그 거울은 전혀 다른 곳에 있는 하얀 기둥을 반사하고 있다고 해보자. 물론 당신은 거울의 존재를 모르고 있다. 이때 "내 앞쪽에 하얀 기둥이 있다"는 당신의 믿음은 참이며 또한 경험에 의해 정당화되었으나 당신이 과연 당신 앞의 하얀 기둥의 존재에 대해 알고 있다고 할 수 없을 것이다. 이런 경우 지식은

러한 대상들을 상정해야 하는 존재론적 부담을 안게 된다. 그렇다면 최소한 착시의 경우 여전히 외적 물리 대상이 경험의 대상이라고 볼 수 있다. 물에 잠긴 막대기가 휘어 보이는 경우, 혹은 하얀 컵이 빨간 조명을 받아 빨갛게 보이는 경우, 시각 경험의 대상은 여전히 막대기와 컵이다. 그런데 착시 경험에서는 F가 아닌데 F인 것처럼 보이기는 한다. 그렇다면 'F인 것처럼 보인다'는 현상적 속성은 어떻게 설명될 것인가? 만일 이것이 재현적 내용으로 이해된다면 참인 지각도 동일한 재현적 내용을 가지고 있으므로 재현적 내용이 두 경험의 공통적 속성이 된다. 이는 선언주의자가 받아들이기 어려운 결과이다. 따라서 선언주의자는 다른 설명을 제시해야 할 것이다. 한 가지 대안으로서 Mike Martin, "On Being Alienated", *Perceptual Experience*, Oxford University Press, 2006.의 인식론적 접근을 참조할 것.

왜 부재하는가? 정당화를 제공하는 경험은 당신의 믿음을 참으로 만드는 사실과 단절되어 있다. 인식론적 선언주의의 방식으로 설명하자면, 당신이 결여하고 있는 것은 "내 앞에 하얀 기둥이 있다"는 문장을 참으로 하는 사실에 대한 직접 지각이다. 지식을 생성하기 위해 필요한 정당성을 사실 확정적 근거라고 규정한다면 우리는 지식을 정당화된 참인 믿음이라고 받아들일 수 있다.

또 다른 예는 다음과 같다. 스코틀랜드의 들판을 여행하다가 양 한 마리를 본 당신은 "이 들판에 양이 있다"고 믿게 된다. 그런데 그 양은 사실 양의 가죽을 쓴 개였다. 한편, 이 들판의 바위 뒤에 양이 한 마리가 있다면 당신은 들판에 양이 있다는 사실을 알고 있다고 말할 수 있을까? 당신의 믿음은 경험에 기반을 두었기 때문에 정당하다. 그리고 당신의 믿음은 또한 참이기도 하다. 따라서 만일 '지식=참이고 정당한 믿음'이라는 분석을 받아들일 경우 당신은 지식을 가지고 있어야 한다. 그러나 당신이 이러한 상황에서 과연 "이 들판에 양이 있다"는 사실을 알고 있었는지는 지극히 의심스럽다. 지식의 부재를 어떻게 설명할 것인가? 한 가지 가능한 설명은 파기 불가능한, 사실 확정적 이유에 호소하는 것이다. 당신에게 결여된 것은 당신의 믿음을 참으로 만드는 사실에 대한 직접적 지각이다. 만일 당신이 본 것이 실제로 양이었다면 당신은 양의 존재를 직접적으로 지각했고 맥도웰의 이론에 따르면 직접 지각은 사실 확정적 이유를 제공할 수 있다. 이러한 사실 확정적 이유가 지식을 위해 필요한 정당성이라고 간주한다면 당신이 왜 위의 상황에서 지식을 결여하고 있는지 설명할 수 있다.

그러나 한편 선언주의자는 경험의 사실 확정적 근거에 주목함으로써 착시나 환각 경험이 제공하는 정당화 역할을 설명할 수 없다는 비판을 받을 수 있다. 맥도웰에게 있어 경험적 정당성은 지식의 확보와 밀접히 연관되어 있다.[5] 맥도웰의 소여 개념은 경험으로부터 배우는 것은 실수나 오류로부터 면제되어야 한다는 요구를 반영한다. 만일 경험의 소여가 우리를 실수나 잘못된 판단으로 이끈다면 도대체 어떤 다른 권위에 호소하여 그 실수를 교정할 수 있겠는가? 맥도웰은 소여 개념의 재정립을 통해 경험론을 재건하고자 하기 때문에, 이러한 소여 개념은 경험을 궁극적인 인식론적 권위의 출처로 보는 경험론을 계승하는 의미가 있다. 그렇다면 지식을 보장해주지 못하는 나쁜 경우의 경험들은 아무런 정당성을 제공할 수 없는가?

선언주의자들은 자신들이 반드시 나쁜 경우의 정당성을 배제하지 않는다고 답한다. 위의 게티어 반례들에서도 경험은 어떤 이유를 제공하기는 한다. 분명 양이 있는 것처럼 보여서 양이 있다는 것을 믿지 않았던가? 그렇다면 지식의 확보와 무관한 정당성도 있다고 인정하는 게 아닌가? 이러한 질문에 대응하면서 프리차드Duncan Prichard는 두 종류의 정당성을 구분한다. 첫 번째는 지식을 위해 충분한 종류의 사실 확정적 정당화이다. 두 번째는 사실 확정적이 아닌, 단지 사실 확정적인 것처럼 보이는 정당화이다. 여기서 제기될 수 있는 한 비판은 다음과 같다.

경험 주체의 입장에서 양처럼 가장한 개를 보는 경험과 양을 실제로 보는 경험이 가지는 정당성이 다르다고 할 수 있을까? 두 경험이 그 주체에게 구분되지 않는다면 어떻게 하나의 경험이 다른 것이 제공하지 못하는 정당성을 가져올 수 있는가? 선언주의에 따른 정당성은 과연 그

---

5 맥도웰은 경험의 소여는 지식을 생성해야 한다고 주장한다("Givenness is givenness for knowing"). 그는 우리가 경험적 합리성empirical rationality을 제대로 이해하고자 한다면 즉각적 지식receptive knowledge이 필요하다고 주장한다(McDowell, 2009: 470).

주체가 "자기의 이유"로 간주될 수 있는가? 이유가 다르다고 할지라도 주체가 이를 음미하지 못하고 의식하지 못한다면 그 차이가 그의 인지적 활동에 어떤 차이를 가져올 수 있겠는가? 과연 선언주의는 주체의 관점the subject's point of view을 존중하는가? 이런 점에서 선언주의는 외재주의적 요소를 가지고 있다고 지적할 수 있다.

3. 동등성 원리

인식론적 선언주의를 받아들일 경우 발생하는 하나의 결과는 1부에서 소개했던 동등성 원리의 부정이다.

◆ **동등성 원리**: 주관적으로 동일한 두 경험의 인식론적 기여는 동일하다.

이 원리는 정당성에 대한 내재주의적 관점을 반영하고 있다. 내가 나의 경험으로 세계에 대한 나의 믿음을 정당화하고자 한다면, 주관적으로 동일한subjectively identical 두 경험은 나의 인식적 활동에 동일한 기여를 할 수밖에 없지 않는가? 물론 주관적으로 동일한 두 경험이 객관적으로는 상당히 다를 수 있다. 빨간 사과를 지각할 경우 나의 경험은 빨간 사과에 의해 촉발되나 빨간 사과를 환각할 경우 그 경험은 단지 두뇌의 어떤 부위가 활성화됨으로써 촉발된 것이다. 그러나 경험 주체의 관점에서 경험의 인식론적 기여를 포착하려고 할 경우 동등성 원리는 지극히 자연스러운 원칙처럼 보인다.

매트릭스의 세계에서 적들과 싸우는 레오를 생각해보자. 실제 레오는 의자 위에 가만히 누워 있으나 "내면적"으로는 실제로 사람들과 싸움을 할 때 겪는 것과 동일한 경험을 하고 있다. 그러한 상황에서 레오가 "사람이 접근하고 있다"라고 믿는다면 그 믿음은 우리의 믿음만큼이나 정당하다고 해야 하지 않을까? 즉, 레오 자신의 관점에서 고려해본다면 그의 인식론적 상황은 우리와 동일한 것이다. 그러나 인식론적 선언주의에 따르면 주관적으로 동일한 두 경험이 상당히 다른 인식론적 기여를 할 수 있다. 따라서 인식론적 선언주의자는 동등성 원리를 거부해야 한다. 물론 동등성 원리가 절대적인 진리로 간주될 이유는 없으며, 그것을 부정할 중요한 이유들이 있다면 재고되어야 할 것이다. 그러나 입증의 책임은 동등성 원리를 부정하는 사람에게 있다.

선언주의자는 정당성에 대한 외재주의적 관점을 택하고 동등성 원리를 부정할 수 있다. 그러나 이 경우 외재주의적 관점에 대해 제기될 수 있는 반론들에 답하여야 한다. 사실 인식론적 선언주의는 외재주의적 요소를 가지고 있다고 지적되어 왔으나 맥도웰이 주관적으로 동일한 경험들의 인식론적 위상이 다른 것을 그 경험들이 가지는 우연적 외적 관계가 다르기 때문이라고 생각하는지는 의문스럽다. 오히려 맥도웰은 내재주의와 외재주의가 공유하는 가정을 부정한다고 볼 수 있다. 그 가정에 따르면 우리의 직접적 인식은 내적인 대상으로 제한된다. 이 가정을 받아들일 경우 주관적으로 동일한 경험들의 인식적 차이는 오직 외적 관계(신빙성과 같은)일 수밖에 없다는 결론이 도출된다. 그러나 맥도웰은 그 가정 자체를 의문시한다.

맥도웰은 결국 동등성 원리가 데카르트적 견해를 강제하기 때문에 그 원리를 거부해야 한다고 주장한다. 경험의 주관적 성질이 경험의 인식론적 역할을 규제할 경우 결국 경험의 인식론적 함의는 주관적 세계에 국한될 수밖에 없다는 것이다. 그러나 이러한 주장은 동등성 원리의 내용에 대한 오해에 기반을 두고 있다. 우선 동등성 원리는 인식론적 목적을 위해 경험의 주관적 성질에 주목하지만 주관적 성질의 형이상학에 대해서는 중립적이다. 두 경험이 주관적으로 동일하다는 것이 궁극적으로 어떻게 이해되어야 할지에 대해 동등성 원리는 아무런 제한을 두고 있지 않다. 단지 두 경험이 주관적으로 동일하다면 (그 주관적 동일성의 본성이 무엇이든지) 인식론적으로 동등하다고 말할 뿐이다. 따라서 동등성 원리는 어떤 경우 외적 대상들과 그것들의 성질들이 경험에 직접적으로 현존할directly presented 가능성을 배제하지 않는다.

맥도웰에 따르면 지각적 의식과 외적 대상/사실들 사이에 계면interface은 존재하지 않는다. 맥도웰뿐 아니라 많은 철학자들이 우리의 지각적 의식의 대상은 단지 외적 대상/사실들의 대리자surrogates일 뿐이라는 전통적 견해 자체를 부정한다. 여기서 중요한 점은 동등성 원리가 계면 이론을 요구하지 않는다는 것이다. 동등성 원리를 받아들이는 사람은 빨간 사과 자체가 나의 지각 경험을 구성하지만 그와 주관적으로 동일한 환각 경험의 경우 빨간 사과가 경험을 구성하지 않는다고 말할 수 있다. 주관적으로 동일한 경험의 대상이 다를 수 있다.

동등성 원리로부터 데카르트적 견해로 가기 위해선 경험에 직접적으로 현존한다는 것이 특별한 인식론적 함의를 가지고 있다는 전제가 필요하다. 만일 나의 지각 경험에 빨간 사과가 주어졌고 그와 주관적으로 동일한 환각 경험에서는 그렇지 않다고 하더라도 동등성 원리에 따라 우리는 둘의 인식론적 위상이 동등하다고 할 수 있다. 그런데 만일 직접적 현존이 특별한 인식론적 의미를 지닌다면 사정은 달라진다. 나의 지각 경험은 빨간 사과에 대한 즉각적 인식을 제공해주며 그와 동일한 환각 경험은 그러하지 못하므로 두 경험의 인식론적 함의는 달라질 수밖에 없다. 따라서 만일 인식론적 선언주의자가 동등성 원리를 거부하기 위해 그 원리가 데카르트적 견해를 강요한다고 주장하려면 다음과 같이 현존에 특별한 인식론적 함의를 부여해야 한다.

◆ 즉각적 인식 원리: 만일 대상 O나 사실 F가 S의 경험에 현존한다면, S는 O나 F에 대한 즉각적인 인식을 할 수 있다.

이 원리의 문제점을 드러내기 위해 외재주의에 관한 논의에 자주 등장하는 사례들을 고찰해보자. 가짜 창고가 이어진 영화 촬영장을 지나고 있다고 해보자. 물론 당신은 그것이 영화 촬영장임을 모르고 있다. 여러 집 중 하나에 눈이 가고 "저것은 창고다"라고 당신이 말했다고 해보자. 그런데 바로 그것이 촬영장에서 유일하게 진짜 창고이다. 이 경우 그 집 자체는 당신의 의식에 직접적으로 주어져 있다고 볼 수 있다. 그러나 과연 당신이 그 집과 그 집의 성질들을 즉각적으로 인식하고 있다고 볼 수 있을까? 아마 당신은 촬영장의 다른 가짜 창고들을 보고서도 그와 같은 판단에 도달했을 수 있다. 그럴 경우 당신의 판단은 거짓이 된다. 그렇다면 진짜 창고를 본 결과 내린 판단은 경험 주체의 입장에서는 우연적으로 참이 된 것이 아닌가?

왜 전통 철학자들은 즉각적 인식 원리를 받아들여야 한다고 생각했는가? 그러한 원리에 호소하지 않는다면 외적 세계에 대한 인식은 불가능한 것일까? 경험은 반드시 우리에게 어떤 대상이나 사실을 드러내줌으로써 인식적 역할을 해야 할까? 한 가지 주목할 사실은 즉각적 인식 원리는 데카르트적 견해에서도 핵심적인 역할을 담당한다는 것이다. 환각 경험에서 감각소여가 우리의 의식에 직접적으로 주어졌다고 하자. 이로부터 우리가 감각소여에 대한 확실한 앎을 가질 수 있다는 결론이 도출되는가? 물론 감각소여에서는 현상/실재의 구분이 성립되지 않는다. 하나의 감각소여가 여러 다른 방식으로 현상될 수는 없다. 지각의 상대성은 감각소여에서는 성립하지 않는다. 만일 두 가지 다른 방식으로 현상된다면 그것은 다른 감각소여이다. 그러나 이로부터 감각소여에 대한 의식이 그것에 대한 즉각적 파악이나 인식을 가져온다는 결론이 도출되지는 않는다. 왜냐하면 동일한 현상이 어떤 감각소여로부터 왔을 수도 있고 외적 대상으로부터 왔을 수도 있기 때문이다. 즉, 동일한 현상이 동일한 대상을 결정하지는 않는다. 따라서 감각소여가 우리의 의식에 현존한다고 해도 이것이 즉각적 인식을 보장하지 못한다. 그러한 인식을 보장하기 위해서는 즉각적 인식 원리가 가정되어야 한다. 결론적으로 인식론적 선언주의자들의 동등성 원리 비판 자체가(즉, 동등성 원리가 데카르트적 견해에 수렴된다는 비판이) 바로 데카르트적 견해의 근저에 자리 잡은 가정에 의존하고 있음을 보여준다.

즉각적 인식 원리는 바로 선언주의자들이 거부하고자 하는 데카르트적 견해의 배경에 자리 잡고 있다. 비록 우리의 의식에 직접적으로 주어진 대상이 인상이나 감각소여뿐이라고 해도 즉각적 인식 원리가 없다면 "경험의 인식론적 함의는 주관적 세계에 국한 된다"는 결론은 도출되지 않는다. 데카르트적 견해의 핵심에는 경험에 즉각적으로 주어짐이 상당한 인식론적 함의를 가진다는 믿음이 자리 잡고 있다. 즉, 경험이 인식론적 역할을 한다면 세계의 어떤 대상과 사태를 직접 우리에게 드러내는 데 있을 수밖에 없다는 것이다. 역설적이게도 데카르트적 견해에 대한 가장 치열한 대안 중의 하나로 제시된 인식론적 선언주의는 데카르트적 견해의 한 핵심 가정을 그대로 답습하고 있다. 따라서 동등성 원리를 받아들이고 인식론적 선언주의를 거부하는 사람들이 자신들의 입장을 데카르트적 견해로부터 거리를 두어야만 한다는 부담을 안을 이유가 없다.

4. 주관적 동일성과 주관적 구분 불가능성

위에서 인식적 선언주의와 동등성 원리는 서로 상충하고 따라서 인식적 선언주의자는 동등성 원리를 부정해야 하는데 그 근거가 불분명함을 지적했다. 선언주의와 동등성 원리는 양립 불가능해 보이며 최소한 하나는 거짓이다. 그런데 선언주의가 참이기 때문에 동등성 원리가 거짓이라는 주장은 설득력이 없다. 선언주의와 독립된 근거에서 동등성 원리를 거부해야 하는데, 그 근거는 불분명하다. 즉, 동등성 원리가 데카르트적 견해로 인도하기 때문에 그 원리가 부정되어야 한다는 논리는 생각보다 강하지 않다.

여기서 맥도웰을 지지하는 철학자들은 아예 선언주의와 동등성 원리가 양립 가능하다고 주장할 수 있다. 즉, 맥도웰이 부정하는 것은 동등성 원리가 아니라 다음 원리라고 보아야 한다는 것이다.

◆ **동등성 원리***: 주관적으로 구분 불가능한 두 경험의 인식론적 기여는 동일하다.

동등성 원리는 주관적 동일성이라는 개념을 활용하는 반면 동등성 원리*는 주관적 구분 불가능성subjetive indistiguishablity을 언급한다. 빨간 컵을 보는 지각 경험과 빨간 컵을 보는 듯한 환각 경험은 주관적으로 구분불가능하다. 즉, 내성적으로 구분할 수 없다. 그러나 맥도웰에 따르면 두 경험의 인식론적 위상은 상당히 다를 수 있다. 따라서 맥도웰은 동등성 원리를 부정하여야 한다. 만일 맥도웰이 동등성 원리를 부정할 뿐이라면 동등성 원리를 주장하는 사람들과 대립할 필요가 없다.[6] 주관적 동일성이라는 개념은 경험의 어떤 주관적 성질을 전제하는 것 같고 따라서 그 성질이 무엇인지에 대해 논란이 있을 수 있다. 비록 인식론적 선언주의가 반드시 형이상학적 선언주의를 함축하지는 않는다고 해도 그렇다고 해서 주관적 성질을 상정하고 형이상학적 선언주의를 미리 배격할 이유는 없다.[7]

만일 맥도웰이 동등성 원리를 염두에 두고 있다고 해보자. 빨간 컵을 보는 지각 경험과 주관적으로 구분되지 않는 환각 경험은 주관적으로 동일한가? 만일 긍정적으로 대답한다면, 맥도웰은 동등성 원리 또한 부정해야 한다. 이는 다시 논의를 원점으로 돌리므로 맥도웰은 그 두 경험이 주관적으로 다르다고 주장해야 한다. 사실 주관적으로 구분 불가능

---

6 이 중 첫 번째 해석이 맥도웰 자신의 저술과 더 부합한다고 생각할 수도 있다. 왜냐하면, 맥도웰의 글 중 동등성 원리를 부정하는 것처럼 보이는 것도 있기 때문이다. 동등성 원리를 받아들이는 굽타의 저술에 대한 논평에서 맥도웰은 굽타가 동등성 원리에 대한 선언주의적 대안이 있음에도 불구하고 그러한 대안과 비교하여 동등성 원리를 적절히 옹호하지 않는다고 비판한다. 이는 맥도웰이 자신의 선언주의를 굽타가 수용하는 동등성 원리에 대한 대안으로 간주하고 있다고 이해할 수 있다. 즉, 선언주의를 받아들일 경우 동등성 원리는 부정해야 한다는 것이다.

7 사실 맥도웰이 옹호하는 선언주의에는 불분명한 점이 있다. 반면 주관적 구분 불가능성은 경험의 본성에 대해 어떤 요구를 하지 않으므로 인식적 선언주의자도 주관적 구분 불가능성을 논하는 것을 선호할 수 있다.

한 두 경험이 주관적으로 다를 수 있다. 두 경험의 현상적 성질이 다르다고 해서 반드시 경험 주체가 그 차이를 파악한다고 볼 수는 없기 때문이다. 예를 들어, 현상적 차이가 미세할 경우 경험 주체도 그 차이를 구분하지 못할 수 있다. 그렇다면 맥도웰은 반드시 동등성 원리를 부정할 필요가 없다. 동등성 원리는 주관적으로 동일한 경험들의 동등한 인식론적 위상을 주장한다. 그런데 만일 참인 지각 경험과 그것과 상응하는 환각 경험이 아예 주관적으로 다르다면 둘의 인식론적 힘이 다르다고 해도 동등성 원리에 대한 반례가 되지 않는다. 물론 이 경우 맥도웰은 자신의 선언주의적 이론이 동등성 원리에 대한 대안이 아니고 그것과 일관적이라고 말해야 할 것이다.

주관적 동일성과 주관적 구분 불가능성은 서로 다른 개념이며 전자가 인식적으로 유관하다는 지적이 가능하다. 주관적 구분 불가능성은 경험에 대한 인식을 포함하는 개념이며, 만일 우리가 경험에 대한 인식과 별개로 경험 자체의 인식적 역할을 논하고자 한다면 주관적 동일성이 적합해 보인다. 동등성 원리는 경험 자체의 주관적 측면에 주목한다. 경험 자체의 인식적 기여는 그것의 주관적 성질에 의해 결정된다는 것이다. 동등성 원리는 경험이 그 경험을 가진 주체의 입장에서 어떤 인식적 기여를 하는지를 말하고 있다. 철수의 입장에서 주관적으로 동일한 경험으로부터 세계에 대해 배울 수 있는 것은 같다고 봐야 한다. 반면, 동등성 원리는 경험 자체의 인식적 기여보다는 주체의 내성적 능력에 상대적으로 정의되는 경험의 측면에 주목한다. 두 경험이 실제로 다르다고 해도 구분되지 않는다면 둘의 인식적 기여는 같다. 구분 불가능성 개념은 경험 자체보다는 나의 내성에 드러난 바로서의 경험에 주목한다. 따라서 동등성 원리에 대한 한 비판은 그것이 경험 자체의 인식적 기여를 포착하기에 부적절하다는 것이다.

맥도웰의 견해에 대한 두 가지 상이한 해석을 정리하면 다음과 같다. 첫째, 맥도웰의 선언주의와 동등성 원리는 양립 불가능하며 맥도웰은 동등성 원리를 부정한다. 즉, 주관적으로 동일한 두 경험의 인식적 성질이 다를 수 있다. 여러 가지 이유에서 이 해석은 맥도웰의 입장과 부합하지 않는다. 둘째, 맥도웰의 선언주의와 동등성 원리는 양립 가능하다. 이 경우 선언주의자가 동등성 원리를 부정할 필요가 없다. 그렇다고 해서 선언주의자가 동등성 원리를 받아들일지는 불분명하다. 여하튼 선언주의자는 자신이 부정하는 원리는 동등성 원리*라고 주장할 수 있다. 사실 맥도웰은 자주 자신의 입장을 주관적 구분 불가능성 개념으로 진술하며 선언주의를 동등성 원리*에 반하는 입장으로 설정한다. 일견 이 두 번째 해석은 충분히 가능해 보인다. 두 번째 해석을 따르는 선언주의자는 주관적으로 구분 불가능한 두 경험의 인식적 성질이 다를 수 있고 그 인식적 차이는 주관적 차이라고 주장할 수 있다.

동등성 원리를 받아들이는 사람은 애당초 동등성 원리* 자체가 경험 자체의 인식적 기여를 포착하기에 부적절하다고 지적한다. 경험 자체가 주체의 사고에 미치는 이성적 기여를 평가하기 위해서는 경험의 주관적 동일성이 유관하다는 것이다. 즉, 두 경험이 주관적으로 동일하다면 그 두 경험이 경험 주체의 사고에 미치는 이성적 기여는 동일하다고 봐야 한다. 따라서 지각 경험과 주관적으로 동일한 환각 경험의 가능성은 경험의 인식적 기여에 중요한 제약을 가져온다.

동등성 원리의 저변에는 경험의 인식적 역할에 대한 주관주의적 접근이 있다. 이를 옹호하는 사람은 지각 경험과 환각 경험의 주관적 동일성 자체가 데카르트적 견해를 함축하지 않는다고 지적할 것이다. 전통적 경험론의 모든 부분이 틀린 것은 아니다. 주관적 동일성에 주목하는 주관주의적 경향은 살릴 수 있고 또 살려야 하는 부분이다. 우리가 거부해야 하는 것은 주관주의적 경향이 아니라 그로부터 데카르트적 주관적 토대에 이르는 길이다. 이 길은 불가피하지 않다. 여러 방식으로 그 길을 차단할 수 있다. 다음 장에서 다룰 독단론은 넓은 관점에서 주관주의적 접근에 충실하면서 (데카르트적) 주관적 토대로 이르는 길을 차단하는 한 방법을 제시한다. 이러한 의미에서 독단론은 "전통적"이라고 간주될 수 있다.

반면 선언주의자는 훨씬 개혁적인 노선을 간다. 그는 동등성 원리를 거부하기보다 딱히 동등성 원리를 존중하지 않는다. 선언주의자들은 동등성 원리에 대한 찬반으로 자신들의 견해를 규정하는 것 자체에 반발하는 듯하다. 받아들이거나 거부하거나에 앞서 아예 주관적 동일성이라는 개념에 대해 부정적이다. 그들은 지각 경험과 주관적으로 동일한 환각 경험의 가능성을 배제하고자 하는데, 이 배제의 근거는 다음과 같다. 우선 인식적 선언주의자는 지각 경험과 주관적으로 구분 불가능한 환각 경험을 인정하며, 주관적 구분 불가능성 개념은 보다 중립적이고 유용한 개념으로 간주한다. 즉, 나쁜 경우와 좋은 경우를 주관적으로 구분 불가능하다고 규정하고 시작하는 것이다. 그런 다음 지각 경험과 환각 경험은 주관적으로 다르다고 주장한다(바로 이 이유 때문에 동등성 원리와 마찰을 피할 수 있다). 물론 주관적으로 구분 불가능한 두 경험이 주관적으로 다를 수 있다. 예를 들어 아주 미세하게 다른 두 경험의 경우, 주체는 그 두 경험을 내성으로 구분하기 어려울 수 있다. 그러나 우리가 주목하는 경우가 과연 주관적으로 다른 경우인가? 즉, 빨간 사과를 지각하는 경우와 빨간 사과를 환각하는 경우가 주관적으로 다른가? 시간 t1에 빨간 사과를 본 다음, 잠시 후인 t2에 그 사과를 다시 본다고 해보자. 누구나 t1의 경험과 t2의 경험은 주관적으로 동일하다고 할 것이다. 그런데 t2의 경험이 환각일 경우, 왜 갑자기 주관적으로 다른 경험이 생성되는가? 환각 경험일 때도 현상적 성질은 동일하다고 할 수 있지 않나? 경험 주체의 관점을 존중한다면 지각 경험과 주관적으로 동일한 환각 경험의 가능성을 허용해야 하지 않을까? 인식적 선언주의자는 그러한 가능성을 배제할 수 있는 이유는 두 경험에 인식적 차이가 있으며 이는 주관적 차이이기 때문이라는 것이다.

인식적 차이가 주관적 차이라는 의미가 무엇인가? 당신의 눈앞에 손이 있고 정상적으로 그것을 보는 좋은 지각 경험과, 그것과 주관적으로 구분 불가능한 나쁜 환각이나 착시 경험이 있다고 하자. 좋은 경우와 나쁜 경우에는 왜 인식적 차이가 있는가? 두 경우의 인식적 동일성을 주장하는 사람은 둘이 주관적으로 동일하기 때문이라고 주장한다. 이에 대해 선언주의자는 주관적으로 동일하더라도 인식적 차이가 있을 수 있다고 대답하거나 혹은 아예 주관적으로 다르다고 주장할 수 있다. 그런데 지금 우리는 선언주의자가 두 번째 주장을 하는 것으로 보고 그 주장의 근거를 묻고 있다. 이때 선언주의자는 둘이 주관적으로 다른 이유를 단지 인식적 차이라고 대답할 수 없다. 인식적 차이가 왜 주관적 차이를 가져온다는 말인가? 외재주의적 견해에 따르면 인식적 차이가 반드시 주관적 차이를 가져오지는 않는다. 만일 선언주의자가 외재주의적 견해를 수용하지 않는다면, 인식적 차이가 주관적 차이를 가져오는 이유를 제시해야 한다. 이 과제는 위에서 제기된 주체의 관점을 보존하는 문제를 해결하기 위해서도 필요하다. 결국, 동등성 원리를 부정하지는 않지만 그렇다고 수용하지도 않은 결과 선언주의자는 "주체의 관점"을 복구해야할 부담을 안게 된다. 좋은 지각 경험과 환각 경험을 주관적으로 동일하게 본다면, 이는 주체의 관점을 존중할 수 있다. 내 앞에 손이 없어도 동일한 경험을 할 수 있다면 지금 나는 과연 내 앞에 손이 있음을 알 수 있는가? 나의 경험을 통해 내 앞에 손이 있음을 알 수는 없다. 내 앞에 손이 있다는 사실은 경험을 통해 주체에게 알려지지 않는다. 경험 주체의 관점에서 한 경험은 여러 세계 상황들과 양립 가능하다.

선언주의자들이 택한 하나의 해결책은 그 "주관적"이라는 말을 "내성만으로 알 수 있는reflectively accessible"의 의미로 이해하는 것이다. 만일 두 경우의 인식적 차이가 있고 이 차이를 내성만으로 알 수 있다면 그 인식적 차이는 주관적 차이라고 할 수 있다. 프리차드는 아예 인식적 선언주의의 핵심적 논제를 다음과 같이 서술한다.

> 전형적인 지각적 지식의 경우 주체 S가 p라는 지각적 지식을 가지기 위해서는 p라는 믿음에 대해 그것의 참을 함축하는 사실 확정적 이유를 가지고, 그 이유를 내성적으로 알 수 있어야 한다(Prichard, 2012: 13).

이 정의에 따르면 좋은 경우는 인식적으로 우월한 이유를 제공할 뿐 아니라 그 이유를 내성만으로 파악할 수 있다. 즉, 내가 나의 손을 보는 경험은 "내 앞에 손이 있다"라는 명제에 대한 사실 확정적 이유를 제공할 뿐 아니라 그러한 이유를 가지고 있음을 내성으로 알 수 있다. 내성적 접근 가능성은 통상 내재주의적 정당화 이론에서 요구되는 조건이다. 프리차드의 정의는 선언주의가 내재주의적 직관을 존중함을 보여준다.

그러나 위와 같은 선언주의의 대응은 여러 문제를 초래한다. 내가 현재 손을 보는 지각 경험을 하고 있고, 선언주의에 따라 손이 있음에 대한 사실 확정적 이유를 가지고 있으며, 내가 그러한 이유를 가지고 있음을 내성으로 안다고 하자. 나는 손이 있음을 보여주는 사실 확정적 이유를 가지고 있다는 명제로부터 손이 있다는 명제를 도출할 수 있다. 따라서 나는 내성과 논리적 도출만으로 "나는 손을 가지고 있다"와 같은 지식을 얻게 된다. 이는 받아들이기 어렵다. 우리는 통상 경험을 통해 그러한 지식을 확보할 수 있다고 믿는데, 선언주의는 그 지식을 내성과 논리적 도출만으로 확보할 수 있다는 결론을 강제한다.[8] 이와 연관된 또 다른 문제는 다음과 같다.

> 맥도웰과 대립되는 견해의 한 동기는 나쁜 경우가 좋은 경우와 주관적으로 구분되지 않는다는 사실에 있다—나쁜 경우, 주체는 자신이 좋은 경우에 있지 않다는 것을 알 수 있는 위치에 있지 않다. 만일 나쁜 경우에 제공되는 이유가 좋은 경우의 이유보다 약하다면, 나쁜 경우에 그는 자신이 가진 이유가 무엇인지 알 수 있는 위치에 있지 않다—만일 알 수 있다면 그는 자신이 좋은 경우에 있지 않음을 알 수 있을 것이다. 그러나 당연히 주체는 자신이 가진 이유가 무엇인지 항상 알 수 있다. 따라서 좋은 경우의 이유는 나쁜 경우의 이유와 동일해야 한다(Byrne and Logue, 66).

이 반론의 요지는 만일 선언주의자의 주장대로 주체가 자신의 경험이 제공하는 이유를 반성만으로 알 수 있다면 결국 좋은 경우와 나쁜 경우를 내성만으로 구분할 수 있고 이는 두 경우가 주관적으로 구분 불가능하다는 가정과 충돌하므로 좋은 경우와 나쁜 경우가 동일한 이유를

8 이는 내용 외재주의와 자기 지식의 갈등에 관한 소위 "맥킨지 문제"와 유사한 문제이다.

제공한다는 것이다. 즉, 인식적 차이를 주관적 차이로 보고 그 주관적 차이를 내성 가능한 차이로 보는 것은 결국 주관적 구분 불가능성과 마찰을 가져온다는 비판이다. 이 비판은 선언주의자들이 인정하는 대표적인—프리차드가 구분 가능성의 문제the distinguishability problem이라고 부르는—문제를 제기한다. 선언주의자에게는 다음 세 문장이 양립 가능함을 보여야 할 의무가 있다.

- 좋은 경우와 나쁜 경우의 인식적 차이가 있다.
- 경험 주체는 그 인식적 차이를 알 수 있다.
- 좋은 경우와 나쁜 경우는 내성으로 구분할 수 없다.

이 책에서는 구분 가능성의 문제에 초점을 맞추어 선언주의가 봉착하는 어려움에 대해 좀 더 알아보기로 하겠다.

5. 프리차드의 해결책

구분 가능성의 문제를 해결하기 위해 프리차드는 우선 인식론의 두 일반적 원리들을 구분한다.

◆ 구분 원리

만일 S가 p를 지각적으로 알고 있고 p와 양립 불가능함을 알고 있는 대안적 명제 q가 성립하지 않음을 알고 있다면, S는 p와 q를 지각적으로 구분할 수 있어야 한다.

구분 원리the Discrimination Principle에 따르면, 만일 당신이 동물원에서 얼룩말을 보고 그것이 얼룩말이라는 사실과 얼룩말처럼 분장한 노새가 아니라는 사실을 알고 있다면 당신은 얼룩말과 얼룩말처럼 분장한 노새를 지각적으로 구분할 수 있어야 한다. 그런데 노새는 너무나 교묘하게 분장되어 있어 육안으로 얼룩말과 구분할 수 없다면, 구분 원리에 의해 당신은 그 동물이 얼룩말임을 알고 있다고 해도 그것이 분장한 노새가 아님을 알 수 없다. 이는 받아들이기 어려운 결과이다. 어떤 것이 얼룩말이라는 것을 알고 있고, 무엇인가가 얼룩말이라면 그것은 교묘하게 분장된 노새가 아님을 알고 있더라도, 그것이 교묘하게 분장된 노새가 아님을 알지 못하게 된다. 즉, 닫힘 원리the Closure Principle가 부정된다.

◆ 닫힘 원리

만일 S가 p를 알고, p가 ~q를 함축함을 안다면, S는 ~q임을 안다.

이 닫힘 원리를 부정하는 철학자는 많지 않다. 만일 내가 무엇을 안다면, 그리고 그로부터 논리적으로 어떤 것이 도출됨을 안다면, 내가 도출된 것도 안다고 해야 하지 않을까? 만일 닫힘 원리를 받아들이면 남은 선택지는 결국 위에서 언급된 구분 원리를 부정하는 것이다. 프리차드는 구분 원리를 부정하는 반면, 다음 선호 원리the Favoring Principle는 받아들일 수 있다고 주장한다.

◆ 선호 원리

만일 S가 p를 알고, ~q도 알며, p가 논리적으로 ~q를 함축함도 안다면, S는 q보다 p를 선호할 보다 나은 증거를 가지고 있어야 한다.

이 원리에 따르면, 어떤 동물이 얼룩말임을 알고, 분장한 노새가 아님을 알고 있다면, 당신은 그것이 분장한 노새가 아닌 얼룩말임을 믿을 보다 나은 증거를 가지고 있어야 한다. 선호 원리는 구분 원리와 구분된다. 보다 나은 증거를 가지고 있지만 반드시 지각적으로 얼룩말과 분장한 노새를 구분할 수 없을 수도 있기 때문이다. 따라서 구분 원리의 반례가 반드시 선호 원리의 반례가 되지는 않는다. 그런데 선호 원리에 따라 분장한 노새보다 얼룩말일 가능성을 선호할 증거를 가질 수 있는가? 프리차드는 그렇다고 주장한다.

> 잘못 알고 있을 가능성과 유관한, 특히 그 가능성의 확률과 관련된 증거에 대해 생각해보라. 예를 들어, 그러한 분장과 속임수를 할 이유가 없다, 그러한 분장은 아무런 혜택 없이 돈만 많이 들고 시간이 소비된다, 쉽게 발각될 수 있다, 발각되면 동물원 주인이 벌칙을 받게 된다, 등등의 생각을 할 수 있다. 잘못 알고 있을 가능성을 배제하려는 이러한 사고 과정의 핵심은 결국 당신이 현재 교묘히 변장한 노새를 보고 있다기보다 얼룩말을 보고 있다는 쪽을 선호할 더 좋은 이유를 가지고 있음을 강조하는 데 있다 (Prichard, 2012: 79).

당신은 배경 지식background knowledge에 의해 이미 변장한 노새 가능성을 배제하거나 그 가능성보다 얼룩말 가능성을 선호할 증거를 가지고 있다. 따라서 당신은 그 동물이 얼룩말임을 알고, 그 동물이 변장한 노새가 아님을 알게 된다. 구분 원리와 달리 선호 원리를 받아들이는 것은 닫힘 원리와 아무런 충돌을 야기하지 않는다.

구분 가능성 문제에 대한 프리차드의 해결책은 구분 원리와 선호 원리의 구분에 기반을 두고 있다. 선언주의에 따르면, 좋은 경우와 나쁜 경우의 인식적 차이가 있을 뿐 아니라 경험 주체는 내성에 의해 그 인식적 차이를 알 수 있다. 좋은 경우에 있을 때 당신의 경험은 얼룩말이 있음을 알 수 있는 사실 확정적 증거를 제공하며 당신은 그러한 증거가 있음을 내성에 의해 알 수 있다. 이로부터 당신은 나쁜 경우에 있지 않음을, 즉, 분장한 노새를 보고 있지 않음을 알 수 있다. 이때 선호 원리가 요구하는 것은 분장한 노새를 보고 있을 가능성보다 얼룩말을 보고 있을 가능성을 선호할 증거이다. 위에서 인용한 대로 이 증거는 배경 지식이 제공한다. 따라서 내성에 의해 두 경험의 인식적 차이를 알 수 있다. 그러나 선호 원리를 받아들이더라도 구분 원리는 부정할 수 있으므로 좋은 경우와 나쁜 경우를 내성적으로 구분할 수 있는 능력을 요구할 필요는 없다. 이런 방식으로 좋은 경우와 나쁜 경우가 내성적으로 구분 불가능하다는 사실과의 마찰을 피할 수 있다.

정리하자면, 좋은 경우와 나쁜 경우는 주관적으로 구분 불가능함에도 불구하고 인식적 차이를 가질 수 있으며, 또한 이 인식적 차이를 내성만으로 알 수 있다. 내성만으로 알 수 있다는 것은 곧 주관적 차이로 이해될 수 있으므로 선언주의가 주장하는 종류의 인식적 차이는 주관적 차이가 될 수 있음을 뜻한다. 선언주의는 좋은 경우와 나쁜 경우의 인식적 차이에 대한 외재주의적 설명과 차별화된다. 당신이 좋은 경우에 있을 때 인식적으로 우월한 위치에 있게 되는 건 좋은 경우가 신빙성 있는reliable 체계의 산물이기 때문이 아니라, 내성적으로 파악할 수 있는 사실 확정적 이유가 있기 때문이다.

선언주의에 따르면 당신은 지각 지식을 가지기 위해 얼룩말임을 알 수 있는 이유를 가지고 있을 뿐 아니라 그 이유를 가지고 있음도 알 수 있어야 한다. 현재 그러한 사실 확정적 이유를 가지고 있음을 어떻게 알 수 있는가? 프리차드는 여기서 배경 지식에 호소한다. 프리차드의 해결책에 따르면, 당신이 그 동물이 얼룩말임을 알 수 있는 것은 당신이 가진 배경 지식 때문이다. 동물원 주인이 사업에 손실을 가져올 수도 있는 이상한 행동은 하지 않는다는 믿음이 정당하다면 내가 현재 사실 확정적 이유를 가지고 있음을 선호할 근거가 있다.

프리차드는 내성적 지식이 배경 지식에 의존한다고 가정한다. 그런데 그 배경 지식은 어디서 오는가? 지각적 지식을 가지기 위한 조건으로 배경 지식이 필요하다면 지각적 지식이 그 배경 지식의 확보에 다시 기여할 수 있다고 보기는 어렵다. 배경 지식이 궁극적으로 경험으로부터 오지 않는다면 어디서 오는가? 프리차드는 이에 답해야 할 의무가 있다.

보다 근본적인 질문은 다음과 같다. 프리차드의 설명에 따르면 배경 지식은 경험의 정당화 역할 자체보다는 경험의 정당화 역할에 대한 주체의 인식에 개입한다. 현재 내 앞에 얼룩말이 있고, 그것을 정상적으로 보고 있다면, 나는 "얼룩말이 있다"를 정당하게 믿을 수 있는 이유, 즉, "나는 얼룩말이 있음을 보고 있다seeing that there is a zebra"를 내성적으로 알 수 있다는 것이다. 그런데 내성적으로 파악되는 이 사실은 내가 얼룩말이 있음을 듣고 있거나 혹은 만지고 있다와 대비되지 않는다. 프리차드가 염두에 두고 있는 대안은 "나는 분장한 노새를 보고 있다"와 같은 가능성이다. 내성에 의해서 그러한 가능성을 어떻게 배제할 수 있는가? 이에 대하여 프리차드는 내가 배경 지식을 활용하여 그러한 가능성보다 "나는 얼룩말이 있음을 보고 있다"라는 가능성을 선호할 근거를 가질 수 있다고 주장한다. 그렇다면 실질적으로 그 배경 지식은 "얼룩말이 있다"를 "분장한 노새가 있다"보다 선호할 근거가 된다. 사실 노새를 변장해서 관람객을 속일 이유가 없고, 속임수는 시간과 노력이 들며, 쉽게 발각될 수 있다는 생각이 정당하다면 당신의 경험은 "저 동물은 얼룩말이다" 또는 "저 동물은 변장한 노새가 아니다"라는 믿음을 정당화해줄 수 있다. 배경 지식이 바로 저 동물이 얼룩말일 가능성을 변장한 노새일 가능성보다 선호할 이유를 제공한다. 즉, 배경 지식은 1차 믿음의 정당성과 유관하므로 자신의 경험이 제공하는 이유에 대한 내성적 믿음의 정당성에 기여한다고 볼 수 있다.

위와 같은 설명이 타당하다면 배경 지식은 경험이 사실 확정적 이유를 제공한다는 주장과 충돌하지 않는가? 위의 설명에 따르면, 배경 지식은 단지 "나는 저 동물이 얼룩말이라고 믿을 좋은 이유를 가지고 있다"라는 사실을 내성적으로 알기 위해 필요한 것은 아니다. 오히려 저 동물이 얼룩말이라고 믿을 좋은 이유를 애당초 경험이 제공하느냐는 질문과 유관하다. 통상 우리가 p처럼 보이는 경험을 할 때 p라는 믿음이 정당하다고 보는 것은 조명이 정상이고, 사람들이 작당하여 나를 속이려고 하지는 않으며, 세상이 통상 우리에게 현상되는 바대로라는 등의 가정을 정당하다고 생각하기 때문이다. 즉, 배경 지식이 없다면 p처럼 보이는 경험이 p라는 믿음을 정당화하는지에 대해 의문이 제기될 수 있다. 물론 다음 장에서 살펴보겠지만 독단론자는 배경 지식 없이도 p라는 현상은 p라는 믿음을 정당화해 줄 수 있다고 주장한다. 독단론자의 주장에는 논란의 여지가 있지만 비일관적이라는 비판이 적용되지는 않는다. 그러나 선언주의자는 p처럼 보이는 경험만으로 p라는 믿음에 대한 사실 확정적 이유를 제공할 수 있다는 주장을 하면서 한편으로 배경 지식의 필요성을 인정하고 있기 때문에 선언주의는 내적인 갈등을 안고 있다는 혐의를 받을 수 있다.

내성적 접근 가능성은 내가 스스로 정당하게 이유를 부여하는 것과 관련된 문제로, 경험이 어떤 이유를 제공하느냐와 구분된다. 이유를 가지는 것과 이유를 부여하는 것은 다른 사안이다. 그런데 이유를 가지는 것과 관련해 경험은 사실 확정적 이유를 제공할 수 있다는 선언주의자의 주장은 이유를 부여하는 문제, 구분 가능성 문제 등을 초래하고, 이 문제에 대한 프리차드의 논의는 결국 경험이 사실 확정적 이유를 제공할 수 있다는 선언주의자의 최초의 주장이 무리하다는 것을 드러낸다.

구분 가능성 문제를 중심으로 인식적 선언주의가 봉착하는 문제점을 살펴보았는데, 지금까지의 논의가 인식적 선언주의에 관한 모든 문제점들을 포괄하지는 못하지만 심각한 문제점이 있음은 충분히 드러내줬다고 본다. 다음 장에서 독단론이 더 나은 대안을 제공하는지를 검토해 보기로 하자.

9장

독단론

1. 즉각적 정당화

독단론dogmatism은 통상 정당화에 관한 이론으로 이해된다. 독단론의 입장은 다음과 같이 요약될 수 있다.

• 즉각적이며 파기 가능한 정당화가 가능하다.

우선 즉각적 정당화immediate justification가 무엇인지 알아보자. 정당화가 즉각적이라는 말은 무엇을 의미하는가? 즉각적 정당화 개념은 두 가지 뜻으로 사용될 수 있다. 만일 당신이 "오늘 도로가 미끄러울 것이다"라고 생각하는데 이 생각은 "밤새 눈이 내렸고 오늘 기온이 영하이다"라는 사실로부터 추론되었다고 해보자. 전자를 믿는 것이 정당한가? 이는 후자의 정당성에 의존한다. 만일 딱히 후자가 성립한다고 믿을 좋은 이유가 없다면 왜 전자를 받아들여야 하는지 의문스럽다. 이 경우 어떤 믿음의 정당성은 그것이 추론된 다른 믿음의 정당성에 의존한다. 반면, 어떤 믿음의 정당성이 인식적으로 보다 근본적인 믿음의 정당성으로부터 추론적으로 확보되지 않는다면, 그 믿음의 정당성은 즉각적이라고 할 수 있다. 따라서 위의 상황에서 "오늘 도로가 미끄러울 것이다"라는 믿음은 즉각적으로 정당화되지 않았다. 만일 배의 통증을 느끼고 "배가 아프다"라는 믿음을 형성했을 경우, 이 믿음이 정당하다면 즉각적으로, 즉, 비추론적으로 정당화되었다고 볼 수 있다. 배가 아프다는 믿음은 인식적으로 보다 근본적인 믿음으로부터 도출되지 않았다.

첫 번째 의미의 즉각적 정당화는 비추론적 정당화라고 정의될 수 있는 반면, 두 번째 의미의 즉각적 정당화는 다음과 같이 정의할 수 있다.

- **즉각적 정당화**: P에 대한 믿음이 즉각적으로 정당화되기 위해선 그것의 정당성이 다른 믿음의 정당성에 의존하지 않아야 한다.

"배가 아프다"라는 믿음은 추론적으로 다른 믿음으로부터 정당성을 확보하지는 않았으나 그럼에도 불구하고 다른 여러 배경 믿음들의 정당성에 의존할 수 있다. 이를테면, "나는 배를 가지고 있다"라는 배경 믿음이 정당하지 않다면 "배가 아프다"라는 믿음은 정당하다고 하기 어려울 것이다. 두 번째 의미에 따르면, 경험이 P에 대한 믿음에 즉각적 정당화를 제공할 수 있다는 말은 이 정당화가 다른 믿음의 정당성에 의존하지 않는다는 의미를 가진다. 즉, 아무런 배경 믿음의 도움 없이 경험만으로 P에 대한 믿음을 정당화한다면, 경험은 두 번째 의미의 즉각적 정당화를 제공한다.

두 번째 의미의 즉각적 정당화는 첫 번째 의미의 즉각적 정당화를 함축한다. 다른 믿음의 정당성에 의존하지 않는다는 말은 추론에 의해 정당화가 이전되는 경우도 배제한다. 그러나 그 역은 성립하지 않는다. 추론적 과정의 부재가 아예 어떤 방식으로도 다른 믿음의 정당성에 의존하지 않음을 함축하지는 않기 때문이다. 두 번째 의미의 즉각적 정당화가 더 강한 개념이다. 따라서 추론적 정당화를 부정하고 첫 번째 의미의 즉각적 정당화를 받아들이는 사람이 반드시 두 번째 의미의 즉각적 정당화를 받아들일 필요는 없다. 즉, 경험에 의한 일상적 믿음의 정당화가 추론적 정당화가 아니라고 인정한다고 해서 경험이 제공하는 일상적 정당화를 두 번째 의미의 즉각적 정당화의 사례로 받아들일 필요는 없다. 그러나 바로 두 번째 의미의 즉각적 정당화를 옹호하는 입장이 독단론이다. 앞으로 즉각적 정당화는 두 번째 의미로 사용될 것이다.

어떤 정당화에 대해 파기 가능하다, 또는 파기자defeater가 존재한다는 말은 무슨 뜻일까? 먼저 파기자는 만일 그것이 존재한다면 기존 증거력을 격하시키는undermining, undercutting 사실이다. 철수가 자신의 부인을 사랑한다는 가설을 고려해보자. 둘이서 쇼핑을 하고 있을 때 철수가 자기 옆을 지나가는 미모의 여성을 쳐다보지 않았다고 하자. 다른 여성에 대한 철수의 무관심은 자신의 부인을 사랑한다는 가설에 대한 증거로 간주될 수 있을 것이다. 그런데 만일 철수가 심한 근시이고 그날 쇼핑할 때 안경을 쓰지 않았다면 철수의 행태(다른 여성을 쳐다보지 않았다는 사실)가 가지는 증거력은 격하된다. 이 경우에 철수가 근시이며 안경을 쓰지 않았다는 사실은 파기자이다. 파기자는 반드시 원래 믿음 자체의 진위에 대해서는 직접적으로 얘기하지 않는다. 철수가 자신의 부인을 사랑하지 않는다기보다 단지 사랑한다고 생각할 만한 증거를 무효화시킬 뿐이다.

두 번째로 원래 믿음 자체에 영향을 가져올 수 있는rebutting, opposing 파기자도 있을 수 있다. 만일 철수의 친구 A가 "철수는 부인을 사랑한다"고 말했을 때 그의 증언은 철수가 부인을 사랑한다고 생각할 만한 증거가 될 수 있다. 그런데 만일 철수의 다른 친구 B가 "철수는 부인을 미워한다"라고 말했다면 B의 증언은 단지 A의 증언이 가지는 증거력에 영향을 미칠 수 있을 뿐 아니라 철수가 부인을 사랑한다는 가설 자체에 대한 부정적 증거가 된다.

지금까지 즉각성과 파기 가능성에 대해 각각 설명했는데, 논란은 그 두 개념을 결합할 때 발생한다. 파기 가능하면서 즉각적인 정당화가 가능할까? 빨간 컵를 보고 있는 경험을 할 때 나는 빨간 컵이 있다고 생각하는데, 나의 생각은 잘못될 수 있다. 하얀 컵에 빨간 조명이 비추이는 경우일 수도 있다. 만일 그런 조명이 이 건물에 설치되어 있다고 누가 말해준다면 나는 더 이상 나의 경험을 액면 그대로 받아들여서는 안 될 것이다. 나의 경험이 제공하는 정당성은 파기 가능하다. 그렇다면 나의 경험은 과연 나의 믿음에 대한 즉각적 정당화를 제공할 수 있나? 나의 경험을 기반으로 "빨간 컵이 있다"라고 정당하게 믿기 위해서는 빨간 조명의 가능성을 배제할 증거를 확보해야 하지 않을까? 즉, 나의 경험이 "빨간 컵이 있다"는 믿음을 정당화해 준다면 그 정당화는 다른 배경 믿음 — 통상 정상 조명 — 의 정당성에 의존한다고 볼 수 있다. 그렇다면 나의 경험이 제공하는 정당화는 즉각적인 것이 아니다.

전통적 토대론의 배경에는 바로 이러한 파기 가능한 즉각적 정당화에 대한 회의적 태도가 있다. 전통적 토대론에서 외적 세계에 대한 일상적 믿음은 즉각적으로 정당화될 수 없으며, 즉각적으로 정당화될 수 있는 P는 주관적 세계에 대한 명제에 국한된다. 경험에 순수하게 주어진 소여는 내적 세계의 대상과 사태들이다. 그 내적 대상들에 대한 믿음은 파기 가능하지 않다고 믿기 때문이다. 물론 전통적 토대론은 외적 세계에 대한 믿음의 정당성을 부정하지 않고 즉각성을 부정했을 뿐이다. 그러나 즉각적 정당화의 영역을 주관적 세계에 국한시킨 결과, 외적 세계에 대한 믿음은 내적 세계에 대한 믿음으로부터 추론적으로 정당성을 확보할 수밖에 없다. 물론 이러한 방식으로 외적 세계에 대한 믿음의 정당성을 확보하려는 노력은 성공적이지 않았다.

추후 논의를 위해 파기 가능하고 즉각적인 정당화에 대한 거부를 다음과 같은 기호들을 도입하여 정리해보자.

- E: 빨간 컵이 있는 것처럼 보인다.

  E를 통해 당신은 다음 명제를 믿게 된다.
- K: 저 컵은 빨갛다.

E는 다른 믿음들에 의존하지 않고 그 자체만으로 K를 정당화하는가? 이를 부정하는 사람은 E가 K뿐 아니라 여러 다른 가능성과 양립 가능함을 지적한다.

- K′: 저 컵은 하얀색이고 빨간 조명이 컵을 비추고 있다.

E 자체만을 놓고 볼 때 K와 K′ 둘 다 가능하다. E와 양립 가능한 다른 가능성들이 배제되지 않는다면 우리가 K라고 판단해야 할 이유는 무엇인가? K′일 수도 있는데 왜 K라고 믿어야 하나? K′가 아니라는 배경 믿음이 선결적으로 정당화된다면 우리는 K를 정당하게 믿을 수 있다. 그

런 배경 믿음이 없다면 E는 그 자체만으로 K와 같은 일상적 판단을 정당화하지 못한다. 이러한 상황은 어떤 외적 명제에 대해서도 반복될 수 있고 따라서 경험은 외적 명제에 대한 파기 가능하고 즉각적인 정당화를 제공하지 못한다.

그런데 독단론자는 위와 같은 사고가 다음과 같은 전제에 기반을 두고 있다고 지적한다.

- 만일 E가 A와 B 둘 다 양립 가능하면, E는 A를 즉각적으로 정당화하지 못한다.

독단론자는 바로 이 전제를 부정한다. 위의 사례에서 E가 있을 때 물론 K′일 수도 있지만 이 사실이 반드시 E를 기반으로 K를 믿는 것의 정당성을 배제하지 않는다. 달리 말하면, E가 K를 정당화하기 위해 파기자의 부재에 대한 믿음의 정당성이 필요하지 않다.

빨간 컵을 보는 사례에서 컵에 빨간 조명이 비추고 있다는 정보는 위에서 소개한 첫 번째의 의미에서 파기자이다. 이 경우 컵이 빨갛게 보인다는 사실로부터 그 컵을 빨갛다고 판단하는 것은 인식적으로 무책임하며 정당하지 않다. 반면, K′는 두 번째의 의미의 파기자이다. 즉, 만일 K′가 성립한다면 E가 K를 지지하는 힘이 상실될 뿐 아니라 K를 부정할 증거가 마련된다. 따라서 만일 당신이 K′가 성립한다는 증거가 있다면, 당신은 E를 K에 대한 증거로 받아들이지 않아야 하며, K의 부정을 받아들여야 한다. 그런데 만일 당신이 딱히 K′가 성립한다는 증거를 가지고 있지 않다고 해보자. 빨간 조명이 아니라는 증거도 없지만 그렇다고 해서 빨간 조명이라고 생각해야 할 증거도 없다. 즉, 파기 가능하지만, 당신이 알고 있는 한 파기자는 없다. 이 경우에는 당신은 E를 K에 대한 증거로 정당하게 받아들일 수 있는가? 그렇다는 것이 독단론자의 주장이다.

당신이 비정상적이고 이례적인 상황에 있다고 볼 이유가 딱히 없다면, 컵이 빨갛게 보이고 있기 때문에 그 컵이 빨갛다는 판단은 왜 문제가 되는가? 아무런 경험도 없이 갑자기 저 컵이 빨갛다고 믿는 것과 비교해 볼 때 당신은 분명 경험으로부터의 입력을 존중하고 있다.[1] 물론 추가적 정보에 의해 당신의 판단이 수정되거나 포기될 가능성은 인정할 수 있다. 그러나 K′가 성립하는 데 대한 증거가 부재한 현재 상황에서는 E는 K를 초견적으로 정당화prima facie justification할 수 있다. 지각적 독단론의 핵심적 논제는 다음과 같다.

- 경험이 제공하는 정당화는 파기 가능하고 즉각적이다.

여기서 "독단론에 따르면 E가 K′에 대한 믿음도 정당화해주지 않는가?"라는 질문이 제기될 수 있다. 즉, E가 K와 K′와 양립 가능한 상황에서 E가 K를 믿는 것을 정당화해 줄 수 있다면, E가 K′를 믿는 것도 정당

1 경험 없이 어떤 믿음을 형성하는 실제 사례로서 맹시blindsight를 고려해볼 수 있다. 두뇌의 부상으로 인해 어떤 사람들은 시야의 어떤 부분에 아무런 시각 경험을 가지지 못한다. 그 부분에 어떤 물체를 놓고 모양 등에 대한 질문을 받으면 그들은 아무 것도 보지 못한다고 대답한다. 그러나 예를 들어 화살을 놓고 그것이 상하좌우 중 어떤 방향을 향하고 있는 대답해보라고 했을 때 그들은 25%보다 높은 확률로 정답을 선택한다. 분명 시각을 통해 물체에 대한 정보를 입수했다고 볼 수밖에 없다. 여기서 만일 그 사람들이 화살의 방향에 대한 믿음이 형성된다고 해보자. 비록 화살이 위로 향하고 있는 경험은 없지만 "화실이 위를 향하고 있다"는 믿음을 가지게 된다고 상상해보자. 왜 그렇게 믿느냐고 물었을 때 본인은 답하지 못할 것이다. 이러한 경우 우리는 이 사람의 믿음이 이성적 통제 밖에 놓여 있다고 생각할 것이다.

화해줄 수 있지 않는가? 하얀색 컵에 빨간 조명이 비춰도 E와 주관적인 경험은 동일하다. 독단론자는 그 정당화도 인정한다. 즉, 빨간 컵이 있는 것처럼 보이는 경험은 그 컵이 빨간 조명이 비친 하얀 컵이라는 믿음도 정당화한다. 독단론자는 단지 E가 그 둘 중 어느 것도 정당화해줄 수 없다는 명제를 부정할 뿐이다.

휴머의 현상적 보수주의Phenomenal Conservatism도 독단론과 유사한 내용을 가진다.

- 현상적 보수주의: 만일 S에게 P인 것처럼 보인다면, 파기자가 없다고 할 때 S는 P를 믿을 어느 정도의 정당성은 확보한다(Huemer, 148).

휴머는 여기서 "파기자가 없다in the absence of defeaters"는 조건을 첨가하는데, 이는 파기자의 객관적 부재가 아니라 S가 알고 있는 파기자가 없다는 의미로 이해해야 한다. 현상적 보수주의를 위의 사례에 적용할 경우, K′가 성립한다는 증거를 가지고 있지 않다면 E가 K에 대한 믿음을 어느 정도 정당화할 수 있다. 파기자의 부재에 대한 증거도 없지만 그렇다고 파기자의 존재에 대한 증거도 없는 상황에서 E는 여전히 K를 정당화할 수 있다. 이 점에서 휴머의 견해는 독단론과 부합한다.

현상적 보수주의는 독단론보다 더 일반적인 입장으로 간주된다. "S에게 P인 것 같다it seems to S that P"는 지각뿐 아니라 기억, 내성 그리고 지적인 영역에 적용된다. 예를 들어, 당신 아파트의 주차장이 지하 1, 2층에 있다고 해보자. 아침에 출근을 하면서 어제 어디에 차를 주차했는지 궁금하다. 그런데 지하 2층에 차를 주차한 것 같은 기억이 떠오른다. 만일 차의 위치에 대한 다른 정보 출처가 없다면, 차의 위치에 대한 당신 생각을 결정하는 최초의 단서는 기억이 될 수밖에 없다. 차의 위치에 대한 궁금증을 해소하는 데 있어 "2층에 주차한 것 같다"는 느낌에서 출발할 수밖에는 없지 않을까? 현상적 보수주의는 그렇게 하는 것이 인식적으로 정당하다고 주장한다. 그런데 "2층에 주차한 것 같다"는 느낌이 정확히 어떤 심적 상태인가에 대해서는 논란이 있다. 현상적 보수주의자는 그러한 느낌은 믿음이 아니며 인상이나 경험과 동일시할 수도 없다고 주장한다. 2층에 주차한 것 같지만 정확한 위치와 주변의 자동차들에 대한 인상은 기억나지 않을 수도 있다. 따라서 "seeming"은 "직관"으로 번역하여 "경험"과 구분하는 것이 적절할 듯하다. 반면 독단론은 통상 지각에 한정된 입장으로 간주된다. 독단론에 따르면, 만일 내가 친구를 보고 "저 사람은 내 친구인 것 같다"라는 경험을 가진다면, 파기자가 없는 한 나는 그 내용의 믿음을 정당하게 가질 수 있다. 따라서 독단론을 논할 때 직관seeming을 지각 경험perceptual experience과 동일한 의미로 사용할 수도 있으나, 지각의 경우에도 직관seeming과 경험experience은 구분해야 한다는 주장이 가능하다. 예를 들어, 소위 점박이 닭 문제the speckled hen problem는 그 둘의 구분을 요구한다는 주장이 가능하다. 45개의 점이 있는 닭을 잠깐 보았을 때, 그 점들이 눈에 다 보이는 한 '45개의 점이 있다'는 내용의 감각 경험을 가질 수는 있으나, 45개의 점이 있다고 정당하게 믿을 수 있는지는 불분명하다. 물론 훈련을 하여 즉각적으로 많은 수를 시각적으로 파악할 수도 있으나, 그런 훈련 없이 45개의 점이 있다고 말하거나 생각한다면 우연히 맞췄다는 혐의를 받을 수밖에 없다. 45개의 점이 있다는 믿음은 경험에 의해 정당화되지 않는다. 그 이유는 경험과 직관을 구분하고 믿음을 정당화해주는 것은 직관이라는 입장을 택할 경우 설명될 수 있다. 감각 경험은 45개의 점을 다 포함하지만 직관은 그렇지 못하기 때문이다.

파기 가능하지만 즉각적인 정당화가 가능하며 경험이 제공하는 정당화가 바로 그러한 경우라는 독단론의 주장은 통상 무어의 논변을 계승하고 발전시키는 입장으로 이해되기도 한다.[2]

〈무어의 논변〉

Ⅰ. 손이 있는 것처럼 보인다.

Ⅱ. 손이 있다.

Ⅲ. 외적 세계가 존재한다.

무어는 마음 밖의 외적 세계를 회의하는 사람들을 반박하기 위해 자신의 손을 흔들며 일단 자신의 손이 있음을 알 수 있다고 한 후, 손이 있다는 사실이 외적 물리적 세계의 존재를 함축하므로 위와 같이 외적 세계의 존재를 증명할 수 있다고 논증한다. 외적 세계의 존재를 증명하는 문제는 전통적으로 많은 철학자들을 좌절시켰다. 흄은 외적 세계의 존재에 대한 일상적 믿음은 정당성이 없다는 회의주의적 입장을 취했고 칸트 또한 물자체에 대해 우리가 그 존재를 따질 수 없다고 했다. 많은 철학자들을 좌절시켰던 문제는 과연 무어가 제시하는 대로 그렇게 쉽게 해결될 수 있을까?

위에서 도입된 기호들을 사용하여 무어의 논변을 재구성하면 다음과 같다.

---

2 그렇다고 해서 독단론자가 반드시 무어의 논변을 옹호해야 한다는 말은 아니다. Nicholas Silins, "Basic Justification and the Moorean Response to the Skeptic", *Oxford Studies in Epistemology*, Vol. 2, Oxford University Press, 2008. 참조.

E: 손이 있는 것처럼 보인다.

K: 손이 있다.

K′: 손을 포함한 외적 세계가 없지만 손이 있는 것처럼 보인다.

E는 내가 실제로 손을 가지고 있을 가능성(K)과 손을 환각하고 있는 가능성(K′)와 양립 가능하다. 손이 있는 것처럼 보이지만 내가 환각하고 있을 가능성을 배제할 수 없다면 과연 왜 손이 있다고 생각해야 하는가? 물론 내가 환각을 하고 있다는 증거는 없다. 그렇지만 내가 환각을 하고 있지 않다는 증거도 없지 않는가? 그렇다면 무어의 논변에서 당장 I에서 II로의 전이가 문제가 된다. 그런데 독단론에 따르면 비록 내가 K′를 배제할 수 없음에도 불구하고 K를 믿는 데 아무런 정당성의 문제가 없다. 물론 E가 주어졌을 때 나는 K일 수도 있고 K′일 수도 있음을 인정한다. 그렇다고 해서 왜 그중 하나를 믿는 것이 정당할 수 없는가? K를 믿는 것, K′를 믿는 것이 둘 다 동일하게 정당해서 어느 것이 더 정당하다고 할 수는 없다. 그러나 그렇다고 해서 어느 것을 믿는 것도 정당하지 않다고 생각해야 하는가? 독단론에 따르면 I에서 II로의 전이에는 아무런 정당성의 문제가 없다.

무어의 논변에서 II에서 III으로의 전이는 어떠한가? 여기서 필요한 추가적 원리는 정당성에 대한 닫힘 원리Closure Principle이다.

◆ **닫힘 원리**: 정당성이 그 주체가 알고 있는 논리적 함축known entailment에 닫혀 있다.

P가 정당하고, P가 Q를 논리적으로 함축하며 내가 그것을 알고 있다

면, Q도 정당하다. 독단론에 따라 무어의 논변의 II는 정당화되고 그리고 닫힘 원리에 따라 II가 함축하는 III도 정당화된다.

지각 정당화에 대한 독단론을 수용하고 닫힘 원리를 받아들일 경우 외적 세계의 존재에 대한 믿음이 정당하게 된다. 이는 곧 무어 논변이 회의주의에 대한 효과적인 대응의 하나임을 의미한다. 그러나 여전히 많은 철학자들은 무어의 논변이 설득력 있다고 생각하지 않는다. E가 K와도 양립 가능하고 K′와도 양립 가능한 상황에서 K를 믿는 것이 정당하다고 받아들이고 난 후 봉착하게 된 상황은 결국 ~K′를 믿는 것이 정당하게 되어 버린 것이다. 이제 K′를 정당하게 배제할 수 있게 된 것이다. 이는 놀라운 결과이다. 애당초 E는 그러한 배제를 할 수 없었으나 이제 와서 그러한 힘을 가지게 된 것이다.

그러나 정확히 무어 논변의 어디가 잘못되었나? 닫힘 원리를 부정하는 철학자들도 있다.[3] 즉, 애당초 II가 정당성을 확보할 수 있더라도 반드시 III이 정당화되는 것은 아니라는 입장이다. 그러나 다수의 비판은 닫힘 원리를 받아들이더라도 무어의 논변에 문제점이 있다는 것이다. 이러한 비판의 화살은 결국 독단론을 향하게 된다. 다음 장에서 이를 더 자세히 살펴보기로 하자.

2. 독단론의 문제들

독단론의 문제점은 "정당성 전이 실패warrant transmission failure"라는

3 F. Dretske, "The Case against Closure", *Contemporary Debates in Epistemology*, Blackwell Publishing, 2005. 참조.

개념을 통해 명료하게 부각될 수 있다.

◆ **정당성 전이**warrant transmission: 만일 P에서 Q로 정당성이 전이한다면, P가 정당하기 때문에 Q는 정당하다.

정당성이 전이하려면, 전제의 정당성을 확보했을 때 당신은 **최초로** 결론에 대한 정당성을 확보했어야 한다. 닫힘 원리는 정당성 전이 원리와 구분된다. 닫힘 원리가 적용되지만 정당성은 전이하지 않는 극단적인 사례로 다음과 같은 선결 문제의 오류를 들 수 있다.

P …… 전제

———

P …… 결론

* P가 참이다 따라서 P가 참이다

이러한 추론에서 전제가 정당하다고 하자. 전제가 결론을 논리적으로 함축한다. 그러면 결론도 정당한가? 그러하다. P가 정당하면 당연히 P가 정당하기 때문이다. 따라서 선결 문제의 오류는 폐쇄성의 원리에 대한 반례가 아니다. 그러나 전제에서 결론으로 정당성이 전이하지는 않는다. 왜냐하면, 내가 전제의 정당성을 확보했을 때 그제서야 최초로 결론의 정당성이 확보되는 것은 아니기 때문이다. 나는 결론의 정당성 확보와 독립적으로 전제의 정당성을 확보할 수 없다. 이미 결론이 정당한 때만 전제가 정당하다. 따라서 결론의 정당성은 전이를 통해 새로 증가할 수 없다. 보다 현실적인 정당성이 전이하지 않는 정당성 전이 실패의 사례는 다음과 같다.

만일 당신이 처음 가본 운동장에서 철수가 하얀 기둥 사이로 공을 차 넣는 것을 보고 다음과 같은 추론을 했다고 하자.

1. 철수가 하얀 기둥 사이로 공을 차 넣었다.
2. 철수는 축구 골을 성공시켰다.
3. 따라서 축구 경기가 진행되고 있다.

2는 3을 함축하므로 닫힘 원리에 의해 만일 2를 믿는 것이 정당하다면 3을 믿는 것도 정당하다. 그러나 2에서 3으로 정당성이 전이하는 것 같지는 않다. 왜냐하면, 철수가 기둥 사이로 공을 차 넣었다는 사실이 축구 골 성공에 대한 증거가 된 다음에 축구 경기가 진행되고 있다는 믿음이 정당화되는 것은 아니기 때문이다. 오히려 1이 2에 대한 증거가 되기 위해서는 먼저 3을 정당하게 믿을 수 있어야 한다. 만일 진짜 축구 경기가 아니라 축구에 관한 영화 촬영을 하고 있었다면 1은 2에 대한 증거가 될 수 없다. 2 때문에 3이 정당하게 되는 게 아니라, 3이 정당하지 않았더라면 애당초 2도 정당하지 않았을 것이다. 이러한 방식으로 3에 대한 정당성이 추가적으로 확보될 수 없다.

1의 정당화 힘을 복구하기 위해서 당신이 필요한 것은 3에 대한 **독립적** 증거이다. 옆에 있는 사람들에게 진짜 축구인지 아니면 영화 촬영 장면인지 물을 것이다. 진짜 축구 경기임을 알게 될 때, 다시 당신은 축구 골이 들어갔다고 정당하게 믿을 수 있다. 그러나 3으로 정당성이 전이한다고 보기는 어렵다. 2에 대한 증거를 확보함으로써 3에 대한 **추가적** 증거를 얻게 되지 않는다. 3에 대한 유일한 이유는 여전히 옆 사람들의 진술이며, 바로 그것이 1이 2를 정당화하는 이유가 된다(Wright, 2002: 335).

크리스핀 라이트는 무어의 논변의 문제점이 바로 정당성 전이 실패에 있다고 진단한다. 편의를 위해 무어의 논변을 다시 서술해보자.

〈무어의 논변〉

Ⅰ. 손이 있는 것처럼 보인다.

Ⅱ. 손이 있다.

Ⅲ. 외적 세계가 존재한다.

라이트는 닫힘 원리를 받아들이고 Ⅱ가 정당하면 Ⅲ도 정당하다는 것을 인정한다. 그리고 Ⅰ이 Ⅱ에 대한 파기 가능한 정당화를 제공할 수도 있다. 그러나 무어의 논변의 문제점은 Ⅰ이 Ⅱ에 제공하는 정당성이 Ⅲ으로 전이하지 않는 데 있다. Ⅱ가 정당하면 Ⅲ이 정당하나 Ⅲ이 정당한 것은 Ⅱ가 정당하기 때문은 아니다. 예를 들어, 교회의 종이 세 번 칠 때마다 예외 없이 불당의 종이 세 번 친다면 "만일 교회의 종이 세 번 친다면, 불당의 종이 세 번 친다"는 참이다. 그러나 전 건의 참 때문에 후 건이 참이 되는 것은 아닐 수 있다. 정당성 전이는 닫힘 원리보다 강하다.

왜 무어의 논변에서 정당성이 전이하지 않는가? 한 가지 그럴듯한 설명은 Ⅰ이 Ⅱ를 정당화하기 위해 Ⅲ의 정당성이 선결 문제로 요구된다는 것이다. 만일 외적 세계가 존재한다고 믿을 이유가 없다면 왜 Ⅰ이 Ⅱ를 지지하는 것으로 받아들여야 하는가? Ⅰ이 Ⅲ의 부정과 양립 가능한 상황에서 Ⅲ의 부정을 배제할 수 없다면, 즉, Ⅲ에 대한 증거가 없다면 왜 Ⅰ이

II를 지지하는 것으로 받아들여야 하는가? 만일 I이 II를 지지한다면, 이는 오로지 III의 정당성이 이미 확보되었을 때뿐이다.

무어의 논변은 외적 세계 회의주의자를 이성적으로 설득할 힘을 가지지 못한다. 애당초 손을 포함한 모든 외적 세계의 존재에 대해 의심하고 있는 사람에게 일단 손의 존재를 인정하게 하고 그로부터 외적 세계의 존재가 타당하게 도출될 수 있다는 말은 별 호소력을 가지지 못한다. III을 이미 받아들이고 있는 사람에게만 I이 II를 정당화해줄 수 있다면, III을 의심하는 사람에게는 I이 II를 정당화해줄 수 없고 따라서 비록 II로부터 III이 타당하게 도출되지만 II의 정당성이 III으로 전이할 수 없다. 무어의 논변은 III을 의심하고 있는 사람에게 그 의심을 이성적으로 제거할 수단을 제공하지 못한다.

정당성 전이 실패에 기반을 둔 무어의 논변 비판을 살펴보았다. 이제 독단론으로 돌아가보자. 독단론에 따르면, E가 K와 K′와 양립 가능한 상황에서 우리가 K′를 배제할 수 없다고 하더라고 K′가 성립한다는 증거가 없는 한 우리는 K를 정당하게 믿을 수 있다. 위에서 고려했던 사례로 다시 돌아가보자.

> E: 빨간 컵이 있는 것처럼 보인다.
>
> K: 저 컵은 빨갛다.
>
> K′: 저 컵은 하얀색이고 빨간 조명을 컵에 비추고 있다.

만일 우리가 E 자체로 K를 정당화할 수 있다는 독단론의 주장을 인정하고 정당성이 전이된다고 하면, K로부터 ~K′가 논리적으로 도출되므로 우리는 K′를 **최초로** 배제할 수 있게 된다! K′뿐 아니라 E와 양립 가능하지만 K와 양립 불가능한 모든 명제들을 정당하게 배제할 수 있다.

이러한 상황은 상당히 당혹스럽고 코헨은 이를 "쉬운 지식의 문제the problem of easy knowledge"라고 부른다. 만일 당신이 당신 아들을 데리고 빨간 책상을 사러 마트에 갔다고 해보자. 당신은 빨간 책상을 보고 "저 빨간 책상을 사줄게"라고 말한다. 이때 아들이 "저게 혹시 빨간 조명을 비추고 있는 하얀 책상일 수도 있지 않아?"라고 묻는다고 해보자(아마 당신은 철학자임이 분명하다). 이때 당신이 다음과 같이 아들의 질문에 답한다고 해보자.

> 저 책상은 빨갛게 보인다.
> 따라서 저 책상은 빨갛다.
> 따라서 저 책상은 빨간 조명을 비추고 있는 하얀 책상이 아니다.

이런 방식으로 저 책상이 빨간 조명을 비추고 있는 하얀 책상이 아님을 설득시킬 수 있는가? 이런 방식으로 아들의 의심을 효과적으로 제거할 수 있을까? 그 답이 부정적이고 논리적 함축과 닫힘 원리를 가정한다면, 결국 코헨은 "우리는 빨갛게 보인다는 사실로부터 그것이 빨갛다는 것을 알 수 없다"고 결론 내려야 한다고 주장한다(Cohen, 314). 비록 코헨은 지식을 말하고 있지만 이는 정당성에도 적용되며 따라서 코헨의 결론은 독단론의 부정에 귀착된다.

비록 K′를 배제할 수 없다고 해도 E에 기반을 두고 K를 정당하게 믿을 수 있다는 독단론의 견해를 수용한다면 ~K′를 정당하게 믿을 수 있는, 즉, K′를 정당하게 배제할 수 있는 이상한 상황에 도달하게 된다. K′를 배제할 수 없어서 왜 K를 믿어야 하느냐고 묻고 있는 상황에서 일단

K를 믿고 그 다음 K′를 배제하면 된다고 답하는 것은 분명 이상하다. 이는 독단론이 잘못되었음을 보여준다.

3. 독단론자의 대응

위에서 우리는 배경 전제 모델Background Premise Model이 정당성 전이 실패에 대한 한 설명으로 제시되었음을 보았다. 즉, 정당성이 전이하지 않는 것은 I이 애당초 II를 지지하기 위해서 III의 정당성이 전제되어야 하므로 I이 새로이 III을 지지할 수 없기 때문이라는 것이다. 그런데 배경 전제 모델이 정당성 전이 실패에 대한 유일한 모델인가? 독단론자는 이 자체를 문제 삼을 수 있다. 즉, 정당성 전이 실패에 대한 대안적 설명이 가능하다고 주장하는 것이다. 사실 프라이어는 배경 전제 모델 이외에 다른 모델들을 고려한다.[4] 만일 정당성 전이 실패에 대한 다른 모델들이 있고 이 모델은 배경 전제 모델과 달리 독단론의 비판으로 이르지 않는다면, 독단론자들은 무어의 논변이 정당성 전이가 실패하지만 이것이 반드시 독단론에 대한 위협이 아니라고 대응할 수 있다. 이것이 독단론자의 첫 번째 대응 방식이다.

그러나 첫 번째 방식은 대안들이 배경 전제 모델보다 더 나은 모델임을 보여야 할 부담을 가져온다. 예를 들어, 고차 배경 전제 모델Higher Order Background Premise Model에 따르면, 정당성 전이 실패가 발생하는 것은 III에 대한 정당성이 "II를 믿는 것이 정당하다"고 정당하게 믿기 위

4 James Pryor, "When warrant transmits", *Mind, Meaning and Knowledge: Themes from the Philosophy of Crispin Wright*, Oxford University Press, 2012.

한 필요조건이기 때문이다. 그러나 이러한 모델은 II를 믿는 것이 정당하면 II를 믿는 것이 정당하다고 믿는 것이 정당하다는 가정을 요구하며 따라서 이 가정을 뒷받침해야 할 부담이 발생한다. 왜냐하면 이 가정이 성립할 때만 II를 믿는다는 명제가 아니라 II를 포함하는 무어 논변 자체가 정당성 전이가 실패함을 설명할 수 있기 때문이다. 그러나 어떤 명제를 믿는 것이 정당하다고 해서 반드시 그 명제를 정당하게 믿는다는 것을 정당하게 믿게 되지 않을 수도 있다. 독단론자는 경험이 P에 대한 믿음을 정당화하지만 반드시 경험이 P에 대한 믿음을 정당화해준다고 생각하는지는 불분명하다. 실제로 독단론자들이 첫 번째 대응 방식을 발전시키고 있는 것 같지는 않다.

두 번째 방식은 배경 전제 모델이 정당성 전이 실패의 유일한 모델이라고 받아들이고 무어 논변에서 실제로 정당성이 전이한다고 대응하는 것이다.

> 정당성 전이 실패의 유일한 모델은 배경 전제 모델이다.
> 무어 논변은 배경 전제 모델이 적용되지 않는다.
> 따라서 무어 논변은 정당성 전이 실패가 아니다.

독단론자는 I이 III의 도움을 받지 않고 II를 지지할 수 있다고 주장하기 때문에 무어 논변의 경우 배경 전제 모델이 적용되지 않는다고 주장할 수 있다. 배경 전제 모델이 정당성 전이 실패에 대한 유일한 모델이라는 가정을 받아들일 경우 이로부터 도출되는 결론은 무어의 논변에서 정당성은 전이한다는 것이다. 무어 논변의 방식을 통하여 최초로 우리는 외적 세계의 존재에 대한 정당한 믿음을 가질 수 있다. 손을 보는 것 같은 경험을 통하여 궁극적으로 외적 세계의 존재에 합리적으로 도달할 수 있다.

그러나 이러한 방식의 대응은 위에선 제기된 반론들이 어디서 잘못 되었는지를 진단해야 할 부담을 안는다. 빨갛게 보이는 책상이 사실은 빨간 조명이 비추는 하얀 책상일지도 모른다고 의심하는 아이에게 빨갛게 보이니 그것은 빨간 책상이고 따라서 빨간 조명이 비친 하얀 책상이 아니라고 말하는 것은 아이의 의심을 제거하는 데 전혀 도움이 되지 않는다. 여기서 독단론자는 그런 방식으로 의심을 제거할 수는 없음을 인정할 수 있다. 그런데 의심을 제거할 수 없는 이유는 배경 전제 모델이다. 즉, 다음 과정을 받아들이기 때문이다.

> 빨갛게 보이는 책상이 빨간 조명을 비추고 있는 하얀 책상이 아니라는 결론에 대한 정당한 믿음을 선행적으로 가지는 것은 빨갛게 보인다는 경험으로부터 빨간 책상이 있다는 믿음을 정당하게 가지기 위한 필요조건이다. 즉, Ⅲ의 참에 대한 증거의 확보가 Ⅰ이 Ⅱ를 지지하기 위한 필요조건이다.

Ⅲ을 의심하는 아이는 Ⅲ에 대한 믿음의 선행적 정당성을 확보하지 못하기 때문에 Ⅰ이 Ⅱ를 애당초 정당화하지 못하므로 당연히 Ⅲ의 참에 대한 의심을 제거할 근거를 확보할 수 없다. 그러나 독단론자는 무어 논변은 이러한 배경 전제 모델이 적용되지 않는다고 주장하며 무어 논변에서의 의존성은 다음과 같다고 주장할 수 있다.

> 빨간 조명을 비추고 있는 하얀 책상이라는 증거가 있다면 빨갛게 보인다는 경험으로부터 빨간 책상이 있다는 믿음을 정당하게 가질 수 없다. 즉, Ⅲ의 거짓에 대한 증거의 부재가 Ⅰ이 Ⅱ를 지지하기 위한 필요조건이다.

외적 세계가 존재한다고 볼 이유도 없지만 그렇다고 해서 외적 세계가 존재하지 않는다고 생각해야할 이유도 없다면, I이 II를 지지하기 위한 필요조건은 만족된다. 프라이어는 무어 논변이 이러한 의존성은 가지지만 배경 전제 모델이 요구하는 의존성을 가지지 않는다고 주장한다. 무어 논변이 실제로 정당성이 전이하는 구조를 가지고 있지만 그렇지 않게 보이는 것은 무어 논변의 의존성 성격에 대한 잘못된 이해 때문이다.

그러나 프라이어의 이와 같은 대응 또한 어려움이 없지 않다. 과연 빨강을 본다는 경험이 책상이 빨간 조명을 비추고 있는 하얀 책상이 아님을 알게 해주는가? 혹은 손을 보는 경험이 손을 보는 것 같은 환각을 하고 있지 않다고 믿을 좋은 이유를 제공하는가? 프라이어도 인정하듯이 E는 K에 대한 믿음과 K′에 대한 믿음을 모두 정당화할 수 있다. 즉, 손을 보는 것 같은 경험은 "손이 있다"는 믿음도 정당화할 수 있고, "손이 있는 것 같은 환각을 하고 있다"는 믿음도 정당화할 수 있다. 독단론자가 부정하는 것은 둘 중 어느 것도 경험이 정당화할 수 없다는 주장이다. 만일 손을 보는 것 같은 경험이 어떤 믿음에 대한 이유를 제공한다면 "내가 손을 보는 것 같은 환각을 하고 있지 않다"는 믿음이 아니라 "내가 그러한 환각을 하고 있다"는 믿음이 아닌가? 왜냐하면 내가 손을 보는 것 같은 환각을 하고 있어도 바로 내가 그러한 경험을 가질 것이기 때문이다. 마찬가지로 동물원에 가서 얼룩말 모습을 보고 "저기 얼룩말처럼 가장한 노새가 있다"고 믿는 것은 "저기 얼룩말이 있다"고 믿는 것만큼이나 정당하다. 모양새만 고려한다면 두 믿음은 동등하게 정당한 것 같다. 따라서 모양새만 고려한다면 "저것은 얼룩말처럼 가장한 노새가 아니다"라고 믿는 것은 분명 잘못된 것 같다. 그러나 독단론자의 주장대로 정당성이 전이한다면 "저것은 얼룩말처럼 가장한 노새가 아니다"라는 믿음은

"저기 얼룩말이 있다"는 믿음처럼 정당하다. 이는 많은 비판자들이 느끼듯이 분명 쉽게 받아들일 수 있는 결과는 아니다.

4. 독단론과 베이즈주의

독단론에 대한 추가적인 비판 중 하나는 베이즈주의에 기반을 두고 있다. 이러한 반론을 제기하는 화이트에 따르면 독단론은 베이즈주의와 충돌한다.

> 독단론를 받아들일 경우 발생하는 한 결과는 다음과 같다. 내 앞에 손이 있는 것 같이 보일 경우, 나는 그것이 가짜 손이 아니며 나는 손이 없는 통 속의 뇌가 아니라는 등의 가설을 최초로 정당하게 믿을 수 있다. 만일 어떤 가설에 대한 정당성을 확보한다면, 그 가설에 대한 신뢰도는 증가해야 한다. 그러나 어떤 것이 손인 것처럼 현상된다면, 그것이 가짜 손이 아니라는 가설에 대한 신뢰도는 하락해야 한다. 왜냐하면 이 현상은 바로 가짜 손이 현상되는 바와 일치하므로 그것이 가짜 손이라고 믿는 신뢰도는 증가되어야 하기 때문이다(White, 2006: 531).

화이트의 비판을 좀 더 상세히 설명하기 위해, 우선 기호의 사용을 다음과 같이 정의하자.

E: 손이 있는 것처럼 보인다.

K: 손이 있다.

K′: 손처럼 생긴 플라스틱 가짜 손이 있다.

독단론에 따르면, E는 내가 가짜 손을 가지고 있는 것은 아니라는 가설 ~K′의 신뢰도를 높인다. 왜냐하면, E는 K의 신뢰도를 높이고 K는 ~K′를 함축하기 때문이다. 그런데 가설 K′ 자체를 고려할 때보다 E가 있을 때 K′에 대한 신뢰도는 증가한다. 왜냐하면, 내가 가짜 손을 가지고 있다면 그것이 바로 그러하게 보일 것이기 때문이다. K′의 신뢰도가 증가하면 ~K′에 대한 신뢰도는 하락한다. 따라서 ~K′에 대한 신뢰도는 하락해야 한다. 그러나 이는 독단론이 함축하는 사실과 충돌한다.

E가 K를 정당화하고 K로부터 논리적으로 도출되는 ~K′로 정당성이 전이한다고 믿는 독단론자는 다음과 같은 원리에 호소할 수 있다.

만일 E가 K′를 함축하는 K를 입증한다면, E는 K′도 입증한다.

그러나 이 원리는 항상 성립하지 않는다. 화이트는 독단론자가 주목하는 경우가 바로 성립하지 않는 경우라고 논변한다. 그의 논변은 다음과 같다.

베이즈 정리에 따르면 다음 두 식이 성립한다.

$$P(K/E) = \frac{P(K)\,P(E/K)}{P(E)} \qquad P(K'/E) = \frac{P(K')\,P(E/K')}{P(E)}$$

여기서 다음을 가정할 수 있다.

$$P(E/K) \cong P(E/K') \cong 1$$

K나 K′의 가설이 성립할 경우 우리는 E를 예상할 수 있다. 손이나 가짜 손이 있다면 손이 있는 것처럼 나에게 보일 것이다. 즉, 손이 있을 때나 가짜 손이 있을 때 당신이 손이 있는 것 같은 경험을 할 확률은 거의 1에 가깝다. 그러나 일반적인 경우 손이 있는 것처럼 보이는 경험을 할 확률은 낮다. 이 경우 다음 부등식이 성립한다.

$$P(E/K) > P(E)$$
$$P(E/K') > P(E)$$

즉, 다음 분수들은 1보다 크다.

$$\frac{P(E/K)}{P(E)} \qquad \frac{P(E/K')}{P(E)}$$

이를 베이즈 정리에 대입하면 다음 결과가 산출된다.

$$P(K/E) > P(K) \qquad P(K'/E) > P(K')$$

문제가 되는 것은 오른쪽 식이다. 오른쪽 식에 따르면 E는 K′에 대한 신뢰도를 높여준다는 결과를 산출한다. 즉, 손을 보는 것 같은 경험은 그 사람이 가짜 손을 가지고 있을 확률을 높여준다. 그러나 이것은 독단론이 함축하는 바와 정반대의 결과이다. 왜냐하면 독단론에 따르면 가짜 손을 가지고 있지 않을 확률이 증가하고 따라서 가짜 손을 가지고 있을 확률은 감소되기 때문이다. 만일 베이즈 정리를 받아들인다면 독단론은 부정되어야 한다.

다음 방식으로도 동일한 결론에 도달할 수 있다. p를 세상 모든 사람들의 수라고 하고 f를 가짜 손을 가진 사람들의 수, 그리고 h를 손을 가진 사람들의 수라고 하자. 어떤 사람이 코트 주머니에 손을 넣고 지나간다고 했을 때, 그 사람이 손이 있는지, 아니면 가짜 손을 가지고 있는지에 대해 확률적 판단을 하려면 우리는 p, f, h의 통계적 수치를 활용해서 계산할 수밖에 없다. 가짜 손을 가지지 않을 확률은 1-f/p가 된다. 즉, 1에서 f/p를 뺀 값이 될 것이다. 이때 그 사람이 코트 주머니에서 손처럼 보이는 것을 꺼내서 흔들었다고 하자. 그렇다면 손도 없고 가짜 손도 없는 경우는 아닐 것이다. 이때 그 사람이 가짜 손을 가지지 않을 확률은 1에서 f/f+h를 뺀 값이 된다. 그런데 f+h < p이다. 따라서 다음이 성립한다.

$$f/f+h > f/p$$

이로부터 다음이 도출된다.

$$1 - f/f+h < 1 - f/p$$

손을 보는 것 같은 관찰을 했을 때 그 사람이 가짜 손을 가지고 있지 않을 확률이 관찰 이전의 확률보다 감소된다. 이는 또 다시 독단론의 결론과 상충된다.

여전히 논의가 계속되고 있지만, 독단론과 베이즈주의의 화이트의 베이즈주의적 비판에 대한 적절한 대응이 가능한지는 불분명하다.[5]

---

5 「지각적 독단론과 베이즈주의 호의성」(『논리연구』 17집 3호, 2014)에서 박일호는 베이즈주의를 적절히 이해할 경우 화이트가 주장하는 지각적 독단론과의 충돌은 발생하지 않는다고 주장한다. 필자의 「베이즈주의는 독단론에 호의적인가?」(『논리연구』 18집 2호, 2015)와 Pryor의 논문을 비롯하여 *Seemings and Justification*, Oxford University Press, 2013.에 실린 관련 논문들도 참조할 것.

10장

비명제적 소여를 향하여

1. 명제적 소여의 신화

위에서 인식적 선언주의와 독단론를 중심으로 현대 토대론의 새로운 동향의 성격과 문제점들을 살펴보았다. 이 이론들의 문제점들이 심각하다고 해서 토대론 자체를 거부하는 것은 성급하다. 왜냐하면 두 입장은 경험의 이성적 기여를 보존하려는 특정한 시도일 뿐이며 따라서 그 시도들이 실패한다고 해도 경험의 이성적 기여를 포기해야 한다는 결론은 도출되지 않기 때문이다. 물론 그렇다고 해서 전통적 토대론과 데카르트적 견해로 복귀할 수는 없다. 그렇다면 이제 토대론자에게 남은 선택지는 무엇인가? 경험의 이성적 기여를 보존하는 다른 방식이 가능한가? 그 대안을 찾기 위해서 우리는 인식적 선언주의와 독단론이 암암리에 공유하는 어떤 근본 가정을 본격적으로 검토해보아야 한다.

통상 우리는 P처럼 보이기 때문에 P이라고 믿는다. 경험은 최소한 지각 믿음의 정당성에 기여하는 것으로 받아들여진다. 그런데 배경 전제 모델에 따라 경험이 지각 믿음을 정당화하기 위해선 적절한 배경 믿음의 정당성이 선행적으로 확보되어야 한다고 해보자. 즉, 경험은 배경 믿음들과 연합해서만이 지각 믿음을 정당화할 수 있다. 피터 말키는 지각 정당화에 대한 한 가능한 모델을 다음과 같이 기술한다.

> 만일 어떤 경험(P)이 믿음(P)을 정당화한다면, "일반적으로 P처럼 보여지면 P이다"라는 믿음이 정당해야 한다(Markie, 2005: 350).

이 모델의 문제점은 배경 믿음의 정당성이 어떻게 보장되는가에 있다. 물론, 그 배경 믿음의 정당성은 그 믿음에 반하는 증거가 없는 한 자동적으로default 승인된다고 보고 위의 모델을 유지하는 방법도 있다. 정당성 전이 실패를 기반으로 독단론를 비판하는 라이트와 데이비스는 바로 우리가 그러한 자동적 정당화default entitlement를 가지고 있다고 주장한다. 그들의 견해에 따르면 지각 정당화는 그러한 자동적 정당화에 의존한다.

자동적 정당화가 실제로 배경 믿음들이 정당화됨을 의미하지는 않는다. 그렇다면 그 배경 믿음들의 정당성은 궁극적으로 어디서 오는가? 이러한 질문은 충분히 제기될 수 있기에 적절한 대답이 제시되어야 한다. 그러나 우리가 여기서 고려해야 하는 사안은 다음과 같다. 비록 경험이 배경 믿음들과 더불어 지각 믿음을 정당화한다고 해도 이것이 경험 자체의 이성적 기여를 반드시 배제한다고 할 수 있는가? 만일 경험과 배경 믿음들이 독립적으로 지각 믿음을 정당화한다면, 배경 믿음들의 기여를 뺀 나머지 정당화 힘은 경험에 귀속될 수 있다. 그러나 배경 전제 모델에 따르면 이러한 독립적 지지를 받아들일 수 없다. 왜냐하면 배경 믿음들을 빼고 나면 경험이 독자적으로 지각 믿음을 정당화할 아무런 힘도 없기 때문이다. 그런데 이로부터 경험의 이성적 역할은 없다는 결론이 도출되기 위해서는 경험의 이성적 역할이 명제적 소여에 있다는 전제가 필요하다. 경험이 배경 믿음들과 더불었을 때만 지각 믿음을 정당화할 수 있다고 해도, 경험 자체의 이성적 기여가 존재한다고 말하기 위해서는 다음 전제를 재고해야 한다.

명제적 소여의 전제: 만일 경험의 정당화 역할이 있다면, 그것은 명제적 소여the propositional given에 있다.

명제적 소여에 따르면, 경험은 P라는 명제적 내용(명제적 내용이 개념적인지 아닌지는 중요하지 않다)이 가진 믿음을 즉각적으로 정당화해준다. 물론 명제적 내용만 가진다고 해서 그것만으로 정당화 역할을 가지는 것은 아니다. 경험은 명제적 내용 외에도 여러 다른 특징들을 가지고 있다.

나는 경험이 특별한 현상성을 가지고 있다고 생각한다: 어떤 명제가 참임을 확인하는 것 같은 느낌. 당신이 어떤 심적 상태에 있음으로써 어떤 내용이 참임을 마치 그냥 알 수 있는 것처럼 느낄 때 이러한 현상성은 존재한다. 우리는 이러한 현상성이 지각과 기억에 존재함을 알 수 있다. 당신이 당신의 손을 보는 경험을 할 때, 그 경험은 당신의 손이 있음을 그냥 볼 수 있게 만들어준다. 마치 손들이 앞에 존재하는 것 같다. 이러한 현상성은 다른 심적 상태에도 있을 수 있다. 그러나 재현적 내용을 가졌다고 해서 다 이러한 현상성을 가지는 것은 아니다. 당신이 백일몽을 꾸고 있거나 시각적 상상력을 발휘할 때 당신은 명제들(지각할 때와 동일한 명제들)을 재현하나, 그 명제들이 참임을 그냥 알 수 있는 것처럼 느껴지지는 않는다(Pryor, 2004: 357).

여기서 프라이어는 P라는 내용을 가지는 것만으로 P를 믿는 것이 정당하지는 않다고 말하고 있다. P를 단순히 상상하거나 생각하거나 욕구하는 상태는 P라는 믿음을 정당화하지 않는다. 그러나 P라는 내용의 경험에 정당화 역할이 있다면 그것은 P라는 내용의 믿음을 정당화하는 것이다. 따라서 프라이어 또한 명제적 소여의 전제를 받아들이고 있다.

인식적 선언주의자들 또한 명제적 소여의 전제를 받아들이고 있다. 그들은 명제적 소여가 사실 확정적 근거를 제공할 수 있다고 주장한다. 반면 독단론자는 명제적 소여가 기껏 파기 가능한 정당성을 제공할 수 밖에 없다고 주장한다. 이러한 차이를 무시하면 그들은 공히 경험의 정당화 역할은 특정 명제(정확히 어떤 명제인지는 논란거리라고 하더라도)에 대한 믿음을 정당화하는 데 있다는 가정을 공유하고 있다.

토대론자들이 고려할 수 있는 한 선택지는 명제적 소여의 전제를 재고하는 것이다. 경험 자체는 독립적으로 P라는 명제에 대한 믿음을 전혀 정당화하지 못한다. 이는 명제적 소여의 전제와 더불어 경험의 이성적 기여에 대한 부정을 함축한다. 그러나 명제적 소여 자체를 부정할 경우 그러한 함축은 차단될 수 있다.

2. 명제적 소여에 대한 비판

앞에서 보다 나은 토대론의 시발점을 찾기 위하여 독단론와 선언주의의 문제점에서 얻을 수 있는 교훈으로부터 출발할 수 있다고 했고, 한 가지 교훈이 명제적 소여에 대한 재고에 있다고 했다. 그런데 명제적 소여를 왜 부정하여야 하는가? 경험의 이성적 기여가 명제적 내용에 있다는 말은 경험이 P에 대한 믿음에 파기 가능 또는 파기 불가능한 이유를 제공하는 데 이성적 기여가 있다는 의미이다. 이러한 가정을 받아들일 경우 다음과 같은 딜레마에 봉착한다.

독단론을 따라 동등성 원리를 존중하려고 할 경우, 정당성과 지식의 연관성을 상실할 위험성이 생긴다. 독단론에 따라 외적 세계 명제 P에 대해 즉각적 정당성을 확보할 수 있다고 해도 그러한 정당성은 P의 거짓과 양립 가능하다. 아무리 경험을 충실히 반영한다고 해도 믿음은 세계로부터 체계적으로 괴리될 수 있다. 경험이 제공하는 즉각적 정당성은 우리를 잘못된 믿음으로 인도할 수 있다. 우리에게 이러한 잘못을 교정할 수 있는 어떤 다른 인식론적 기반이 있는가? 경험의 소여는 최소한 오류나 거짓으로부터 자유로워야 한다.

한편, 맥도웰을 따라 우리가 지식의 가능성을 함축하는 소여의 개념으로부터 출발한다면, 즉, 경험이 P에 대한 파기 불가능한 사실 함축적 이유를 제공할 수 있다고 본다면, 경험의 소여는 오류나 거짓으로부터 자유로울 수 있는 반면 동등성 원리를 유지하기가 어렵다. 사실 함축적 이유를 제공하는 경험과 주관적으로 동일한 경험의 정당성 역할이 상당히 달라질 수밖에 없기 때문이다.

만일 명제적 소여의 가정을 받아들일 경우, 동등성 원리와 세계와의 연관성을 모두 존중할 수 있는 유일한 방법은 데카르트적 견해밖에 없는 것처럼 보인다. 데카르트적 견해를 따라 경험의 정당화 역할이 주관적 세계 명제 Q(예를 들어, 감각소여에 대한 명제)에 대한 즉각적 지식을 제공하는 데 있다고 보자. 이 경우 주관적으로 동일한 경험의 인식론적 역할은 동일할 수 있고, 동시에 적어도 주관적 세계와의 확고한 연결을 확보할 수 있다. 명제적 소여가 데카르트적 견해를 강제하게 하는 주범이라는 지적이 가능하다.[1]

그렇다면 독단론와 선언주의는 여전히 명제적 소여의 틀 안에 갇혀 있는 셈이다. 토대론자들은 믿음 체계가 경험과 인식론적으로 유의미하게 연결되기 위해서는 지각 믿음의 정당성이 "최소한 상당 정도" 이론적 믿음이 아닌 감각 경험에 의존해야 한다고 요구해왔다. 다시 말해, 지각 믿음의 정당성이 근본적으로 경험에 의해 주어질 때 토대론을 유지할 수 있다는 것이다. 그러나 이러한 토대론은 이미 명제적 소여를 가정하고 있다. 왜 경험의 정당화 역할이 명제적 소여에 있다고 봐야 하는가? 만일 경험의 정당화 역할이 명제적 소여에 있지 않다면 지각 믿음의 정당성이 경험에 의해 주어지지 않는다고 해도 여전히 경험의 정당화 역할은 유지될 수 있다.

그렇다면 명제적 소여가 아닌 다른 소여는 가능한가? 새로운 토대론을 모색하기 위해 여기서 한 발자국 뒤로 물러서서 정합론을 고려해보기로 하자. 정합론자들에 따르면 P에 대한 믿음의 정당성은 그 주체가 가지고 있는 다른 믿음들에 의존한다. 이는 P가 통상의 지각적 내용일 때도 해당된다. 사실 정합론자들의 주장은 지각 믿음의 이론 의존성과 연관되

1 굽타는 명제적 소여가 가지는 핵심적 위상을 고려할 때, "데카르트적 견해는 명제적 소여와 동등하다"라고 주장하기까지 한다(Gupta, 2006: 36).

어 있다. 핸슨Norwood Russell Hanson, 쿤 등은 관찰이 이론 중립적인 자료를 제공하는 게 아니라 관찰의 내용과 의미는 관찰의 주체가 받아들이는 이론적 틀에 의존한다. 이론이 우리를 인도하지 않는다면 도대체 어디에 주목하고 무엇을 무시해야 할지 알기 어렵다. 이론에 의해 구조화되지 않은 벌거벗은 지각이란 없다. 보다 일상적인 상황을 고려해보자. 빨간 컵을 보는 경험을 하고 "빨간 컵이 있다"고 믿을 때, 분명 나의 믿음은 정당성을 확보하기는 한다. 그러나 이 정당성은 내가 가지고 있는 여러 배경 믿음들의 정당성에 의존한다. 나는 현재 내 주위에 비정상적인 조명이 없고, 내가 환각을 하고 있는 것이 아니며, 장난끼 있는 친구가 속임수를 치는 상황이 아니라는 등등의 가정을 하고 있다. 만일 나의 배경 세계관이 정당하지 않다면 나의 경험이 "빨간 컵이 있다"는 나의 믿음을 정당화해줄 수 없다. 만일 이 세계가 단지 나의 꿈이라는 배경 믿음이 정당하다면, 나의 경험은 전혀 일상적 지각 믿음을 정당화해줄 수 없다.

만일 경험이 오로지 배경 믿음들과 더불어 P에 대한 믿음을 정당화해줄 수밖에 없다면, 경험 자체만으로는 P에 대한 믿음을 정당화해줄 수 없다. 이것은 "정합론자의 통찰"이라고 부를 수 있다. 그런데 정합론자들은 그 통찰로부터 경험이 아무런 정당화 역할을 할 수 없다는 결론을 도출한다. 어째서일까? 정합론자의 이러한 결론 또한 명제적 소여를 가정하고 있다. 명제적 소여를 가정할 때만 경험 자체만으로 P를 정당화할 수 없다는 주장으로부터 경험이 아무런 정당화 기여를 할 수 없다는 결론이 도출된다.

> 경험의 정당화 역할이 있다면, 그것은 명제적 소여에 있다(명제적 소여의 가정).

경험은 명제적 소여를 가지지 않는다.

따라서 경험의 정당화 역할이 없다.

토대론자와 정합론자들은 공히 첫 번째 전제를 받아들이나 두 번째 전제에 대한 평가에서 차이를 보인다. 그러나 토대론자들은 택할 수 있는 선택지가 하나 더 있는데, 그것은 첫 번째 전제를 부정하는 것이다. 비명제적 소여가 가능하다면, 정합론자들의 올바른 통찰을 배제하지 않고 경험의 소여를 보존하는 길이 열릴 수 있다.

지각 정당화는 배경 세계관의 정당성에 의존한다. 경험이 P라는 판단을 정당화하려면 배경 세계관이 정당해야 한다. 따라서 우리는 경험만으로 P를 정당화할 수는 없다. 즉, 경험은 배경 믿음들과 더불어서만 P를 정당화할 수 있다. 그렇다면 경험 자체의 정당화 역할은 어떻게 추출할 수 있는가? P의 정당화에 있어 배경 믿음들의 기여를 빼면 경험 자체의 기여를 구할 수 있을 것이라고 예상할 수 있다. 그런데 여기서 배경 믿음과 경험이 **독립적으로** P를 정당화한다고 볼 수 없다. 그렇게 보는 것은 여전히 명제적 소여의 가정에 복귀하는 것이다. 왜냐하면, 독립적 정당화에 있어서 경험의 정당화 역할은 여전히 명제적 정당화에 있기 때문이다. 따라서 우리는 배경 믿음과 경험이 **연합적으로** P를 정당화한다고 보아야 한다. 연합적 지지를 이해하는 한 방법은 경험의 인식론적 역할을 "조건적 정당화conditional entitlement"를 제공하는 데 있다고 보는 것이다. 즉, 경험 E는 배경 세계관 W1이 주어질 경우 명제 P1에 대한 믿음을 정당화하고, 배경 세계관 W2가 주어질 경우 명제 P2에 대한 믿음을 정당화 하는 등이다. 어떤 세계관과 배경 이론이 주어질 때 경험은 우리에게 어떤 지각 판단이 정당한지를 알려준다. 그런데 만일 조건적 정당화만을 제공한다면, 경험은 어떻게 믿음이나 세계관에 정언적 정당화categorical entitlement를 제공할 수 있는가? 우리는 경험을 통해 세계에 대한 우리의 믿음을 중재하고 조정하기를 원한다. 과연 조건적 정당화는 우리가 원하는 경험의 정당화 역할을 제공할 수 있는가?

3. 조건적 정당화

조건적 정당화에 대해 제기될 수 있는 즉각적인 우려는 순환성의 문제이다. 경험이 P에 대한 믿음을 정당화하기 위해 배경 세계관의 정당성이 요구된다면, 그 배경 세계관의 정당성은 어떻게 확보되는가? 경험론의 시각에서 배경 세계관, 배경 이론의 정당성이 궁극적으로 경험으로부터 도출된다면 이는 정당성의 순환성에 귀착한다. 우리가 특정 세계관의 정당성을 경험과 독립적으로, 즉, 선험적으로 확보할 수 있다면 그것에 기반을 두고 경험이 정당화하는 지각 판단들을 확보할 수 있다. 그러나 이는 경험론의 정신에 위배된다. 한편, 세계관과 독립적으로 경험이 정당화하는 지각 판단들을 확보할 수 있다면, 즉, 독단론과 같은 시도가 성공한다면 이에 기반을 두고 우리의 세계관을 수정하거나 개선할 수 있다. 그러나 이 또한 정합론자들의 통찰을 무시하는 처사이다.

사실 위와 같은 딜레마가 정합론자들로 하여금 믿음의 정당성을 믿음들 간의 관계로부터 구할 수밖에 없다는 결론에 도달하게 했을 수도 있다. 정합론의 통찰을 존중하려면 결국 경험론을 포기해야 한다. 이러한 정합론적 결론은 다시 맥도웰과 같은 철학자들로부터 도전을 받게 된다. 맥도웰은 정합론적 체계를 "진공 속의 공회전frictionless spinning in void"이라고 비판한다. 아무리 내적으로 정합적인 믿음들의 체계라도 여전히 믿음 체계 외부로부터의 이성적 통제가 필요하다는 것이다. 경험론자들은 역으로 경험론을 보존하면서 정합론의 통찰을 배제한다.

물론 정합론자들은 자신들이 경험과의 연결을 배제하는 건 아니라고 대응할 수 있다. 믿음 체계가 정당하기 위해선 (정합성의 기준이 무엇이던지 간에) 그것이 정합적이여야 할 뿐 아니라 경험과 괴리되지 않아야 한다. 그런데 만일 경험과의 연결이 단순히 인과적 연결이라면 맥도웰이 말하는 외부로부터의 이성적 통제라고 볼 수는 없다. 한편 맥도웰은 모든 믿음 체계들로부터 독립된 소여(비개념적이고 그냥 주어진 어떤 것, "something extra-conceptual, bare presences")에 호소하는 것은 결국 데카르트적 견해로 복귀하는 것에 불과하다고 주장한다. 맥도웰은 데카르트적 견해로 복귀하지 않으면서 믿음 체계 외부로부터의 통제를 확보할 방도를 선언주의와 개념화된 소여에서 찾고 있다. 그러나 위에서 보았듯이 맥도웰의 방도는 여전히 명제적 소여의 틀 안에서 제시되며 명제적 소여가 가지는 한계들을 극복할 수 없다. 그러나 한편 맥도웰의 입장에서는 과연 조건적 정당화에 기반을 둔 대안적 소여가 가능한지에 대한 의문을 제기할 수 있다. 위에서 설명된 대로 조건적 정당화가 봉착한 딜레마를 어떻게 극복할 것인가?

4. 수정 과정

굽타는 경험이 가지는 정당화 역할이 조건적 정당화임을 받아들인다. 경험은 지각 믿음에 대한 조건적 혹은 가언적 정당화만을 제공한다.

그럼에도 불구하고 굽타는 조건적 정당화로부터 정언적 정당화를 도출해낼 수 있는 방법을 제시한다. 이 방법은 그가 순환적 정의circular definition를 분석하기 위해 개발한 논리적 도구인 수정 이론the revision theory에 기반을 두고 있다. 굽타에 따르면 경험의 정당화 역할은 세계관들에서 특정 판단으로 가는 함수로 기술된다. 당신이 임의의 세계관 w1으로부터 출발한다고 하자. 그다음 당신은 어떤 경험 e1을 가진다. e1은 w1이 주어졌을 때 특정 판단 p1이 정당화된다고 말해준다. p1은 w1에 그냥 포함되어지거나 w1의 수정을 가져오거나 혹은 배제될 수 있다. 경험을 거치면서 w1은 진화한다. 새롭게 수정된 세계관을 w1′라고 하자. 이 w1′는 당신이 또 다른 경험 e2를 하면서 p2라는 판단을 정당화한다. p2에 의해 수정된 세계관을 w1″라고 하자. 이런 식으로 〈e1, e2, e3, …〉라는 일련의 경험들에 의해 세계관의 순열 〈w1, w1′, w1″, w1‴, …〉이 생성된다. 만일 w2라는 세계관으로부터 출발했다면 동일한 일련의 경험들에 의해 〈w2, w2′, w2″, w2‴, …〉와 같은 다른 순열을 얻을 것이다. 또 다른 세계관 w3에 대해서도 마찬가지이다. 세계관은 일련의 경험들에 의해 수정 과정revision process을 거치는 것이다.

그런데 여기서 〈e1, e2, e3, …〉의 경험에 의해 생성된 모든 순열들이 수렴하는 가능성을 고려해보자. 즉, 어떤 단계 이후부터는 모든 순열들이 동일한 세계관을 가지게 될 가능성이다. 굽타는 그 단계를 수렴점the convergence point이라고 부른다. 수렴점 이후부터 모든 세계관의 순열은 항상성을 유지한다.[2] 만일 일련의 경험들이 수렴점을 가진다면 그 수렴

2 굽타의 기본 아이디어를 소개하기 위해 굽타 이론의 내용을 다소 첨삭했다. 보다 구체적인 내용은 그의 저서 *Empiricism and Experience*, Oxford University Press, 2006.의 4장을 참조할 것.

점 이후의 세계관은 "절대적인 합리적 당위absolute rational obligations"를 가진다(Gupta, 2006: 98). 그리고 어떤 판단이 수렴점 이후의 세계관에 포함된다면 우리는 그 판단을 받아들여야만 한다. 따라서 조건적 정당화는 경험이 우리의 세계관과 믿음에 무조건적인 이성적 제약을 가할 가능성을 허용한다.

이와 같이 굽타의 이론은 일상적 또는 과학적 세계관이 어떻게 경험적으로 정당화될 수 있는지에 대한 한 가지 답변을 제공한다. 굽타의 이론의 상세한 내용들을 다루는 것은 이 책의 범위를 넘어선다.[3] 우리의 목적을 위해 중요한 사실은 비록 경험이 조건적 정당화만을 제공할 수밖에 없다고 해도 이로부터 비조건적, 절대적 정당화를 확보할 수 있는 것이 가능하다는 것이다. 물론 수렴점이 있다고 해도 수렴점 이후의 세계관이 참이라는 보장은 없다. 그럼에도 불구하고 굽타의 이론은 절대적 정당화를 이해할 수 있는 한 유효하고 흥미로운 방식을 제공하며 경험의 정당화 역할에 대한 회의주의에 대응한다.

그리고 굽타의 이론은 동등성 원리와 양립 가능하다. 주관적으로 현상적으로 동일한 경험의 인식적 기여는 동일하다. 지각 경험과 그와 주관적으로 동일한 환각 경험이 동일한 소여, 즉, 세계관에서 판단으로 가는 동일한 함수를 가질 수 있기 때문이다. 또한 굽타의 소여는 오류는 거짓으로부터 자유롭다. 왜냐하면, 세계관에서 판단으로 가는 함수 자체는 오류나 거짓이라고 말할 수 없기 때문이다.

---

3 본격적인 논의를 위해서는 Ram Neta와 Selim Berker, Karl Schafer, Christopher Frey의 논문과 "Replies to Selim Berker and Karl Schafer", *Philosophical Studies*, 152, 2011.과 "Frey on Experiential Transparency and Its Rational Role", *Philosophy and Phenomenological Research*, Vol. LXXX No. 3, 2011.에 실린 A. Gupta의 답변을 참조할 것. 각 논문의 출처는 참고문헌에 있음.

굽타의 수정 이론이 성공적이기 위해서는 다음과 같은 점들이 선결적으로 요구된다. 첫째, "경험" 자체가 무엇인지에 대한 가정이 필요하다. 굽타의 소여는 세계관에서 특정 판단으로 가는 함수이다. 그렇게 이해된 바 소여는 특정 세계관과 융합되어 있지 않아야 한다. 왜냐하면 경험은 어떠한 세계관이 들어와도 그로부터 어떤 판단이 정당화됨을 알려주는 데 그것의 인식적 기여가 있기 때문이다. 그러나 경험은 항상 특정한 세계관과 불가분의 관계를 맺고 있다는 칸트적 견해를 받아들이는 철학자는 굽타의 "경험"이 잘못된 개념이라고 비판할 것이다.

그러나 굽타는 경험이 특정 세계관, 개념 체계와 인과적, 형이상학적으로 연결되어 있을 가능성을 부정하지 않는다고 말한다(Gupta, Ibid., 106). 만일 특정 세계관을 가짐으로써 우리가 어떤 경험을 하게 되었다고 하자. 그 세계관이 아니었더라면 우리는 그러한 경험을 하지 않았을 것이다. 그러나 경험이 인과적으로 특정 세계관으로부터 도래했다고 해서 그 경험이 그 세계관에 반증하는 이성적 입력을 제공할 수 없다는 결론은 도출되지 않는다. 즉, 굽타가 요구하는 것은 경험이 세계관과 인식적으로 독립되어 있어야 한다는 것이다.

굽타의 소여는 경험의 인식론적 역할이 세계를 직접적으로 드러내 줌에 있다는 생각과 거리가 멀다. 경험의 인식론적 역할은 세계의 대상이나 사실들을 드러내 준다는 데 있지 않다. 소여가 경험의 현상적 성질에 수반한다는 굽타의 주장에 대해 비판자들은 그가 주목하는 현상적 성질의 특징이 어떤 대상이나 사실들을 드러내 주는 것이 아니냐고 질문할 수 있다. 현상적으로 이미 나의 경험은 세계의 대상들로 가득 차 있지 않는가? 일상적으로 우리는 어떤 심적인 작동, 즉, 추론이나 사고 과정 등의 개입 없이 주변 세계와 직접 대면하는 것처럼 보이지 않는가?

비판자들은 경험의 현상적 측면에 주목한다면 이러한 점을 간과할 수 없다고 주장한다. 사실 일상적으로 이러한 경험의 측면은 우리의 삶을 영위하는 데 중요한 역할을 한다. 나의 시각 경험은 어떤 매개를 통하지 않고 즉각적으로 세계와 접촉할 수 있게 해준다. 이러한 현상적 측면에서 일상적 효용성은 분명 존재한다. 문제는 그것이 어떠한 인식론적 함축을 가지는가에 있다. 굽타의 소여 이론에 따르면 현상적 측면이 인식론적으로 세계와의 직접 대면을 가능케 한다는 생각은 오류이며, 오히려 현상적 측면이 결정하는 경험의 인식적 기여는 상당히 복잡한 구조를 가지고 있다.

동일한 현상적 측면은 세계의 여러 다른 상황들과 양립 가능하다. 손이 있는 것처럼 보이는 경험은 손이 있을 가능성과 가짜 손이 있을 가능성과 양립 가능하다. 전통적 토대론자들은 경험의 인식적 기여가 주관적 세계에 국한된다고 봄으로써 세계에 대한 경험의 직접 인식적 기능을 보존하려고 했다. 맥도웰에 따르면 직접적 인식에 있어 전통적 토대론자들의 잘못은 딱히 없다. 단지 그들은 주관적 세계로의 후퇴로 이르게 한 최소 공약 원리에 호소하는 오류를 범하고 있을 뿐이다. 맥도웰은 환각 경험에 있어 우리가 주변 세계를 즉각적으로 인식하지 못한다고 해서 지각 경험에서조차 그럴 수 없다고 볼 이유는 없다고 말한다. 다시 말해 환각 경험이 감각소여에 대한 직접적 인식을 가능하게 한다고 해도, 지각 경험조차 그것의 인식적 기여가 감각소여에 제한된다는 결론은 도출되지 않는다. 지각 경험은 여전히 주변 외적 세계에 대한 즉각적 인식을 가능케 한다. 그러나 여기서 맥도웰은 환각 경험이 감각소여에 대한 직접적 인식조차 가져다주지 않음을 간과하고 있다. 즉, 최소 공약 원리에 호소하기 전에 전통적 토대론자들은 오류를 범하고 있다. 이런 점에서 맥도웰은 경험의 인식적 기여에 대하여 전통적인 즉각적 인식 원리를 여전히 수용하고 있다.

5. 허용 가능한 세계관

굽타의 이론에 대해 제기될 수 있고 지금까지 제기되어 온 내적인 문제는 다음과 같다. 굽타의 수정 과정은 과연 일상적 세계관에 대한 정당화를 가져올 수 있는가? 즉, 어떤 세계관에서 출발해도 경험들이 축적될 경우 일상적 세계관에 수렴할 가능성이 있는가? 한 가지 우려는 유아론solipsism에 의해 제기된다. 유아론에 따르면, 이 세계에 존재하는 것은 나와 나의 마음뿐이다. 만일 수정 과정의 출발점이 유아론이라면, 어떤 경험들이 축적된다고 해도 유아론은 결코 일상적 세계관으로 전이하지 않는다. 유아론적 세계관에 따르면 어떠한 경험들도 나와 마음 내부의 존재자들 이상의 어떤 것을 이성적으로 강요하지 않는다. 모든 경험들이 유아론적 세계관과 양립 가능하게 받아들여질 수 있다. 현재 나의 경험들은 내가 동그랗고 노란 감각소여, 시끄러운 소음의 감각소여, 커피 향의 감각소여 등등을 나에게 알려줄 뿐이다. 나의 경험으로 알 수 있는 이 우주는 나와 내 마음의 감각소여, 인상, 관념만으로 채워져 있다. 따라서 우리가 유아론적 세계관에서 출발하면 어떠한 경험들도 나와 나의 마음을 넘어서 마음-독립적인 일상적 대상들의 존재에 대한 믿음을 정당화해줄 수 없다.

그렇다면 유아론을 어떻게 배제할 것인가? 굽타의 이론을 받아들이기 위해서는 이 문제를 해결해야 한다. 굽타는 유아론에 개념적으로 모순이 있다고 주장하지는 않는다. 유아론자는 모든 경험을 완벽하게 자신의 입장과 일관되게 해석할 수 있으므로, 어떤 의미에서 유아론을 옹호하는 사람은 지극히 합리적일 수 있다. 즉 유아론자는 논리적이며 경험의 입력 또한 존중한다. 그러나 굽타는 유아론이 경직성rigidity을 가지기 때문에 수정 과정의 출발점으로 허용할 수 없다고 주장한다. 어떤 경험들도 유아론을 결코 반박하거나 반증할 수 없다. 이는 극단적인 회의주의적 가능성들에도 적용되는 지점이다. 완벽하게 사악한 악마가 나를 속이고 있다는 가설은 나의 어떤 경험도 그것이 틀렸다는 것을 보일 수 없다. 그런 관점에서 유아론이나 회의적 가능성들은 틀렸다기보다는 틀릴 수 있는 여지를 남기지 않는다. 이러한 가설들을 받아들이는 사람은 자신이 받아들이고 있는 견해와 다른 가능한 견해들에 대해서는 완전히 무심하다. 경험에 의해 자신의 견해가 개선될 여지를 남겨 두지 않는 것이다. 유아론과 같은 경직된 세계관은 결국 수정 과정에 의해 여러 세계관이 수렴될 가능성을 원천적으로 차단해버린다. 만일 수정 과정의 취지가 우리의 세계관을 형성하는 데 있어 경험을 가능한 충분히 반영하고자 하는 것이라면 유아론은 일종의 훼방꾼이다. 따라서 유아론은 허용 가능한 세계관admissible vieus이라는 출발점에서 배제되어야 한다.

네타는 유아론에 대한 굽타의 반응을 그대로 수용하더라도 다음과 같은 반례가 가능하다고 주장한다.

> 만일 내가 어떤 색조의 오렌지색을 연속적으로 10초 동안 경험한다면, 나의 경험 이외에 그것을 촉발하는 별개의 대상들이 존재한다. 반면, 내가 어떤 색조의 오렌지색을 연속적으로 20초 동안 경험한다면, 나의 현재 경험 이외에 아무 것도 존재하지 않는다(유아론). 이 둘과 다른 경험의 경우,

이 두 가능성 중 어떤 것이 참인지 판가름할 수 없다(Neta, 485-486).[4]

이러한 세계관은 굽타의 이론에 문제를 제기할 수 있다. 어떤 색조의 오렌지색을 10초간 보는 경험을 e1이라고 하고, 20초간 보는 경험을 e2라고 하자. e1이나 e2가 발생하기 이전에 이 세계관은 외적 세계의 존재에 대하여 불가지론적인 입장을 택할 것을 요구한다. 만일 e1이 발생하면 당신은 외적 대상들의 존재를 믿는다. 그 다음 e2가 발생하면 당신은 유아론을 받아들이게 된다. 물론 또다시 e1과 비슷한 경험이 발생하면 당신은 일상적 믿음으로 돌아올 것이다. 그러나 만일 e2와 비슷한 경험이 다시 발생하면 당신은 또다시 유아론에 빠진다. 이와 같이 위의 세계관은 경험에 민감하게 반응하기 때문에 경직되었다고 할 수 없다. 따라서 이 세계관을 굽타처럼 경직성이라는 기준으로 배재할 수는 없다. 그러나 위의 세계관은 수렴을 방해한다. 즉, 우리가 만일 어떤 색조의 오렌지색을 연속적으로 10초 경험하는 일은 없다고 한다면 위의 세계관은 일상적 세계관으로 수렴하지 않는다.

네타는 굽타가 결코 경직성을 허용 불가의 필요조건으로 간주하지 않았다고 지적한다. 굽타는 경직성을 허용 불가의 충분조건으로 간주할 뿐이다. 따라서 경직되지 않다고 해서 허용되어야 한다고 굽타가 받아들일 이유는 없다. 그러나 경직되지 않는데도 불구하고 수렴을 방해하는 위와 같은 세계관을 어떻게 불허할 것인가?

네타의 사례에 대한 굽타의 답변은 다음과 같다. 비경직성은 허용 가능한 출발점의 한 필요조건이지만 충분조건은 아니다. 한 세계관이 출

4 이 사례는 네타가 제시하는 두 가지 사례 중 두 번째 사례이다.

발점으로 허용 가능하려면 비경직성 이외의 추가적인 조건들을 만족시켜야 한다. 추가적 조건 중 하나는 굽타가 "수용성receptivity"이라고 부르는 조건이다. 이 조건에 따르면 허용 가능한 세계관은 주관적으로 다른 경험에 대해 다른 판단을 산출해야 한다. 또 다른 조건은 "내적인 정합성internal coherence"이다. 어떤 견해가 모든 다른 면에서는 일상적 세계관과 일치하지만 보라색 십각형을 보는 시각 경험은 "전지전능한 신이 존재한다"는 판단을 산출한다고 해보자. 이러한 세계관은 논리적으로 일관적이나 내적인 정합성을 결여한다. 노란색 십각형을 보거나 또는 보라색 삼각형을 보는 경험 등에 대해 모두 일상적인 판단을 산출하면서 왜 하필 보라색 십각형을 보는 경험에 대해서는 엉뚱한 판단을 산출하는지에 대해서는 아무런 설명이 없다. 다음과 같은 반례도 내적인 정합성을 결여하고 있기 때문에 허용 가능하지 않다.

> 오직 나와 나의 감각소여만이 존재한다. 유일한 예외는 하늘의 별들이 "너는 신에 의해 창조된 외적 세계에 살고 있는 존재이다"라는 문장의 모양으로 정렬되어 있는 시각 경험을 할 때이다. 이때는 일상적, 종교적 세계관이 옳다(Berker, 33).

이러한 세계관이 출발점으로 허용될 경우 일상적 세계관으로의 수렴을 방해할 것이다. 즉, 위와 같은 문장으로 나타내는 별들의 배열을 우리가 실제로 경험하지 못한다고 가정한다면 그러하다. 그럼에도 불구하고 위 세계관은 경직되어 있지 않다. 어떤 경험은 유아론에서 일상적 세계관으로의 급격한 변화를 가져올 수 있기 때문이다. 그러나 굽타는 위의 사례도 내적인 정합성을 결여하고 있다고 대응한다. 모든 경험들이 감각소여의 존재에 대한 믿음을 산출하는 관점을 택하고 있다가 왜 하필 별들의 특정한 배열이 일상적 세계관을 증명한다고 생각하는가? 물론 그러한 세계관을 가지는 것이 불가능하지는 않지만 그 세계관의 다른 요소들과 잘 화합되지 않는다.

굽타는 비경직성, 수용성, 내적 정합성을 출발점으로 허용 가능한 세계관의 필요조건들로 제시하면서 추가적인 다른 조건들의 필요성도 배제하지 않는다. 그 조건들이 무엇인지는 더 탐구해야 할 과제로 남겨 놓고 있다. 그러나 한 가지 분명한 것은 굽타는 경험에 의해 제공되지 않는 제한들을 자신의 이론에 포함시키고 있다는 점이다. 즉, 선험적 조건들이 필요함을 인정하며 경험과 대면할 자격이 있는 세계관들을 경험 이전에 미리 걸러내는 것이다. 그런데 이러한 선험적 제한은 바로 합리주의자들이 외적 세계에 대한 지식을 위해 필요하다고 주장해온 것이다. 결국 굽타는 경험론을 옹호하는 과정에서 경험론의 한계를 드러낸다고 볼 수 있다.

전통적 경험론이 받아들이는 주관적 토대 믿음들로부터 시작하면 경험론자들은 합리론에 대한 적절한 대응을 할 수 없게 된다. 주관적 토대로부터 출발하여 순수하게 의미 분석과 논리학에 의거하여 외적 세계에 대한 우리의 지식을 도출하는 것은 엄청난 부담이 된다. 따라서 합리론자들은 이성이 어떤 실질적인 기여를 해야만 한다고 당당하게 대응할 수 있다. 이에 따르면 합리론만이 외적 세계에 대한 회의주의로부터 우리를 구제해 줄 수 있다. 합리론에 대응할 수 있는 경험론을 확보하기 위해 굽타는 경험의 소여를 조건적 정당화를 제공하는 것으로 분석하고 이를 통해 경험의 소여를 주관적 명제뿐 아니라 명제적 소여로부터 분리시킨다. 그렇다고 해서 이성의 역할을 무시하는 것은 아니며 굽타는 이성의 진정한 역할을 수정 과정의 허용 가능한 출발점들을 규정하는 데서 찾는다. 이성의 역할은 수정 과정에서 선택되는 궁극적인 이론이 무엇이냐에 대해 판결을 내려주지 않는다. 굽타는 자신의 이론이 선험적 종합판단을 요구하고 있지는 않다고 주장한다. 이성은 세계의 구조와 본질에 대한 선험적 통찰을 제공하지 않는다. 이런 점에서 경험론은 옳다. 그러나 이성은 여전히 중요한 역할을 가지고 있다. 이성의 역할은 수정 과정의 출발점으로 허용되기 위해 세계관이 가져야 할 조건들을 찾아내는 데 있다.

굽타이론의 주요 성과를 정리하면 다음과 같다. 첫째, 굽타는 전통적 경험론의 문제점에 대한 새로운 진단을 제시한다. 경험은 내적 세계에 대한 즉각적 지식과 주관적 토대를 제공한다는 데카르트 이론의 근본 문제점은 명제적 소여에 있다고 본다. 둘째, 수정 과정에 기반을 둔 굽타 이론은 지각 믿음과 일상적 세계관의 상호 의존성에도 불구하고 그 둘의 정당성을 확보할 수 있는 수단을 제공한다. 배경 세계관이 정당하다는 가정하에서만 경험은 특정한 지각 믿음을 정당화해준다. 또한 배경 세계관의 정당성은 결국 경험에 의해 정당화된 지각 믿음들에 의존한다. 그러나 이러한 순환성은 반드시 나쁘지만은 않다. 셋째, 굽타의 이론은 근본적으로 경험론적 전통을 계승하지만 전통적 경험론의 한계를 극복할 수 있는 방법을 제공하며 동시에 합리론의 의의와 기여가 정확히 어디에 있는지를 보여준다. 그의 이론의 틀 내에서 합리론은 지식의 추구에 있어서 제거할 수 없는 역할을 부여받는다. 그렇다고 해서 이성이 세계의 구조에 대한 선험적 지식을 제공하는 것은 아니다.

이 책의 논의만으로 굽타 이론에 대한 평가가 완결되었다고 보기는 어렵다. 굽타 이론은 위에서 정리한대로 상당히 매력적인 요소들을 담고 있으며 기존의 주류 인식론에서 찾아보기 어려운 새로운 제안을 하고 있다. 그렇다면, 현대 토대론자는 전통적 토대론으로 회귀하지 않으면서 동시에 2부에서 살펴본 강력한 토대론 비판들을 극복할 수 있는가? 굽타의 이론을 포함한 새로운 토대론은 이에 대해 상당히 설득력 있는 답변을 제시한다.

11장

경험의 이론 의존성

경험의 정당화 역할에 대한 한 도전은 경험의 이론 의존성 또는 이론 적재성theory-ladenness으로부터 온다. 즉, 만일 경험이 이론 의존적이라면, 경험이 정당화 역할을 가질 수 없다는 것이다. 과연 경험의 이론 의존성은 그러한 인식론적 함축을 가지는가? 다음 글은 이에 대해 긍정적으로 답을 내리고 있다.

> 감각 경험 내용의 이론 독립성: 토대론자들은 "한 사람이 갖는 감각 경험의 내용은 그 사람이 갖고 있는 믿음 체계 또는 배경 지식에 영향을 받지 않는다"는 전제를 받아들여야 한다. (i) 감각 경험의 내용 자체가 배경 믿음들의 영향을 받는다면 감각 경험의 정당화 역할은 상실된다. 따라서 지각 믿음의 정당성도 궁극적으로 배경 믿음들에 의존한다. 이럴 경우 결국 믿음의 정당성은 다른 믿음들과의 관계에 의존한다는 정합론이 승리한다. (ii) 만일 감각 경험이 이론 독립적이라면 지각적 믿음은 기초적 믿음의 지

위를 확보하게 되면서 이론적 갈등의 중립적 중재자 역할을 해 줄 수 있고 따라서 토대론이 승리하게 된다(김기현, 213쪽).

(i)은 감각 경험 내용의 이론 독립성이 감각 경험의 정당화 역할에 대한 필요조건임, (ii)는 충분조건임을 말하고 있다. 그러나 새로운 토대론의 관점에서 볼 때, 이 두 논제 모두 생각처럼 당연하지는 않다. 특히 비명제적 소여는 경험의 정당화 역할에 대한 도전을 무력화하는 데 중요한 기여를 한다.

1. 경험은 이론 의존적인가?

우선 경험이 과연 이론 의존적인지 아닌지를 고찰해보도록 하자. 이 문제는 그 자체로 논란거리이다. 우리의 생각과 감정은 세계가 우리에게 현상되는 방식에 영향을 주는가? 20세기 중반의 뉴 룩 심리학New Look Psychology의 실험 결과 이후 심리학에서는 우리의 예상과 기대가 경험에 침투하는 많은 사례들이 제시되었다. 믿음과 욕구가 지각 범주화에 영향을 주는 경우들의 존재 가능성은 부정하기 어렵다.[1]

- 방문자가 올 것이라는 기대 때문에 어떤 소음을 노크 소리로 듣는다.
- 점화 효과Priming effect: 흑인 얼굴 사진에 노출된 백인들은 백인 얼굴 사진에 노출되었을 경우보다 어떤 공구(렌치나 스페너 등)를 총으로

1 이러한 사례들은 Susanna Siegel, "The Epistemic Impact of the Etiology of Experience", *Philosophical Studies* 162, 2013.에서 가져왔다. 그의 논문은 다시 논의하도록 하겠다.

잘못 판단할 확률이 높다.

- 철수를 보기 전에 영희는 철수가 자신에게 화가 났다고 두려워한다. 이 두려움으로 인하여 철수를 보았을 때, 영희에게 그는 화가 난 것처럼 보인다.
- 정자 안에 태아가 있다고 믿었던 사람들은 현미경으로 정자를 보았을 때 그 안에 태아가 있다고 보고했다.
- 당신의 기분이 나쁘거나 염세적일 경우, 다른 사람들이 볼 때는 멀쩡한 사람들도 당신에게는 우울하거나 냉소적인 것처럼 보인다.

지각 심리학의 이러한 "인지적 침투cognitive penetration"의 사례들은 과학철학에 지대한 영향을 끼쳤다. 전통적인 과학관은 관찰이 이론을 객관적으로 평가할 수 있는 이론-중립적인 자료를 제공한다는 가정을 기초로 하고 있었다. 그러나 관찰의 이론 적재성에 따르면, 우리는 이론적 배경에 의해 인도되지 않으면 아예 무언가를 볼 수조차 없다. 이론을 바꾸면 세계를 보는 방식 자체가 변화한다. 각자 자신이 보고 싶은 방식으로 세상을 볼 뿐이다. 우리는 우리의 이론적 배경과 독립된 세계와 지각을 통해 연결될 수 없다. 이러한 생각은 궁극적으로 객관적 세계의 부정과 사회 구성주의에 대한 또 다른 동기를 제공할 수 있다.

많은 논의가 진행될 수 있으나 우선 세 가지 점을 지적하기로 하겠다. 첫째, 실제 사례들이 과연 경험의 인지적 침투를 보여주는가? 이 질문은 그 자체로 논란거리이다. 철수가 화가 난 것처럼 보인다고 영희가 보고report할 때 과연 실제로 철수는 영희에게 화가 난 것일까? 아니면 철수는 실제로 보통 때와 같았는데 철수가 화가 난 것처럼 보인다고 영희가 생각할 뿐인가? 우리가 사물이 우리에게 현상되는 방식에 대해 절대 잘못 알 수 없다고 가정하지 않는 한, 단지 경험 주체의 보고를 그 경험의 실제 내용이나 성격과 동일시할 수는 없다.

둘째, 관찰의 이론 적재성의 함의가 과장된 것은 아닐까? 과연 인지적 배경이 다른 두 사람은 동일한 세계를 볼 수조차 없는가? 1부에서 소개했던 예를 다시 고려해보자. 밤바다를 항해하는 두 사람이 있다. 그중 한 사람은 항해 초심자이고 다른 사람은 오랜 항해 경력의 소유자이다. 경력자는 밤하늘의 북쪽에서 반짝이는 별을 보고 "저것은 북극성이다"라고 생각한다. 반면, 초심자는 북극성의 위치와 모양에 대해 문외한이라 그러한 정보를 얻을 수 없고 북극성을 북극성으로 인지할 수 없다. 그런데 그렇다고 해서 그가 북극성을 볼 수조차 없다고 말할 수 있는가? 지각 철학의 한 구분은 여기서 유용하다. F인 성질을 가진 O를 F로서 보는 것seeing O as a F과 단지 F인 O를 보는 것seeing O that is F은 다르다. 초심자는 전자를 결핍하고 있다고 할 수 있으나 그렇다고 해서 후자를 결핍하고 있다고 보기는 어렵다. 비록 북극성을 북극성으로 보지는 못했으나 이는 그의 인지적 결핍이고, 그럼에도 불구하고 그는 북극성을 볼 수는 있다. 그의 시각에 문제가 있는 것은 아니지 않은가? 통상 우리의 지각은 인지적 배경과 밀접히 연관되어 있다고 해도 인지적 배경이 다른 두 사람이 동일한 대상을 볼 수 없다는 결론은 과도하다.

셋째, 인지적 침투의 사례들은 지각 과정이 어느 정도는 모듈화 되어 있다는 주장과 양립 가능하다. 지각의 모듈성을 주장하는 사람들은 인지적 침투를 전반적으로 거부하기 보다는 침투의 범위를 제한한다. 모듈성 논제에 따르면, 지각 기제는 그 처리 과정이 다른 인지 기제들로부터 독립되어 자율적인 규칙에 의해 진행된다. 흔히 착시의 지속성이 모듈성을 뒷받침하는 증거로 언급된다. 우리가 어떤 그림이 착시임을 알고 있다고 해도 착시 현상이 사라지지는 않는다. 주체의 배경 믿음이 그의 경험에 침투하지 못하는 것이다. 지각의 모듈성을 옹호하는 사람들은 인지적 침투의 사례들이 실재하지만 이는 후기 지각 과정late perceptual process의 산물이라고 대응할 수 있다. 인지적 배경이 지각 과정에 침투한다고 해도 최소한 초기 지각 기제early perceptual mechanism에는 개입하지 않는다는 것이다. 초기 지각 기제는 예를 들어 색깔, 깊이, 밝기 등의 관한 정보를 처리한다. 태양광 아래에서 석탄에서 반사하는 빛은 실내 조명 아래에서 하얀 대상에서 반사하는 빛의 양보다 많지만 석탄은 여전히 하얀 물체보다 훨씬 검게 보인다. 이는 대상의 색깔을 결정함에 있어 대상으로부터의 빛뿐 아니라 그 주변으로부터의 빛과의 대비도 고려됨을 시사한다. 이러한 항상성 현상constancy phenomena은 정상적 지각 능력을 가진 사람들에게 균일하게 재생될 수 있고 따라서 모듈적인 초기 지각 기제의 작동에 의해 설명된다. 모듈성 옹호자들은 모든 지각 과정이 배경 믿음에 의해 무제한적으로 영향 받을 수 있다는 견해를 배격하려고 할 뿐이라고 대응할 수 있다.

지각의 모듈성을 옹호하는 포도르Jerry Fodor는 지각 과정에 인지적 측면이 있음을 부정하지 않는다. 사실 포도르는 초기 지각 기제도 "추론적" 과정이라고 본다. 망막에 맺히는 2차원적 자극으로부터 3차원적 외부 세계에 대한 표상을 형성하는 과정은 전제에 주어진 내용을 넘어서는 결론을 도출하는 비연역적 추론 과정과도 같다. 근접 자극과 외부 세계 간의 관계에 대한 배경 가설들이 활용되어야 한다. 이런 점에서 초기 지각 기제도 상당히 인지적이며 따라서 지각과 사고의 경계선이 확고하지는 않다. 그럼에도 불구하고 포도르는 지각과 사고는 분명 질적인 차이가 있다고 생각한다. 이 차이를 복구하는 수단이 바로 모듈성 논제이다. 초기 지각 기제도 "추론적" 과정이지만 그 추론에 도입될 수 있는 배경 가설들은 한정되어 있다. 개체의 모든 배경 지식(과학적 이론들)이 지각 과정에 동원되지는 않는다. 이런 의미에서 초기 지각 지제는 밀봉되어encapsulated 있다. 포도르는 초기 지각 기제가 활용할 수 있는 배경 지식을 한정하는 것이 때때로 잘못된 지각으로 인도할 수 있으나 진화론적으로 참인 믿음을 형성하는 데 있어 보다 나은 전략이라고 주장한다. 지각은 결국 개체 주변의 환경에 대한 정보를 확보하는 데 그 목적이 있고 따라서 다양한 사회/문화적 영향으로부터 차단되어 있는 게 더 효과적이라는 것이다.

포도르는 물론 지각 기제와 같은 주변부 인지는 모듈적이라고 보지만 중심 사고 과정은 비모듈적이라고 간주하며 따라서 현재 논란의 중심에 있는 대량 모듈성Massive Modularity 논제를 주장하는 사람들과 거리를 둔다. 한편 프린츠Jesse Prinz와 같은 철학자들은 뇌과학적 자료에 기반을 두고 중심부뿐만 아니라 주변부도 포도르 자신의 기준에 따라 모듈적이 아니라고 주장한다.[2] 지각의 모듈성에 관한 논란은 지금도 계속되고 있으나 이 책의 소기 목적에서 다소 벗어나므로 이 논란에 개입하지는 않도록 하겠다.

2. 모듈성은 경험의 정당화 역할을 보장하는가?

우리의 관심사는 만일 지각이 모듈적이라면 이것이 어떤 인식론적

2 J. Prinz, "Is the mind really modular?", *Contemporary Debates in Cognitive Science*, Blackwell Publishing, 2006. 참조.

함축을 가지는가에 있다. 우선 지각이 모듈적이라면, 즉, 개체의 이론적 배경으로부터 차단되어 있다면, 지각은 믿음에 대한 정당화 역할을 가질 수 있을까?

이에 대한 부정적 답변의 단초는 처치랜드의 저술에서 찾을 수 있다.[3] 처치랜드에 따르면, 비록 경험이 모듈의 산물이라고 하더라도 그 경험이 믿음 체계에 어떤 의미를 가지는지는 그 경험에 의해 생성되는 지각 믿음perceptual belief에서 찾을 수 있다. 즉, 지식의 토대가 되는 것은 경험이 아니라 토대 믿음들이다. 그런데 그 믿음의 내용을 기술하는 관찰 용어들의 의미는 그 용어들이나 개념들을 담고 있는 이론적 체계 내에서 결정된다. 관찰 개념과 판단 등은 따라서 이론 중립적이지 않다. 그 개념의 개별화는 이론적 체계에 상대적으로 규정되기 때문이다. 예를 들어, 열에 대한 칼로리 이론을 받아들이는 사람들이 자신들의 경험을 기술하기 위하여 지각 판단에 칼로리 개념을 도입할 수 있다. 그들은 이를테면 "이 그릇은 칼로리가 높은 액체를 담고 있다"라는 지각 믿음을 가질 것이다. 비록 그들과 동일한 질적 경험을 가진다고 해도, 그 경험에 대한 우리의 해석은 "이 그릇은 높은 운동 에너지를 가진 액체를 담고 있다"가 될 수 있다. 지각 믿음이 현상에 대해 즉각적인 반응이라고 하더라도 그 믿음은 학습에 의해 달라질 수 있다. 지각 믿음의 내용에 대한 한 이론(이론 연결망 모델)에 의거하여 처치랜드는 지각 믿음이 이론 의존적일 수밖에 없다고 주장한다cognitive plasticity. 한 경험은 이론적 배경에 따라 여러 다른 지각 믿음을 형성할 수 있다. 경험이 우리에게 말하는 바, 경험의 인지적 함의는 바로 지각 믿음에 녹아 있다. 그런데

3 P. Churchland, *A Neuro Computational Derspective*, MIT Press, 1989.의 12장 참조.

경험은 두 믿음 중 어느 믿음을 정당화하는가? 서로 다른 해석 중 어떤 것이 올바른 해석인지를 경험이 결정해줄 수 있는가?

지각 믿음이 과연 토대 믿음의 위상을 가지느냐 아니냐가 전통적 토대론과 정합론의 쟁점이다. 지각 믿음이란 경험에 의해 비추론적으로 형성된 믿음이지만 지각 믿음의 내용은 그 믿음을 가지고 있는 개체의 이론적 배경에 의해 결정된다. 따라서 경험이 이론 의존적이냐 아니냐는 지각 믿음이 이론 의존적이냐 아니냐의 문제와 별개이다. 전자가 이론 독립적이라고 해도 이것이 지각 믿음의 내용과 정당성 확보를 가져다주지는 못한다.

처치랜드는 물론 경험도 이론 의존적이라고 본다(Churchland, 278) sensational plasticity.[4] 그러나 그의 주장은 비록 경험이 이론 의존적이 아니라고 해도 인식론의 쟁점은 지각 믿음이 이론 의존적이냐 아니냐에 있기 때문에 경험의 이론 독립성이 토대론자들이 원하는 인식론적 함축을 가지지 못한다는 것이다.

처치랜드가 감각 경험이 이론 중립적이더라도 이것이 반드시 감각 경험의 인식론적 역할을 보장하지는 않는다고 주장할 때 그의 입장은 이론 중립적이건 아니건 감각 자체가 이론을 입증하거나 반증할 수 있는 성격을 가지고 있지 않다는 것이다. 즉, 감각 자체는 소위 "이성의 영역the space of reasons"에 포함되지 못한다고 보는 것이다. 이성의 영역에 포함되는 것은 감각에 대한 인지적 반응이다. 처치랜드는 감각과 판단의 이분법을 가정하고 비록 감각의 밀봉성이 성립된다고 해도 이것이

4 "To be sure, sensational plasticity would constitute an additional argument for the plasticity of perception(···) And I, for another, am now willing to defend it vigorously(···)".

판단의 정당성과 무관하다고 주장한다. 즉, 인식론적으로 중요한 것은 감각의 형성이 외부로부터 차단되어 있다는 것이 아니라 그 감각에 대한 해석에 있다는 것이다. 다양한 해석이 가능하고 이 중 어떤 해석이 정당한지는 감각 그 자체가 중재해주지 못한다.

처치랜드의 반론에 대하여 포도르는 다음과 같이 반응할 수 있다. 경험과 판단의 구분을 해놓고 후자가 지식의 토대를 형성하므로 비록 전자가 모듈의 산물이라 해도 이는 인식적으로 무관하다는 처치랜드의 주장에 대하여 포도르는 경험과 판단의 구분 자체에 의혹을 제기할 수 있다. 포도르는 지각 과정에서 순수하게 감각적인 상태가 개입되어 있을 수 있지만, 모듈들의 출력물은 현상에 대한 판단이라고 주장한다(Fodor, 1990: 262).[5] 지각 기제는 감각 기관에 입력되는 근접 자극들을 전달받아 이로부터 먼 외부 환경에 대한 결론을 도출한다. 물론 이때 활용되는 가정들은 지각 기제에 생득적으로 내재되어 있는 가정들에 국한된다. 따라서 단순히 감각적 상태의 생성이 모듈적이라는 말이 아니라 진리치를 가질 수 있는 내용을 가지는 상태의 생성 기제가 모듈적이다. 모듈적 지각 기제의 산물은 이미 세계에 대한 나름의 "해석"을 담고 있다. 이러한 지각 재현은 사고 과정에 입력된다. 포도르의 관심사는 감각적 가소성에만 국한되어 있지 않다. 그는 지각의 기능이 "참인 믿음을 생성하는 목적"에 있다며, "지각은 주변 환경의 대상들에 대한 믿음을 결정하는 데 전문화되어 있다"고 말한다(Fodor, Ibid., 225; 219).

그러나 엄밀히 말해 지각 기제는 믿음을 생성하지 않는다. 포도르 자신도 다음과 같이 말한다.

5 "The idea is that there are two sorts of judgmental processes(perceptual and higher cognitive), one but not the other of which is encapsulated."

믿음의 결정은, (내가 관찰이라고 부르는) 현상의 결정과 달리 보수적 과정이다; 근사치로 얘기하자면, 그 과정에서 당신이 알고 있는 모든 것들이 총동원된다(Fodor, Ibid., 249).

이를 고려할 때 포도르는 관찰과 믿음을 분명히 구분하고 있으며, 지각 과정은 전자를 결정하는 것으로 보고 있다. 물론, 포도르는 지각 과정이 만일 현상에만 착안한다면 당신이 믿었을 그런 것을 결정한다고도 말한다. 뮐러-라이어 착시를 볼 경우 만일 그것을 액면가대로 받아들였다면 "두 선의 길이는 다르다"라고 믿었을 것이다. 그러나 현상의 액면가가 반드시 지각 믿음과 일치하는 것은 아니다. 언제 현상에만 착안해야 할지 결정해야 하기 때문이다. 착시의 지속성에서도 볼 수 있듯이 우리는 두 선의 길이가 달라 보여도 더 이상 그렇게 믿지 않는다. 더 확고한 배경 믿음이 존재하기 때문이다.

포도르는 초기 지각 기제는 현상을 결정하지만 그 현상도 명제적인 내용을 가진다고 주장하는 듯하다. 이런 점에서 포도르가 말하는 현상/관찰/경험은 믿음과 유사한 상태라고 볼 수 있다. 결론적으로 포도르는 지각 체계의 산물이 이미 이성적 영역에 포함되는 것으로 간주한다. 따라서 처치랜드의 비판과 달리, 그는 초기 지각 기제의 산물로서 경험은 내용을 가질 수 있으며 지각 믿음의 형성에 단지 인과적이 아닌 정당화 기여를 할 수 있다고 본다. 논의를 위해 경험이 명제적 내용을 가지며 이 내용의 결정은 모듈의 산물이라고 가정해보자. 즉, 감각 경험의 내용은 이론 독립적이라고 하자. 그러나 여전히 포도르의 주장이 처치랜드의 반론을 완전히 비껴가지는 못한다.

포도르에게 있어 믿음을 형성하는 중심 사고 과정은 모듈적이 아니다. 위에서 인용했듯이 중심 사고 과정은 보수적이며 지각 재현과 모든 배경 믿음들을 고려하여 지각 믿음을 산출한다. "지금 나는 뮐러-라이어 착시 그림을 보고 있다"는 배경 믿음이 있다면 이는 "두 선의 길이가 다르다"는 믿음을 형성하지 않는다. 비록 뮐러-라이어 그림에서 여전히 두 선의 길이가 다르게 보이지만 중심 사고 과정의 보수적 성향으로 인해 배경 믿음이 유지되는 방향으로 지각 재현을 무시하게 되는 것이다. 그런데 만일 그 그림이 뮐러-라이어 착시 그림이라는 것을 모르고 있다면 "두 선의 길이가 다르다"라고 믿는 것은 정당한가? 착시 그림이라는 증거도 없지만 그렇다고 착시가 아니라는 증거도 없을 때 "두 선의 길이가 다르다"라고 정당하게 믿을 수 있는가? 물론 통상 우리는 "P인 것처럼 보인다"라는 경험을 가질 때 "P이다"라는 판단을 형성한다. 그런데 인식론의 전통적인 문제는 과연 어떻게 전자가 후자를 정당화해줄 수 있는가이다. 지각 경험의 모듈성을 받아들인다고 해도 그것이 나의 지각 믿음의 정당화에 어떻게 기여하는지는 불투명하다.

왜 경험을 액면가대로 받아들여야 하나? P처럼 보임에도 불구하고 P가 아닐 가능성을 배제할 수 없는 상황에서 여전히 P라고 믿는 것이 정당한가? 3부에서 보았듯이 인식 정당성에 대한 독단론자 견해에 따르면 그 답은 긍정적이다.[6] 회의주의적 가능성을 배제할 수도 없지만 그렇다고 해서 성립하는지도 알 수 없다면, 회의주의적 가능성에 대한 증거의 부재만으로도 "P처럼 보인다"는 현상이 P에 대한 믿음을 초견적으로 prima facie 정당화할 수 있다는 것이 독단론자 견해의 핵심이다. 포도르

6 J. Pryor의 "The Skeptic and the Dogmatist", *Nous*, Vloume 34, Issue 4, 2000.와 "What's Wrong with Moore's Argument?", *Philosophical Issue*, 14, Epistemology, 2004. 참조.

가 독단론자와 같은 입장을 수용하는지는 분명치 않다. 그러나 최소한 그런 이론에 호소해야 할 필요성은 있다.

독단론에 대한 포도르의 입장이 무엇이든지 간에, 여기서 더 중요한 사항은 현상의 이론 독립성이 딱히 독단론을 뒷받침해주지 않는다는 것이다. 독단론적 견해가 옳다면 경험은 믿음에 대한 즉각적인 정당화를 제공한다. 배경 지식이 없더라도 경험은 그 자체로 최소한 초견적인 정당화를 제공한다. 그러나 독단론을 옹호하는 사람들은 현상의 이론 독립성으로부터 경험의 정당화 역할을 도출하지는 않는다. 현상의 이론 독립성은 "P처럼 보인다"라는 현상의 고정과 관련된 사안이고, 지금 문제가 되는 것은 경험의 주체가 현상에 기반을 두고 P를 정당하게 믿을 수 있는가이다. 여전히 현상의 이론 독립성이 어떤 인식론적 함의를 가지는지는 지극히 불투명하다.

포도르는 자연화된 인식론의 관점에서 우리의 지각 체계가 이미 우리와 비슷하게 작은 규모로 성공적인 인지적 실행을 해왔다고 본다. 이는 포도르의 감각sensation과 지각perception의 구분을 통해 짐작해볼 수 있다. 포도르는 감각을 환경으로부터의 근접 자극을 수용하는 단계로, 지각은 그 자극을 해석하고 추론하는 과정으로 간주한다(Fodor, 1990: 244). 근접 자극을 수용하는 망막과 초기 신경 연결망이 과연 "감각"이라는 것을 생성하는지 의문스럽지만, 여하튼 포도르는 감각과 달리 지각 과정을 근접 자극과 외부 대상의 성질 사이의 관계에 대한 가설들을 필요로 하는 추론 과정으로 간주하며 그 가설들은 지각 기제 내부에 생득적으로 내장되어 있다고 본다. 포도르가 받아들이는 감각/지각 구분 그리고 지각 과정에 대한 "추론적" 해석으로 미루어 볼 때, 포도르는 지각 과정을 작은 규모의 사고 과정으로 간주한다. 즉, 지각 과정 자체의 산물이 일종의 믿음이라고 보는 것이다.

두뇌는 망막의 2차원적 자극으로부터 주변 환경에 대한 정보를 처리해내는 문제를 해결해야 한다. 그 문제를 어떻게 해결하는지 설명하기 위해 그 과정을 사고 과정처럼 보는 것이 유용할 수도 있다. 그러나 이러한 설명적 유용성이 우리가 경험 주체의 입장Personal level에서 제기하는 문제와 개체 하부의 단위Sub-personal level에서 제기하는 문제를 혼동하는 것을 정당화하지 않는다. 비록 지각 기제가 모듈적이며 경험의 내용이 우리의 이론적 배경으로부터 독립되어 결정된다고 해도, 경험을 액면가대로 받아들이기 위해서는 여전히 "지각 기제가 정상적으로 작동하고 있다" 등의 배경 믿음을 정당화해야 한다. 결론적으로, 처치랜드의 비판은 여전히 유효하다. 지각의 모듈성은 토대론의 승리를 함축하지 않는다.

3. 지각의 인지적 침투성이 지각 경험의 인식적 역할을 배제하는가?

이제 지각의 모듈성이 과연 지각의 정당화 역할을 위한 필요조건인지 고려해보자. 포도르는 만일 지각이 모듈적이지 않다면, 즉, 지각이 인지적으로 침투 가능하다면 결국 각자가 자신의 세계관을 통해 세계를 볼 수밖에 없고 이러한 상대주의는 지각이 이론적 대립을 중재해줄 수 있는 인식적 역할을 하지 못하게 된다는 결론을 강제한다고 주장한다 (Fodor, Ibid., 205). 이러한 주장은 바로 다음과 같은 논변을 염두에 두고 있다.

- 경험의 인지적 비침투성은 경험의 인식론적 역할의 필요조건이긴 하다.
- 그러나 경험은 인지적으로 침투 가능하다.
- 따라서 경험의 인식론적 역할은 없다.

포도르는 위 논변의 결론을 부정하기 때문에 전제 중 하나를 부정해야 한다. 그는 첫 번째 전제를 받아들이고 두 번째 전제를 부정한다.

그런데 첫 번째 전제에는 의문의 여지가 없는가? 아마 이 전제는 당연하게 보일 수도 있다. 세상이 원하고 생각하는 대로 보인다면 과연 본다는 것은 우리의 생각을 정당화해주는 역할을 할 수 없을 것이다. 그러나 그 주장에 대한 논증을 제공하려는 시도가 있다는 것은 그 주장이 생각만큼 당연하지 않음을 보여준다. 시겔의 논문이 좋은 사례이다. 그의 논문에서 시겔은 경험의 인지적 침투성이 최소한 경험의 인식론적 역할의 격하downgrade를 가져올 수 있음을 논증하고 있다.[7] 시겔의 논의는 첫 번째 전제를 뒷받침하는 시도이다. 그의 논의를 통해 첫 번째 전제가 생각처럼 당연하지는 않음을 알 수 있다.

시겔은 경험의 인과적 역사가 그 경험의 인식론적 위상에 차이를 가져올 수 있다고 주장한다. 만일 당신이 토마토 케첩병을 찾기 위해 냉장고 문을 열고 그 안을 둘러보았다고 하자. 이때 케첩병을 보는 것 같은 경험을 한다면 당신에게는 냉장고에 케첩병이 있다고 믿을 좋은 이유가 있다. 그런데 만일 이때 아들이 어제 장난감 케첩병을 냉장고에 넣어 두었다는 사실을 기억해냈다고 하자. 이때 케첩병을 보는 것 같은 경험은 냉장고에 케첩병이 있다고 믿을 이유를 제공하지 못한다. 그런 기억을

7 S. Siegel, "The Epistemic Impact of the Etiology of Experience", *Philosophical Studies*, 162, 2013.

떠올리기 전에 경험이 제공했던 좋은 이유를 기본가baseline라고 할 때, 기억 이후의 정당화 능력은 최소한 기본가 이하로 떨어진다. 시겔의 용어를 쓰자면 케첩병을 보는 것 같은 경험의 위상은 인식적으로 격하되었다epistemically downgraded고 할 수 있다.[8]

그런데 만일 당신의 경험이 가짜 케첩병에 의해 촉발되었다는 사실을 모른다고 해보자. 이때 당신의 경험은 인식적으로 격하된다고 볼 수 있을까? 시겔은 반드시 그렇지는 않다고 본다. 보다 정확히 말해, 당신이 모르고 있을 경우에 경험의 인식적 격하는 없다는 견해를 반드시 부정하지는 않는다. 이때 시겔은 논의를 위해 독단론자 견해를 일정 부분 인정하는 것처럼 보인다. 비록 당신의 경험이 실제로 가짜 케첩병에 의해 촉발되었다 하더라도, 만일 그것을 모르고 있는 상황이라면, 당신의 경험은 초견적 정당성을 제공해줄 수 있다. 그러나 시겔은 이것을 모든 경우에 일반화할 수 없다고 주장한다. 이때 시겔이 염두에 두는 사례들이 바로 인지적 침투의 사례들이다. 비정상적인 인과 역사를 가진 경험이 모든 경우에 인식적 위상이 유지되는 것은 아니다. 인지적 침투의 경우 경험의 인식론적 위상이 격하된다. 이것이 시겔의 핵심 주장이다.

---

8 시겔은 논문 첫머리에서 경험이 "케첩병이 있다"는 믿음을 정당화한다고 할 때 이것이 반드시 경험 자체만으로 그 믿음이 정당화됨을 의미하는 것은 아니라고 말한다. 경험 이외에 다른 여러 조건들(예를 들어, 배경 믿음들의 정당성)이 요구될 수 있는 여지를 남겨둔다. 케첩병처럼 보인다는 것은 그것이 가짜일 가능성과 양립 가능함에도 불구하고, 왜 케첩병처럼 보인다는 사실로부터 케첩병이 있다는 믿음을 형성하는가? 통상 그런 경우는 드물거나 발생하지 않는다는 가정을 하고 있기 때문에 그런 것이 아닐까? 즉, 액면가대로 경험을 받아들일 때 우리의 믿음의 정당성은 지각 상황에 대한 배경 가정에 의존하고 있다. 케첩병이 가짜라는 기억은 그 배경 가정이 성립하지 않음을 의미하고 따라서 그것에 의존하는 경험의 정당화 역할이 격하되는 것이다. 이 점은 다시 논의될 것이다.

예들 들어, 당신이 샌드위치에 반드시 케첩을 넣어야겠다는 강한 욕구에 사로잡혀 냉장고 문을 열었을 때 케첩병이 아닌 어떤 병이 케첩병처럼 보였다고 해보자. 케첩병이 있었으면 좋겠다는 욕구가 케첩병 환각을 가져온 것이다. 이는 위에서 언급된 후기 지각 체계의 산물들 — 화난 철수의 얼굴, 정자 안의 태아, 흑인 얼굴에 점화priming된 사례들 — 과 유사하다. 즉, 개인의 욕구, 두려움, 배경 지식이 경험의 내용에 영향을 미치는 사례이다. 시겔은 이러한 사례들이 초기 지각 체계의 모듈성과 양립 가능할 수 있다고 본다. 후기 지각 체계의 인지적 침투성은 초기 지각 체계의 밀봉성과 양립 가능하다.

소위 "인지적 침투"의 사례들이 실제로 경험에 대한 인지적 침투의 사례들인지를 의심해볼 수 있다고 지적했는데, 논의를 위해 우리의 배경 이론과 두려움, 욕구, 기대 등이 실제로 감각 경험의 내용의 변화를 가져온다고 가정해보자. 시겔의 주장은 만일 위의 사례와 같은 경우들이 실제로 감각 경험의 내용의 변화라면, 그 사례들은 인식적 격하가 발생한다는 것이다.

그런데, 가짜 케첩병의 사례와 달리 왜 위의 경우들에서는 인식적 격하가 발생하는가? 가짜 케첩병의 사례 외에도 친숙함과 훈련 등을 통해 경험의 내용이 변화된 경우, 예를 들어 와인 수업을 한 후 그 전에는 다 비슷하게 여겼던 맛의 와인들이 구분되는 경우, 시겔은 인지적 격하가 발생하지 않는다고 한다. 인지적 격하가 발생하는 사례들은 그 격하를 초래한 원인이 개체의 "인지적 체계" 안에 내재한다. 자신의 신념, 두려움, 욕구 등으로 인해 자신의 경험이 어떤 내용을 가지게 되는 것이다. 따라서 시겔은 경험의 인과적 역사의 차이가 인식론적 위상의 차이를 설명한다고 주장한다. 즉, 경험의 인과적 역사가 그것에 기반을 둔 믿음의 정당성을 격하시킬 수 있다는 것이다. 이러한 주장을 뒷받침하기 위한 시겔의 핵심적 전략은 경험의 인식론적 성격을 믿음의 인식론적 성격과 비교하는 것이다.

아들이 대학 입시에 합격하기를 원하는 간절한 소망으로 인하여 어머니가 "내 아들은 합격할 것이다"라는 믿음을 가지게 되었다고 해보자. 물론 간절히 원하면 그에 따라 노력을 했을 가능성이 높고 그 노력이 적절했다면 아들이 합격할 확률도 높아질 수 있으나, 간절히 소망하는 행위 자체가 아들이 합격할 확률을 높이지는 않는다. 만일 간절한 소망으로 인해 불합격할 증거들을 무시하고 합격할 증거들을 과도하게 부각시켰다면, 어머니의 믿음 형성 과정은 인식적으로 불합리하다고 판정할 수 있으며, 믿음 형성 과정의 불합리성(인식적 규범에 위배되는)으로 인하여 어머니의 믿음 또한 불합리하다고 결론내릴 것이다. 또는 한 믿음이 다른 믿음에 기반을 두고 있는 경우를 고려해보자. 예를 들어, 밤에 운전할 때 차가 미끄러질 수 있다는 믿음 B1은 어제 눈이 왔고 상당히 추웠다는 믿음 B2에 기반을 두고 있다. B1과 B2 사이에 단지 명제적인 정당성뿐 아니라 당신이 B1을 형성하고 유지하는 이유가 바로 B2라고 해보자. 이때 B1의 정당성은 B2의 정당성에 의존한다. 만일 B2가 정당한 믿음이 아닐 경우 그것에 기반을 둔 B1의 정당성도 격하될 것이다. B2의 비합리성이 B1으로 전이transmission한다. 이외에도 우리가 의식하지 못하는 두뇌 내부의 추론 기제에 의해 믿음을 형성하는 경우에도 그 추론 기제의 합리성을 따질 수 있다. 예를 들어, 우리가 확률 판단에 있어 어떤 휴리스틱에 기반을 두고 있다고 할 때, 그 휴리스틱이 합리적인지 아닌지 따질 수 있다.

위의 사례들의 경우, 믿음의 인식론적 위상은 그것의 원인에 의존한다. 원인의 비합리성이 믿음의 비합리성으로 전이된다. 반면, 만일 감기에 걸리거나 벼락을 맞아서 갑자기 잘못된 믿음을 형성했을 경우 그 원인이 비합리적이라고 간주하기는 어렵다. 최면이나 세뇌 등에 의해 비합리적인 믿음을 형성했을 경우에도 그 잘못의 책임을 최면이나 세뇌에 묻는 것은 부자연스럽다. 이런 원인들을 시겔은 무합리적arational이라고 부른다. 합리적/비합리적 평가를 할 수 있는 원인들이 있고, 애초에 그런 평가를 할 수 없는 원인들이 있다.

시겔은 믿음의 원인을 이렇듯 구분한 후 이를 기반으로 경험의 원인에 대해서도 유사한 구분을 정의내린다. 케첩에 대한 강한 욕구로 인해 냉장고 안에 케첩이 있다고 믿게 되는 것이 불합리하다면, 케첩에 대한 강한 욕구에 인하여 냉장고의 어떤 병을 케첩병인 것처럼 보고 그 결과 냉장고 안에 케첩병이 있다고 믿게 되는 것 또한 불합리하다는 것이다. 전자의 경우 욕구가 믿음을 직접적으로 유발하는 경우이고, 후자의 경우 욕구는 경험을 경유하여 믿음을 생성한다. 시겔은 믿음의 합리성에 영향을 주는 비합리적인 원인이 경험의 인식론적 위상도 또한 격하시킬 수 있다고 주장한다.

독단론자는 다음과 같이 반발할 수 있다. 후자의 경우 케첩병이 있다는 믿음은 전자와 달리 최소한 경험에 기반을 두고 있다. 경험 주체 입장에서는 케첩병이 있다고 믿는 것이 정당하지 않은가? 어찌되었든 케첩병이 있는 것처럼 보여서 그렇게 믿은 게 아닌가? 물론 그 사람이 자신의 경험이 자신의 과도한 욕구로 인해 촉발되었다는 정보를 가지고 있다면 그 경험에 기반을 두어 케첩병에 대한 믿음을 형성하는 것은 정당하지 않다. 그러나 그러한 정보가 없다면, 최소한 그의 초견적 지각 믿음은 정당하다.

시겔은 경험이 제공하는 정당화 힘을 완전히 부정하지는 않으며 독단론자의 직관을 부분적으로 수용하고자 한다. 위에서 지적한 대로 시겔은 통상적인 환각 경험의 경우 여전히 경험의 정당화 힘은 상실되지 않는다고 인정한다. 즉, 신의 개입이나 어떤 물리적 충격으로 인해 케첩병을 환각하게 되었고 이에 기반을 두고 믿음을 형성했을 경우 경험은 여전히 그 믿음을 정당화한다. 인지적 침투의 사례들이 아닌 경우 경험의 정당화 역할은 훼손되지 않는다. 비록 환각 경험임을 모르고 있다고 해도 그 경험은 여전히 정당화 힘을 가질 수 있다. 그러나 한편으로 시겔은 인지적 침투에 의한 인식적 격하 현상을 심각하게 받아들인다. 케첩에 대한 욕구로 인하여 케첩병에 대한 경험을 가지게 되었을 경우, 그 경험의 정당화 힘은 손상되지 않는가? 시겔이 문제시하는 사례들은 인지적 배경이 경험 내용을 결정하는 경우들이다. 남자 친구가 화가 났을 것이라는 두려움과 의심이 남자 친구가 화가 난 것처럼 보이게 하는 경우, 태아가 정자 안에 있다는 이론이 정자 안에 태아가 있는 듯이 보이는 경험 내용을 생성하는 경우, 흑인들은 폭력적이라는 믿음이 어떤 공구가 총이라는 경험 내용을 초래하는 경우 등에 있어 경험은 특정 배경 믿음이나 기대, 욕구의 하수인일 뿐이다. 따라서 경험의 내용이 그 배경 믿음, 의구심, 이론 등을 다시 역으로 뒷받침할 수 없으며 인식적 격하가 생길 수밖에 없다. 반면, 신의 개입이나 전기적 충격 등에 의해 경험 내용이 발생했을 경우에는 배경 이론이나 욕구 등등이 개입하지 않았으므로 경험이 그런 배경 인지체계의 하수인인 것은 아니다. 따라서 시겔은 이런 경우에 초견적 정당화를 인정할 수 있다는 것이다. 이러한 방식으로 경험의 인과적 역사의 성격에 주목함으로써 시겔은 경험의 정당화 역할을 인정하는 동시에 인지적 침투가 가지는 인식적 격하 현상을 설명하려고 한다.

시겔의 해결책에 대해 제기될 수 있는 또 다른 반론들이 가능하다. 첫째, 시겔의 해결책을 받아들일 경우 **주관적으로 동일한 두 경험의 인식론적 위상은 동등하다**는 원칙이 파기된다. 케첩병을 보는 두 경험은 비록 그 인과적 역사에 있어 다를지라도 주관적으로 동일할 수 있다. 한 경험이 P라는 믿음을 정당화한다면, 주관적으로 동일한 다른 경험도 또한 동일한 정당화 역할을 할 수 있다고 해야 하지 않을까? 물론 그 모든 상황을 알고 있는 제3자에게 두 경험의 함의는 다를 수 있다. 그러나 경험의 주체의 입장에서 주관적으로 동일한 경험의 인식론적 함의는 동등하다. 그러나 시겔의 입장에서는 동등성 원리가 존중될 수 없다.

이러한 반론에 대해 시겔은 동등성 원리 자체를 왜 받아들여야 하느냐고 대응할 수 있다. 사실 경험의 정당화 역할을 받아들이는 철학자들 중 일부는 동등성 원리를 부정한다. 맥도웰은 참인 지각 경험들 중 일부는 외적 세계에 대한 믿음에 파기 불가능한 사실 확정적 이유를 제공할 수 있는 반면, 그 경험과 주관적으로 동일한, 보다 정확히는 주관적으로 구분 불가능한 환각 경험은 그러한 이유를 제공하지 않을 수도 있다고 본다. 물론 시겔 또한 동등성 원리 자체가 반드시 받아들여져야 할 원리인가에 대해서는 의심을 제기할 것이다. 만일 주관적으로 동일한 경험이라고 하더라도 그것의 원인에 따라 경험의 인식론적 위상이 달라질 수 있다는 논제에 설득력이 있다면, 오히려 동등성 원리의 포기를 심각히 고려해야 된다고 주장할 것이다.

그러나 심각한 문제는 시겔 자신이 동등성 원리에 호소하는 경향이 있다는 데 있다. 그는 통상적인 환각 경험의 경우 기본가를 인정할 수 있다고 할 때 동등성 원리에 호소하지 않는가? 이는 시겔의 논의가 가지는 내적인 문제점과 무관하지 않다. 시겔의 인식적 격하라는 개념은 기본가를 전제한다. 격하는 기본가로부터의 격하일 수밖에 없기 때문이다. 그런데 이 기본가는 어떻게 설정되는가? 시겔은 환각 경험을 하고 있음을 알지 못한다고 해도 여전히 환각 경험이 기본가를 가질 수 있다고 말한다. 이 말은 기본가가 환각 경험 자체에 의해 부여되는 것처럼 들린다. 시겔은 경험이 믿음을 정당화한다는 말을 반드시 경험이 다른 배경 믿음들과 더불어 정당화함을 배제하지 않는 방식으로 읽어야 한다고 권고했다. 그런데 통상적 환각 경험의 기본가 상정은 바로 그러한 배제를 의미하지 않는가?

만일 내가 손을 보는 경험으로부터 "손이 있다"는 믿음을 정당하게 형성할 수 있다고 할 때, 이는 내가 현재 환각을 하고 있지는 않다는 배경 믿음의 정당성에 의존하고 있다고 해보자. 경험이 다른 배경 믿음과 더불어 P라는 믿음을 정당화한다고 할 때 경험의 기본가는 배경 믿음의 기여도를 뺀 나머지가 될 수 있을지도 모른다. 시겔은 아마 경험이 다른 배경 믿음들과 더불어 P를 정당화한다고 해도 경험 자체는 어느 정도의 기본가를 가질 수 있다고 보는 듯하다. 즉, 다른 배경 믿음들도 P의 정당화에 기여할 수 있지만 그 기여도를 뺀 나머지는 경험에 부여될 수 있다고 보는 것이다. 그러나 이러한 의미의 기여도 계산은 경험과 배경 믿음들이 서로 독립적으로 P라는 믿음을 정당화함을 가정하고 있다. 즉, "까마귀-1은 검다"와 "까마귀-2는 검다"라는 관찰들이 서로 독립적으로 "모든 까마귀는 검다"라는 결론을 지지하는 방식과 유사하다. 그러나 경험과 배경 믿음들이 P라는 믿음을 지지하는 방식은 독립적이 아니라 협동적일 수 있다. 이를테면 "P이면 Q이다"와 "~Q"가 서로 협동하여 "~P"라는 결론을 뒷받침하는 방식이다. 만일 경험과 배경 믿음들이 이러한 방식으로 P라는 믿음을 지지한다면 경험 자체의 기본가는 설정될 수 없다.

경험이 믿음(P)을 정당화하기 위해선 배경 이론의 정당성이 필요하다는 것은 지금까지 충분히 강조했다. 내가 빨간 컵을 보는 듯한 경험을 했을 때 "저 컵은 빨갛다"라는 믿음이 정당하기 위해선 관련된 여러 배경 믿음들이 정당해야 한다. 예를 들어, 지금 현재 빨간 조명이 켜져 있는 것은 아니며 내가 빨간 선글라스를 끼고 있지 않다, 등등의 배경 믿음들이 정당할 때 나의 경험은 그 판단을 정당화해준다. 만일 이러한 배경 믿음들이 정당하지 않다면, 만일 빨간 조명이 켜져 있을 가능성을 내가 배제할 증거가 없다면, 나의 경험은 그 판단을 정당화해주지 못한다. 마찬가지로 내가 환각 경험을 하고 있지는 않다거나 가짜 케첩병이 있지는 않다 등의 가능성을 배제할 수 없다면, 케첩병을 보는 나의 경험은 "케첩 병이 있다"는 판단을 정당화해주지 못한다. 따라서 시겔의 가정과 달리 케첩병을 보는 듯한 경험 자체가 그 경험의 내용을 정당화해주는 기본가는 0으로 보아야 한다. 이는 케첩에 대한 욕구로 인해 나의 경험이 인지적 침투가 된 경우에도 마찬가지이다. 따라서 인지적 침투의 사례들이 딱히 인지적 "격하"를 가져온다고 볼 수 없다.

아마 시겔은 다음과 같이 반론할 수도 있을 것이다. 만일 경험(P)이 믿음(P)을 정당화하는 기본가를 모든 경우에 0으로 놓을 경우, 이는 경험 자체가 가지는 정당화 역할을 포기하는 것이고, 따라서 우리의 믿음 체계는 경험과 괴리되며 이는 결국 정합론에 귀착되는 것이 아닌가? 그는 자신이 이러한 과도한 결론을 의도한 적이 없다고 항변할 수 있다. 자신의 의도는 어떤 인지적 침투의 경우 인식적 격하가 발생함을 보이는 데 있지 경험의 일반적인 정당화 역할을 부정하는 데 있지 않다고 말이다.

위와 같은 해석을 받아들인다고 하면 시겔의 논의는 인지적 침투가 정합론의 승리를 의미함을 보여주지 못한다. 다시 말해 시겔의 논의에 따라서도 인지적 비침투성에는 경험의 정당화 역할의 필요조건이 아닌 보다 근본적인 이유가 있다. 경험 자체의 정당화 힘의 기본가를 0으로 놓을 경우 경험의 정당화 역할을 포기하게 된다는 추론이 정당하기 위해서는 경험(P)가 믿음 체계에 대해 가지는 정당화 역할은 바로 믿음(P)의 정당화에 있다는 가정이 성립해야 한다. 즉, 경험(P)의 정당화 역할이 있다면 그것은 오로지 믿음(P)의 정당화에 있을 수밖에 없다는 가정이 성립해야 한다. 그러나 이 책의 논의에 따르면 이 가정이 당연하게 받아들일 수 있을지는 지극히 불투명하다. 경험에 명제적 내용이 있더라도 과연 그 경험의 인식적 역할이 그 내용의 믿음에 대한 정당성을 제공하는 데 있는지에 대해 의문이 제기될 수 있다. 물론 경험의 정당화 역할 자체는 특정 배경 믿음이나 이론과 중립적으로 규정될 수 있어야 한다. 그렇지 않을 경우, 경험의 중립적 위상과 정당화 역할은 상실될 수밖에 없다. 문제는 과연 경험의 정당화 역할이 그 경험의 명제적 내용에 있는가에 있다. 이 책에서 소개된 대로 경험의 정당화 역할이 명제적 내용에 있지 않다면 어디에 있는지, 경험의 정당화 역할의 성격이 무엇인지, 등에 대한 여러 논의가 진행되고 있다. 여기서 중요한 점은 필요조건 전제를 옹호하기 위해서는 경험의 정당화 역할에 대한 특정 이론(명제적 이론)이 적절히 뒷받침될 필요가 있다는 것이다. 즉, 필요조건 전제의 위상은 그러한 견해의 타당성에 의존하고 있다.[9]

---

9 명제적 소여의 틀 안에서 인지적 침투에 대응하려는 시도들도 존재한다. M. McGrath , "Phenomenal Conservatism and Cognitive Penetration: The 'Bad Basis' Counterexamples", *Seeming and Justification*, Oxford University Press, 2013.과 P.

결론적으로, 지각의 모듈성은 토대론의 승리를 함축하지 않지만 지각의 비모듈성 또는 인지적 침투성이 토대론의 실패를 함축하지도 않는다. 물론, 시겔의 시도가 실패했다는 이유만으로 인지적 침투의 인식적 함의를 부정하는 것은 타당하지 않다. 그러나 이는 최소한 인지적 침투의 인식적 함의를 증명하기가 생각보다 쉽지 않음을 보여준다. 따라서 비록 배경 인지 체계가 우리의 경험에 침투한다고 해도, 경험의 인식적 독립성이 여전히 유지될 가능성은 남아 있다. 새로운 토대론은 인지적 침투가 제기하는 도전을 무력화할 수 있다. 토대론의 생명력은 생각보다 강하다.

Markie, "Searching for True Dogmatism", *Seeming and Justification*, Oxford University Press, 2013. 참조. 이들은 공히 인지적 침투에 의해 영향을 받은 경우를 제외하면 경험이 지각적 믿음을 즉각적으로 정당화해줄 수 있다는 가정을 전제한다. 이러한 시도는 즉각적 정당화를 제공하는 경험과 그렇지 않은 경험을 구분하는 적절한 기준을 제시해야 한다. 이때 적절한 기준이라 함은 그 기준이 독단론의 근본적인 정신에 위배되지 않음을 함축한다. 예를 들어, 통상 독단론이 내재주의와 상충하지 않는 것으로 이해되는데 그들의 기준이 내재주의와 충돌을 내포한다면 이는 부적절하다는 비판을 받을 수 있다. 이 책에서는 이러한 시도들의 평가를 본격적으로 진행하지 않았다. 본문의 논의는 비록 이러한 시도들이 실패한다고 해도 토대론자들이 인지적 침투를 두려워해야 할 이유가 없다는 데 초점을 맞추고 있다.

4부

토대론과 포스트모더니즘

3부에서는 지금까지 인식적 선언주의, 독단론, 그리고 굽타의 이론이라는 세 가지 토대론의 특징과 각각의 문제점들을 논의했다. 이 책의 논의만으로 궁극적으로 세 접근 중 어느 입장이 가장 유력한 입장인지를 가름하기는 불가능하다. 더 세부적인 논의가 필요하다. 그러나 최소한 이 이론들에 의해 토대론이 다시 흥미로운 철학적 입장으로 부활했음은 분명하다.

우리는 철수의 입장에서 제기되는 질문들로부터 출발했다. 세계에 대한 지식을 확보하기 위해 철수는 무엇을 할 수 있는가? 자신의 믿음을 어떻게 이성적으로 조정할 수 있는가? 왜 세상이 어떠하다고 믿어야 하는가? 위 토대론들은 각기 다른 방식이긴 하지만 공통적으로 "경험이 믿음을 정당화한다"는 진부한 주장을 다시 복구시켰다. 이러한 결론이 어떠한 넓은 철학적 함축을 가지는지를 살펴보는 것이 4부의 관심사이다.

12장

포스트모더니즘의 철학

1. 동등한 타당성 논제

포스트모더니즘은 철학뿐 아니라 사회과학, 예술 등을 포함하는 폭넓은 사상적 흐름이다. 따라서 포스트모더니즘을 간단하게 규정하기란 쉽지 않다. 그럼에도 불구하고 그 흐름의 저변에는 핵심적인 철학적 논제가 있다. 보고시안Paul Boghossian은 그의 저술에서 다음 논제를 포스트모더니즘의 핵심 철학 논제로 제시한다.

◆ 동등한 타당성 논제: 세계를 아는 아주 다른, 그러나 "동등하게 타당한" 많은 방식들이 존재한다. 과학은 그중 하나일 뿐이다.

과학이 세계를 아는 여러 다른 방식 중 하나라는 것에는 논란의 여지가 없다. 보고시안은 미국 인디언의 기원에 대한 서로 상충하는 견해들을 소개한다. 과학적 조사에 의거하면 미국 인디언들의 조상은 아시아에서 베링 해협을 건어 만 년 전에 미국 대륙으로 이주해왔다. 반면, 인디언 부족 중 일부는 자신들의 조상이 원래 지구 중심에서 살고 있다가 지구 표면이 살 만해지자 밖으로 나왔다고 믿는다. 기원에 대한 이러한 믿음은 그들의 정체성에 중요한 의미를 가진다.

다양한 세계관의 또 다른 예로서 동아시아 문화의 기저를 구성하는 음양오행설을 들 수 있다. 음양오행설은 세계와 사회를 상호 대립되는 것들 사이의 관계와 운동으로 이해한다. 통상 동양의 음양오행설은 '서구의 과학적 합리성' 또는 '서양 근대 과학'과 대립되는 것으로 간주된다. 둘 사이에 접점이 있을 수도 있겠지만 과학적 세계관은 음양오행설과 상당히 다른 내용을 담고 있고, 아예 묻는 질문이 다를 수조차 있다.[1]

과학적 세계관, 인디언의 믿음, 음양오행설 외에도 다른 "세계를 아는 방식"들은 수없이 존재한다. 다양한 세계관의 존재는 누구도 부정할 수 없다. 문제는 이러한 상충하는 세계관들에 대하여 어떠한 태도를 취해야 하는가이다. 여러 다양한 세계관들 중 어떤 것이 옳은가? 이를테면 인디언의 기원에 대하여 과학자와 인디언 중 누가 옳은가? 이 질문에 답하려면 평가의 기준을 제시해야 한다. 통상 과학적 답변이 옳다고 생각하는 것은 그것이 여러 "경험적 자료"에 의해 뒷받침되기 때문이다. 물론 인디언의 신화가 틀렸다고 완전히 배제할 수는 없다. 가능성은 상당히 희박하지만 추가적인 증거에 의해 과학자들의 의견이 잘못된 것으로 드러날 수 있다. 단지 주어진 여러 경험적 데이터를 놓고 볼 때 과학자의 답변이 가장 신뢰할 만하다고 생각할 수 있다. 물론 왜 경험적 데

1 "서양 학문 패러다임 안에서 묻고 있는 질문은 음양오행 체계 내에서는 생소한 것이다(김혜숙, 170)."

이터를 평가의 기준으로 채택해야 하느냐는 질문이 제기될 수 있다. 이에 대해서는 곧 다시 논의하도록 하겠다.

여하튼 과학자와 인디언 중 어느 쪽의 의견이 옳으냐에 대한 논란이 발생할 수 있다. 그러나 이러한 논란은 만일 과학자가 옳다면 인디언은 틀렸고, 역으로 인디언이 옳다면 과학자는 틀렸음을 가정하고 있다. 이는 과학적 세계관을 받아들이지 않는 사람도 동의할 수 있고 동의해야만 하는 가정이다(인디언의 세계관에서는 과학은 틀렸다). 창조론자와 진화론자는 공히 "내가 옳다면 네가 틀렸고, 네가 옳다면 내가 틀렸다"는 가정을 공유하고 있다고 할 수 있다. 즉, 실제로 어떤 일이 있었던가에 관한 **객관적 사실**이 있고, 그 사실에 부합하느냐 아니냐에 따라 어떤 의견이 평가된다. 그들의 차이는 그 사실에 부합하는 의견이 무엇이냐에서 나타난다. 창조론자는 자신들의 주장이 그 객관적 사실과 부합한다고 주장할 것이고, 진화론자는 자신들의 주장이 그러하다고 주장할 것이다.

동등한 타당성 논제는 바로 그러한 객관적 사실을 부정한다. 그 논제의 방점은 그 많은 방식들이 동등하게 타당하며equally valid 무엇이 다른 것보다 더 타당하거나 덜 타당하지 않다는 것에 있다. 세계관 간의 우열을 평가하기 위해서는 그 세계관들과 독립된 평가 기준이 있어야 한다. 그 기준이 되는 것은 무엇인가? 무엇보다도 실제 세계가 있어 세계관 중 어떤 것이 그 세계와 더 잘 부합하는가, 즉, 어떤 세계관이 참인가가 하나의 기준일 것이다. 그러나 동등한 타당성 논제는 그러한 객관적 기준을 부정한다. 그렇다면 "과학자와 인디언 중 누가 인디언의 기원에 대한 옳은 견해를 가지고 있나?"라는 질문은 그 자체로 잘못되었다. 하나가 맞다고 해서 다른 것이 틀리지 않으며, 이것도 좋고 저것도 똑같이 좋다. 따라서 어느 것이 더 나은지를 평가하는 것이 무의미하다. 물론 세계와의 부합성 외에 다른 기준을 통한 평가의 가능성이 완전히 부정되지는 않는다. 동등한 타당성 논제를 주장하는 사람들은 통상 "실용적 이유"를 언급하지만 그 외의 다른 객관적 이유를 부정한다.

다시 강조하자면, 동등한 타당성 논제는 단지 과학적 지식을 부정하는 것이 아니라 오히려 과학적 지식을 부정하는 사람들도 받아들일 수 있는 공통 전제, 즉, 세계관들과 독립된 객관적 세계를 부정한다. 과학자와 인디언은 서로 다른 세계관을 가지고 있을 뿐 아니라 각자 다른 세계에 살고 있다. 그들의 세계관이 부합하거나 부합하지 않을 수 있는 공통적인 하나의 객관적 세계가 없기 때문이다. 만일 동등한 타당성 논제가 옳다면 이는 우리의 인지적 실행에 깊은 함의를 가진다. 만일 상충하는 세계관들이 동등하게 타당하다면 왜 우리는 세계를 "더 잘 알고자" 하는 인식적 노력을 해야 하며 어떤 세계관이 옳은지를 따지고 평가하려는 노력을 하는가? 왜 과학이든 아니든 어떤 것을 지식이라고 규정하며 학교에서 가르치는가? 지식이 가져다주는 어떤 유용성 때문인가? 그게 전부인가? 만일 유용성이 없다면 지식은 그 자체로 존중될 이유가 없는가? 있는 그대로의 모습을 정확하고 올바르게 인식하는 게 우리가 추구하는 하나의 가치가 아닌가? 객관적 세계가 존재하지 않을 경우 경쟁하는 두 세계관 중 어떤 것이 더 그 세계와 잘 부합한다고 말할 수 없다. 그중 어떤 것이 진정한 지식인가? 동등한 타당성 논제에 따르면 이러한 "지식의 추구pursuit of knowledge"는 무의미하다. 이러한 이유로 보고시안은 포스트모더니즘의 철학을 "지식에 대한 두려움fear of knowledge"이라고 부른다.

그럼에도 불구하고 보고시안에 따르면 미국 대학의 인문·사회 분야의 많은 학자들이 포스트모더니즘 철학에 동조하고 있다. 이는 한국의 상황에도 적용되는 것 같다. 우리의 인지적 실행과 상충됨에도 불구하고 포스트모더니즘이 유행하는 이유는 무엇인가? 보고시안은 이러한 추세에 이데올로기적 동기가 있다고 추측한다. 즉 식민주의에 대한 반동(탈식민주의)이 그것이다. 인디언의 창조 신화를 부정하는 것은 다양한 관점과 가치를 존중해야 한다는 태도와 상충하는 것처럼 보일 수 있다. 특히 과학과 기술의 전파가 가지는 혜택을 들어 식민주의를 정당화하려 했던 서구 열강의 제국주의에 비판적인 양심적 지식인들에게 이는 심각한 문제이다. 동등한 타당성 논제는 식민주의에 대한 극단적인 반응을 제공한다. 이에 따르면 식민주의가 정당하지 못한 것은 과학적 지식이 우월하지 않기 때문이다. 예컨대, 인디언의 기원에 대한 동등하게 타당한 여러 많은 방식들이 존재하기 때문에 인디언 자신들의 창조 신화는 과학적 가설만큼이나 타당하다는 것이다.

그렇다면 왜 포스트모더니즘은 영미 철학계의 주류로 인정받지 못하는가? 보고시안을 위시한 영미 철학계의 주류 철학자들이 탈식민주의를 거부하기 때문일까? 그들은 오히려 탈식민주의가 동등한 타당성 원리를 요구하는지 지극히 불분명하다고 대답할 것이다. 비록 과학적 지식이 우월하고, 이를 전파하는 것이 피식민지 국가에 혜택을 준다고 해서 이러한 혜택이 그 국가를 식민지화한 행위를 정당화하지는 않는다. 식민주의가 가져올 어떤 혜택보다 더 중요한 손실이 있을 수 있기 때문이다. 예를 들어, 한나라의 주권의 상실은 가시적인 혜택을 넘어선 더 중요한 손실이다. 그리고 과학이 식민지배의 도구로 사용되었다는 사실이 지식으로서의 과학의 위상을 손상하지는 않는다. 과학의 인식적 위상은 그것을 생성한 원인의 정당성에 의해 결정되지 않기 때문이다. 마찬가지로 동등한 타당성 원리가 탈식민주의라는 좋은 동기에서 주장되었다고 해서 동등한 타당성 논제를 정당화하지 않는다.

어떤 사람들은 입시 위주의 획일적 교육의 폐단을 청산하기 위해 동등한 타당성 논제를 받아들여야 한다고 주장하기도 한다. 절대적 진리가 있다는 믿음이 획일적 교육을 강요하고 학생 개인의 개성을 무시하게 만든다는 것이다. 학생 각자가 자신만의 독특한 세계를 만들어 낸다고 봤을 때 학생의 개성이 존중될 수 있다는 이러한 견해에 따르면, 수학적 진리도 상대적이다. "2 + 2 = 5"라고 누군가 믿는다면 그게 참이라고 할 것인가? 여기서도 좋은 동기가 그 동기에서 유발된 모든 행위를 정당화해주지는 않음을 알 수 있다. 그리고 비록 수학적 진리가 절대적이라고 해도 이것이 반드시 수학적 진리를 탐구하는 교육 과정이 획일적이어야 함을 의미하지 않는다. 오히려 진리를 탐구하는 과정에서 여러 다양한 의견들이 존중될 필요가 있다. 때로는 소수의 의견이 올바른 의견이 될 가능성이 있기 때문이다.

인디언의 신화를 존중하는 태도와 그것이 사실과 부합하는지는 별개의 사안이다. 세계를 보는 어떤 관점도 그 자체로 특별한 위상을 가지지는 않는다. 물론 다양한 세계관 중 어느 것이 진짜 참인지 판가름하기 어려울 수 있다. 그러한 점에서 다양한 세계관을 참으로 볼 수도 있다. 그러나 미제 사건에서 증거 불충분으로 범인을 찾지 못했다고 해서 범인이 존재하지 않거나 여러 범행 시나리오가 모두 동등하게 타당하다고 결론 내리지는 않는다. 이와 같이 다양한 세계관을 존중하는 태도와 각각의 참과 정당성을 밝히는 것은 별개의 사안이다.

지금까지 포스트모더니즘을 둘러싼 논란을 간략히 소개했는데, 이제 좀 더 상세히 그 내용을 살펴보기로 하겠다. 물론 포스트모더니즘과 관련된 방대한 논의를 모두 포괄할 수는 없다. 4부의 주된 관심사는 지금까지의 현대 토대론 논의가 포스트모더니즘과 어떻게 연결되는지를 살펴봄으로써 현대 토대론 논의가 가지는 보다 넓은 함의를 드러내는 것이다. 이러한 연관성에 주목하면서 논의를 진행하기로 하겠다.

2. 사회 구성주의

동등한 타당성 논제를 받아들이는 포스트모더니즘의 핵심 사상은 사회구성주의이다. 무엇인가가 사회적으로 구성되었다는 것은 그것이 특정 사회의 우연적인 관심과 필요의 산물임을 의미하고 따라서 사회적 관심과 필요에 따라 달라질 수도 있음을 의미한다. 사회 구성주의는 사회적으로 구성된 것이 구체적으로 무엇이냐에 따라 여러 다른 주장들로 분화될 수 있다. "화폐"가 사회적으로 구성되었다는 것에는 아마 대부분의 사람들이 동의할 것이나, "정신병"이 사회적으로 구성된 것인지에 대해서는 논란의 여지가 있다. 우리의 관심사는 "지식"이 사회적으로 구성되었다는 논제이다. 지식에 대한 사회 구성주의에 따르면, 무엇이 지식인가는 어떤 객관적 기준이 아닌 지식이 생산된 사회에 의해 결정되고 구성되며 상대적이다. 사회적 맥락과 독립적으로 무엇이 진정한 지식이냐를 묻는다면 잘못된 질문이다. 특정한 사회적 필요/관심과 독립된 객관적이고 보편적인 기준이란 존재하지 않는다.

보고시안을 따라 지식에 대한 사회구성주의 이론의 핵심 내용을 다음과 같이 요약하고 넘어가기로 하자. 지식을 정당화된 참인 믿음으로 본다면 지식의 사회 구성주의는 "정당화", "참" 또는 "믿음"이 사회적으로 구성됨을 의미한다. 이 중 어느 것이 사회적으로 구성되느냐에 따라 지식에 대한 사회 구성주의의 내용도 달라진다.

(i) 객관적 사실의 부정: 사회와 독립된 세계는 없으며, 모든 사실들은 특정 사회의 관심과 요구를 반영하는 방식으로 구성된다.
(ii) 객관적 정당화 부정: 정당성의 규범에 대한 객관적 사실은 없으며, 인식 규범에 대한 모든 사실은 사회의 우연적 필요와 관심에 의해 구성된다.
(iii) 합리적 설명 부정: 우리는 결코 인식적 근거와 이유만으로 믿음을 형성할 수 없으며, 반드시 우연적인 필요와 관심이 개입한다.

(i)과 (ii)는 자세히 다룰 예정이므로 여기서는 (iii)을 우선 간략히 논의하고 넘어가도록 하겠다. 통상 우리는 "왜 P를 믿는가?"라는 질문에 대해서 P가 참임을 보여주는 증거(인식적 증거)를 제시하며, 그 증거 때문에 P를 믿는다고 답한다. 도로가 미끄러울 거라고 믿는 이유는 어젯밤에 눈이 왔기 때문이다. 실제로 눈이 오면 도로가 미끄러울 확률은 높다. 그리고 바로 그 이유로 나는 도로가 미끄러울 거라고 믿는다.

그런데 인식적 근거만으로 믿음을 형성할 수 있다고 할 때 유의해야 할 사항이 있다. 이를테면, 전철역에서 소리를 듣고 "기차가 곧 도착한다"고 추측할 경우, 소리만으로 그러한 믿음을 형성하지는 않는다. 소리를 듣는 것 이외에 "기차" "도착"과 같은 개념을 가지고 있어야 하고, 기차가 어떤 소리를 내는지에 대한 지식을 가지고 있어야 한다. 만일 (iii)의 주장이 소리의 지각 이외에 그러한 여러 요소들이 다 필요하다는 주장이라면, 그 주장은 당연히 받아들일 수 있다. 그러나 (iii)은 그러한 요소들이 다 갖추어져 있더라도 기차 소리가 기차에 대한 믿음을 형성하기에 인과적으로 충분하지 않다고 주장한다.

인식적 이유만으로 믿음을 형성할 수 있다는 것이 사람들이 항상 인식적 이유만으로 믿음을 형성한다는 의미는 아니다. 예를 들어, 종교적 믿음이나 정치적 믿음의 형성을 설명할 때 우리는 그 사람의 가족이나 사회적 환경 ― 비인식적 요인들 ― 에 호소할 수 있다. "너는 왜 신이 존재한다고 믿느냐?"라는 질문에 대해 "모태 신앙이기 때문에"라는 답변은 가능하다. 그러나 모든 믿음이 비인식적 이유만으로 설명이 되는가? 과학자 집단의 사회적 성격과 연구 자본의 흐름, 정치적 영향 등은 과학자들이 어떤 이론을 받아들이는지를 설명하는 데 있어 충분한 요소인가? 인식적 이유는 과학자들의 이론 수용에 아무런 설명적 역할을 하지 못할까? 인식적 이유가 되는 것들은 기차 소리를 듣는 것과 같은 경험이거나 혹은 기차가 정시에 도착한다는 다른 믿음들인데, 이러한 경험이나 믿음들이 어떤 믿음의 형성에 인과적 영향을 주지 못한다면 이는 받아들이기 쉽지 않다. 인식적 이유는 항상 충분하지는 않다고 해도 인간의 믿음 형성에 인과적 영향을 끼칠 수 있다.

우리가 항상 인식적 이유만으로 믿음을 형성하지는 않는다는 사실이 인식적 이유가 믿음을 형성하는 데 아무런 인과적 영향을 끼치지 않음을 함축하지 않는다고 했다. 보고시안은 (iii)의 주장을 좀 더 그럴듯하게 만들기 위해선 인식적 이유가 "결코 인과적 영향을 가지지 못한다"기보다는 "인과적 영향을 가지기는 하나 충분하지는 않다"로 이해되어야 한다고 제안한다. 인식적 이유가 인간을 실제로 움직이기는 하지만 믿음을 설명하기에 충분하지는 않다는 것이다. 반드시 연구 자원의 배분과 같은 비인식적 이유가 개입해야할 간극gap이 있다. 그렇다면 이렇게 이해된 바 (iii)을 뒷받침하는 근거는 무엇일까?

여러 철학자들은 우리가 가진 인식적 증거의 총체가 여러 다른 믿음들과 양립 가능하다는 사실을 지적했다. 즉, 인식적 증거의 총체는 특정 믿음을 결정해주지 못한다. 보고시안은 (iii)의 주된 동기를 "미결정성 underdetermination" 논제에서 찾는다. 어떤 가설도 증거에 의해 완전히 입증되거나 부정될 수 없기 때문에 우리가 어떤 가설을 받아들일 때 증거에만 의존할 수 없다는 것이다. 따라서 만일 특정 가설을 받아들일 때는 반드시 비인식적 요소가 개입될 수밖에 없다.

이를테면, 가설을 평가하기 위해 그 가설로부터 어떤 예측이 도출되고 관찰을 한 결과 그 관찰이 예측과 부합하거나 부합하지 않을 수 있다. 그런데 도출된 예측에 부합하지 않는 관찰이 제시되었을 때, 이로부터 반드시 가설이 틀렸음을 증명할 수 없다. 그 가설로부터 예측이 도출될 때 여러 보조 가설들이 동원되었기 때문에 이 중 어떤 가설을 수정해야 할지 결정할 수 없기 때문이다.

$$
\frac{(H \,\&\, A) \rightarrow P \qquad \sim P}{\sim H \vee \sim A}
$$

H가 가설이고, A는 보조 가설이며, P는 그들로부터 도출된 예측이다. ~P(예상치 못한 관찰, recalcitrant experience)는 어떤 식으로든 우리의 기존 믿음을 수정할 것을 요구한다. 그런데 논리적으로 따지자면 우리는 예측의 부정으로부터 H나 A 중 어떤 것을 부정해야 할지 결정할 수 없다. ~P라는 관찰은 ~H 그리고 ~A와 양립 가능하다. 따라서 ~P가

관찰되었다고 해서 반드시 H를 부정해야 하는 것은 아니다. 예를 들어, 망원경을 통해 관찰한 결과 처음으로 어떤 별의 존재가 확인되었다고 해보자. 이 관찰이 기존의 천체 물리학을 수정하게 요구할 수도 있고, 망원경의 작동에 대한 이론을 수정하게 요구할 수도 있다. 즉, 기존의 천체에 대한 우리의 생각이 잘못된 게 아니고, 그 생각은 옳은데 망원경의 작동에 대한 우리의 생각이 잘못되었을 수 있다. 그렇다면 여러 다른 가설들을 평가하려고 할 때 그중 어떤 가설도 확실하게 배제할 수는 없다. 경험적 자료의 총체는 여러 다른 이론들과 양립 가능하다. 그렇다면 과학자들이 특정한 이론을 받아들일 때 반드시 인식적 이유 외에 다른 비인식적, 사회적 요소들이 개입해야 한다는 결론이 도출된다.

그런데 과연 미결정성 논제로부터 이론의 수용과 수정은 결코 합리적으로 진행될 수 없다는 결론이 도출될까? 즉, 미결정성 논제는 (iii)을 정당화하는가? 이 책에서의 논의에 따르면 그러한 결론은 과도하다. 미결정성 논제는 관찰 명제와 이론적 명제 간의 관계에 착안하고 있으며, 이론적 명제의 인식적 위상을 특정 관찰 명제로 결정할 수 없다고 말한다. 그러나 이러한 논제는 이미 경험의 인식적 역할이 관찰 명제들을 정당화함에 있다는 가정에 기반을 두고 있다. 그런데 앞에서 경험의 인식적 역할을 반드시 명제적 소여로 한정할 필요가 없음을 보았다. 경험이 우리의 세계관을 이성적으로 조정하는 방식은 훨씬 유기적이고 동적이다. 경험이 관찰 명제들을 정당화하고 그 관찰 명제들에 기반을 둔, 보다 이론적인 명제들이 정당화된다는 선형적인 생각 자체가 잘못되었을 수 있다. 물론 인식론의 역사는 그러한 사고에 기반을 두고 있지만 그렇다고 해서 (iii)이 정당화되는 것은 아니다. 왜냐하면 인식론 전통의 잘못된 가정 자체를 답습할 이유가 없기 때문이다.

경험의 이성적 기여가 특별한 관찰 명제의 제공에 국한된다는 출발점에서 시작하면 외적 세계에 대한 일상적 믿음도 그 정당성을 위협받는다. 경험이 과학적 이론의 중재는 차치하고라도 과연 일상적 지각 판단들조차 정당화할 수 있는지 불투명하다는 전망은 결국 인식적 이유만으로 일상적 믿음들의 형성을 설명하는 것이 어렵다는 견해에 이르게 할 수도 있다. 그러나 이 책의 논의가 시사하는 점은 잘못된 전통을 답습하고 그를 기반으로 과도한 입장에 도달할 필요가 없다는 것이다. 단지 잘못된 전통을 수정할 필요가 있을 뿐이다.

어떤 믿음이 정당하다는 것은 그것을 받아들여야 한다는 당위를 함축한다. 비록 충분한 인식적 이유가 있다고 해도 실제로 믿음을 형성하지 않을 수 있다. E가 주어졌을 경우 B를 믿어야 함에도 불구하고 실제로 B를 믿지 않을 수 있지만 여전히 B를 믿어야 한다는 당위는 성립한다. 성희롱의 사례와 같이 사람들이 규범을 반드시 이행하지는 않는다고 해서 그 규범이 더 이상 규범이 되지 않는 것은 아니다. 또한 사람들의 실제 행동 패턴이 당위와 완전히 무관하지는 않다. 사람들이 어떤 규범을 따르는 것이 아예 불가능하다면 당위 자체가 손상될 수 있다. **당위는 이행 가능성을 함축한다**ought implies can. 따라서 충분한 인식적 이유가 있다고 해도 사람들이 결코 그것만으로 믿음을 형성할 수 없다면, 즉, (iii)의 주장이 맞다면 인식적 규범은 규범으로서의 위상을 상실할 수 있다. 그러나 위에서 보았듯이 (iii)을 뒷받침하는 근거는 미결정성 논제였다. 그리고 미결정성 논제는 충분한 인식적 이유가 있을 수 없다는 근거가 되지 못한다.

3. 인식적 상대주의

이제 객관적 정당성을 부정하는 상대주의자의 논제 (ii)를 고찰해보자. 인식적 상대주의는 인식적 규범에 대한 절대적 사실의 존재를 부정한다. 천동설에서 지동설로의 전이를 고려해보자. 천동설에 따르면 천체는 돔형의 닫힌 구조를 가지고 있고 지구는 돔형 운동장의 중심에 있으며 태양을 비롯한 여러 별들은 돔의 천장을 따라 움직인다. 천동설로도 행성의 운행에 대한 상당히 정확한 예측이 가능했기 때문에 옛날 사람들도 항해를 하며 교역을 할 수 있었다. 거짓된 이론도 어떤 제한된 영역 내에서 성공적인 실행successful practice을 가능케 할 수 있다. 그런데 16세기부터 망원경의 사용으로 인해 행성들의 운행에 대한 더 많은 경험적 자료가 축적되었고 코페르니쿠스와 갈릴레오가 지동설을 제안했다. 지동설과 관련하여 1615년 갈릴레오는 로마 교황청에 소환되었으며, 교황청을 대변하여 벨라미네 주교가 지동설을 반박했다. 관찰에 의거하여 갈릴레오는 지동설이 옳다고, 벨라미네 주교는 성경에 기반을 두고 지동설이 틀렸다고 주장하고 있는 상황이다. 즉, 두 사람이 천체의 구조에 대한 상반된 주장을 하고 있을 뿐 아니라(둘 중 한 사람만 옳을 수 있다고 해도) 각자 다른 인식적 기준에 의해 자신의 주장을 뒷받침하고 있다. 이러한 상황에 대해 우리는 무엇을 말할 수 있을까?

갈릴레오 이후 근대적 인식적 체계를 수용한 사람들은 지동설이 옳다고 생각할 뿐 아니라 그러한 이론을 정당화하기 위해 갈릴레오가 채택한 인식적 방법이 옳다고 생각한다. 그러나 벨라미네는 그 인식적 방법 자체를 부정하면서, 성경의 말이 천체의 운행과 구조에 대한 인식적 권위를 가진다고 생각한다. 각자 자신의 체계를 받아들이고 그 관점에서 다른 사람의 인식적 체계를 부정하는 상황에서, 이러한 갈등을 중재할 수 있는 "중립적" 기준이 존재하는가? 인식적 상대주의에 따르면 두 인식적 체계 중 어떤 것이 더 객관적으로 우월하다고 할 수 없다. "어떤 근거 E가 어떤 믿음 B를 정당화한다"는 S의 주장은 다음과 같은 주장으로 해석할 수밖에 없다.

내(S)가 받아들이는 인식적 체계 C에 따르면, E는 B를 정당화한다.

따라서 갈릴레오가 받아들이는 인식 체계에 따르면 어떤 관찰이 지동설을 정당화하는 것은 참이지만, 벨라미네가 받아들이는 인식 체계에 따르면 그 관찰이 지동설을 정당화하지 않는다.

인식적 상대주의의 한 근거는 만일 인식적 정당성에 대한 객관적인 사실이 존재한다면 우리는 그 사실에 대한 정당한 믿음을 가질 수 있다는 전제이다. 무엇이 무엇을 정당화한다는 사실이 존재한다고 주장하면서 그러한 사실이 필연적으로 인식 불가능하다면 받아들이기 어렵다. 만일 오늘 눈이 온다는 일기예보가 길이 미끄러울 것이라는 나의 믿음을 정당화한다고 생각할 때, 무엇이 무엇을 정당화한다는 사실은 반성적으로 인식 가능하다. 그렇기 때문에 나는 "왜 길이 미끄럽다고 생각하니?"라는 질문에 답할 수 있다.

만일 인식적 체계에 대한 객관적 사실을 알 수 없다면 인식적 체계에 대한 객관적 사실이 있다고 주장하기 어렵다. 그런데, 두 개의 인식적 체계 중 어떤 것이 더 올바른 체계인지를 어떻게 알 수 있는가? 즉, 나의 체계가 옳고 다른 사람의 체계가 틀리다고 생각할 때, 나의 인식적 체계가 객관적인 타당성이 있음을 어떻게 증명할 수 있는가? 이러한 증명을 하려면 결국 나의 인식적 체계에 호소할 수밖에 없다. 내가 받아들이는 인식적 체계가 아닌 어떤 다른 체계에 호소할 수 있다는 말인가? 그러나 이는 나의 인식적 체계의 객관적 우월성을 증명하기 위해 나의 인식적 체계를 가정하는 꼴이 된다. 이러한 순환적인 증명의 타당성은 인정하기 어렵다. 보고시안은 이러한 규범 순환성norm-circular justification의 문제를 인식적 상대주의의 주된 근거로 진단한다.

그러나 규범 순환성에도 불구하고 인식적 상대주의는 받아들이기 쉽지 않다. 인식적 상대주의의 논제로 다시 돌아가보자. 그 논제에 따르면, "E가 B를 정당화한다"라는 언명은 거짓이다. 그 언명에 상응하는 사실이란 존재하지 않는다. 진위를 따질 수 있는 언명은 "내가 받아들이는 C에 상대적으로 E가 B를 정당화한다"는 주장이다. 이 언명을 C를 받아들이는 주체의 입장에서 고려해보면 문제가 드러난다. 갈릴레오의 인식적 체계에 따르면 이러저러한 관찰이 지동설을 정당화한다. 따라서 갈릴레오의 체계를 받아들이는 사람은 "이러저러한 관찰이 지동설을 정당화한다"고 주장할 것이다. 그러한 주장은 인식적 상대주의에 따르면 거짓이다. 그런데 그러한 개별 언명들로 구성된 것이 갈릴레오의 인식적 체계라면 갈릴레오의 인식적 체계도 거짓이 된다. 이는 갈릴레오의 인식적 체계를 받아들이는 사람은 수용할 수 없는 결론이다. 갈릴레오 체계를 받아들이는 한에서 그 체계의 옹호자는 그 체계가 함축하는 구체적인 정당화 판단들이 다 거짓임을 인정할 수 없다. 이는 벨라미네의 체계를 받아들이는 사람의 경우도 마찬가지이다.

어떤 인식적 체계를 받아들인다는 말은 그 인식적 체계가 함축하는 판단이 옳음을 수용한다는 것이다. 그러므로 C를 받아들이는 사람은 그 체계가 함축하는 구체적 명제를 받아들이고, "E가 B를 정당화한다"라고 주장해야 한다. 만일 이 사람이 C 이외의 다른 체계들의 존재를 알게 되고 그 다른 체계들에 따르면 E가 B를 정당화하지 않음을 알게 되어서, "내가 받아들이는 C에 따르면, E가 B를 정당화한다"라고 주장할 경우 우리는 이 사람이 과연 C를 받아들이기는 하는지 의심할 수 있다. 오히려 더 이상 C를 받아들이지 않는 게 아닌가라는 의구심이 들 것이다. 즉, C를 받아들이는 주체의 시점을 벗어나 자신에 대한 제3자 입장, 관찰자 입장을 택하는 것으로 이해할 수밖에 없다. 자신에 대한 제3자 입장을 택할 수 없다는 것이 아니라 제3자 입장만을 유지할 수는 없다는 것이다.

인식적 상대주의는 우리를 우리 자신의 인식적 태도에 대한 왜곡된 관점으로 인도한다. 이러한 왜곡은 비단 인식적 태도뿐 아니라 다른 심적 상태에 대해서도 제기될 수 있다. 예를 들어, 결단이나 의도와 같은 심적 상태를 고려해보자. 율리시스는 오랜 전쟁 후 부하들을 규합하여 귀향길에 오른다. 자신의 앞에 세이렌의 유혹이 있음을 알게 된 율리시스는 지휘자로서 부하들을 무사히 귀향시켜야 한다는 책임감과 유혹을 물리쳐야 한다는 당위를 인정하고 굳게 마음을 먹는 한편 사이렌의 유혹에 빠진 많은 사례에 비추어 자신도 그러한 유혹에 넘어갈 확률이 높다는 예측에 기반을 두고 자신을 기둥에 밧줄로 묶으라고 명령한다. 어떤 의미에서 이러한 행위는 충분히 이해할 수 있다. 그러나 율리시스가 결심이 약화된 것은 아니라고 하자. 즉, 결심은 굳게 했지만 그럼에도 불구하고 그 결심이 자신을 실제로 유혹으로부터 이길 수 있는 힘을 제공하지는 못한다고 생각한다고 해보자. 율리시스가 "유혹을 물리쳐야만 하는데 아마 유혹을 물리치지 못할 것이다"라고 말하는 상황에서 우리는 어떤 부조리함을 느낄 수 있다. 분명 결심을 했지만 그 결심이 자신을 실제로 움직이게 만들지는 못할 것이라고 인정하는 것은 과연 가능한가? 그렇게 말하는 율리시스는 결국 결심이 약화되었다고 보아야 하지 않을까?

자기 지식self-knowledge에 관한 소위 무어의 역설을 보다 넓게 고찰해보자. 우리는 누구나 거짓된 믿음을 가질 수 있다고 생각한다. 일반적으로 "S는 p를 믿고 있으나, p는 참이 아니다"라는 문장은 논리적으로 모순이 아니다. 예를 들어, "철수는 밖에 비가 온다고 믿고 있지만, 비는 오지 않는다"라는 문장을 보자. 이 문장의 전반부는 철수에 관한 명제이고, 후반부는 날씨에 관한 명제이다. 만일 어떤 문장이 논리적으로 모순이 아니라면, 철수 자신도 그 문장을 언명하는 데 아무런 문제가 없을 것이라고 기대할 수 있다. 그런데 철수가 "나는 비가 온다고 믿고 있지만, 비가 오지 않는다"라고 말하거나 생각하는 것은 다분히 역설적이다. 이 역설에 대한 한 가지 설명은 자기 지식이 제3자적 태도에 의해 소진되지 않는다는 것이다. 물론 철수는 자신의 믿음이 하나의 주관적인 상태이고(다른 사람들의 믿음들과 마찬가지로) 그것이 반드시 독립된 세계와 부합하지 않을 수 있음을 알고 있다. 그렇다고 해서 오직 그것이 본인의 믿음의 전부로 인식될 수는 없다. 다른 사람에게는 날씨에 대한 입장이 완전히 결정되고 난 후에도 철수가 무엇을 믿고 있느냐는 여전히 추가적인 사안으로 남는다. 그러나 철수 본인에게는 날씨에 대한 증거들이 모두 고려된 순간이 바로 자신이 무엇을 믿고 있느냐는 질문이 답하는 순간이 된다. 다시 말해 자신에 관한 지식이 세계에 대한 질문들과 무관할 수 없다. 율리시스가 이런저런 고려에 의해 유혹에 빠지지 않으리라 결심했다면, 그는 사이렌의 치명적인 유혹에 관한 통계적 자료의 제시에 대하여 반대되는 자료를 찾기보다 "나는 유혹에 빠지지 않을 것이다"

라고 대답해야 하지 않을까?

인식적 상대주의자는 인식적 체계와 그 안에서의 실행에 대해 제3자적 태도를 가질 것을 요구한다. 도덕 상대주의에 대해서도 유사한 지적을 할 수 있다. 자신이 받아들이는 도덕관에 따라 "명예 살인은 부도덕하다"라는 판단을 내리는 사람을 고려해보자. 그런데 그 사람은 자신의 도덕관이 여러 많은 도덕관 중 하나이며, 다른 문화와 도덕 체계에서는 명예 살인이 도덕적으로 허용됨을 알고 있다. 그리고 도덕적 상대주의에 따라 명예 살인의 도덕성에 관한 객관적 사실을 없다고 받아들인다고 해보자. 그래서 그가 "명예 살인은 부도덕하다"라는 주장 대신 "나의 도덕 체계에 따르면, 명예 살인은 도덕적이다"라고 주장한다고 해보자. 우리는 과연 이 사람이 자신의 도덕 체계를 신봉하고 있는지 의문이 들 수밖에 없다. 진정으로 자신의 도덕 체계를 받아들인다면 "명예 살인은 부도덕하다"라고 천명할 수밖에 없지 않는가? 도덕 체계를 수용하는 주체의 입장에서는 자신의 판단이 "절대적인" 의미를 가진 것으로 파악되어야 한다. 즉, 명예 살인의 부도덕성은 자신의 체계에 상대적인 것으로 인식될 수 없다. 명예 살인이 어떤 체계에 따르면 부도덕하고, 다른 체계에 따르면 도덕적이며, 어느 체계나 모두 동등하게 타당하다면, 어느 체계가 더 올바른지에 대한 논쟁은 불필요하며, 모든 사람들이 다 만족할 수 있을지도 모른다. 그러나 이는 더 이상 도덕적 실행에 참여하지 않음을 의미한다.

물론 인식적 상대주의를 부정한다고 해서 우리의 인식적 체계의 객관적 우월함을 보이는 문제가 자동적으로 해결되는 것은 아니다. 단지 그러한 객관적 우월성을 논하는 것 자체가 무의미하다는 주장의 과도함을 보였을 뿐이다. 또한 우리의 인식적 체계를 구성하는 원리들이 무엇인지 밝히고 그 원리들을 개선하는 작업이 무의미하다고 볼 수도 없다. 사실 이 책의 주된 관심사가 바로 그러한 작업이다. 우리는 우리의 인식적 체계에 포함되어 있는 "관찰이 세계에 대한 믿음을 정당화한다" 또는 "경험이 세계에 대한 지식의 주된 인식적 경로이다"라는 인식 원리와 관련하여 그 원리를 발전시키고 체계화하려는 여러 현대적 시도들을 고찰했다. 이러한 시도와 노력은 그 원리나 그와 비슷한 원리조차 받아들이지 않는 사람에게는 무의미할 것이다. 그러나 과연 그러한 사람이 실제로 존재할까? 일견 상당히 다른 인식적 체계를 가지고 있는 것처럼 보이는 경우에도 사실은 인식적 체계를 공유하고 있을 수도 있다. 벨라미네가 "성경이 천체의 구조와 운행에 대한 지식을 제공한다"라는 인식적 원리를 받아들였으나, 과연 그는 관찰의 인식적 기여를 부정했을까? 성경에 무엇이 쓰여 있는지를 알기 위해서라도 관찰과 경험에 호소할 수밖에 없지 않는가? 그리고 성경에 쓰인 내용이 내일도 변하지 않는다는 예상 또한 귀납적 추론에 의거하고 있지 않는가?

13장

인식 독립적 세계에 대한 부정

1. 인식론과 실재론

지금까지 보고시안이 서술한 바 사회 구성주의의 세 논제 중 두 가지를 논의했다. 이제 마지막 논제를 고찰해보자.

(i) 객관적 사실의 부정: 사회와 독립된 세계는 없으며, 모든 사실들은 특정 사회의 관심과 요구를 반영하는 방식으로 구성된다.

마음-독립적 세계의 존재에 대한 일상적 믿음을 정당화하는 문제는 전통 철학의 논쟁거리이다. 왜 철학자들은 마음-독립적 세계의 존재를 부정했는가? 왜 철학자들은 마음-독립적 세계의 존재를 증명하는 문제를 심각하게 받아들였을까? 내가 보고 있는 책상과 건물들은 내가 보지 않아도 당연히 계속 존재하는 것들이 아닌가? 문제는 내가 보고 있지 않을 때 그들의 계속적 존재를 어떻게 알 수 있는가에 있다. 실재론/관념론 대립의 중요한 동기는 인식론적 고려에 있다. 물론 우리는 책상과 건물이 계속 존재한다고 생각하지만, 이 생각이 틀리지 않았다고 볼 근거가 있는가? 회의주의자들은 마음-독립적 세계의 존재에 대한 믿음이 정당하지 않다는 도전을 제기한다. 마음-독립적 세계에 대한 일상적 믿음은 정당화될 수 있는가? 이에 대한 부정적 전망이 바로 (i)을 매력적인, 또는 불가피한 선택으로 만들 수 있다

그 부정적 전망은 어디에 기반을 두고 있는가? 데이비슨이 "잘못된 심리 이론a faulty picture of mind"라고 부르는 전통적 지각 이론의 윤곽은 다음과 같다.

> 철학적 전통에 너무 깊이 뿌리 박혀 있어서 그것의 문제점이 드러난 후에도 여전히 영향력을 행사하는 심리 이론이 있다. 그 이론의 한 가지 버전에 따르면 마음은 하나의 무대와 같고, 주체는 무대 위에서 펼쳐지는 쇼(벽 위의 그림자)를 관람한다. 그 쇼는 현상들, 감각 자료들, 감각질qualia, 경험에 주어진 것 등으로 구성되어 있다. 쇼에 등장하는 대상은 우리의 눈으로 보고 가슴으로 사랑하는 일상적 외적 대상이 아니라 그 대상의 표상들이다. 우리가 외적 세계에 대해 알 수 있는 것은 내적 증거로부터 추론할 수밖에 없다(Davidson, 2001: 34).

이러한 이론은 "영화-쇼 모델the movie-show model" 혹은 "내적 영화관 모델the inner theatre model" 등으로 칭해진다. 이러한 전통적 모델을 받아들일 경우 인식 주체는 외적 세계에 대한 현상, 표상 등만을 직접적으로 인식할 수밖에 없으며, 이를 바탕으로 세계 인식을 추구해야 하는

위치에 놓인다. 그런데 경험이 제공하는 지극히 한정된 지식이 어떻게 세계 인식의 기반이 될 수 있는가? 우리는 주변 대상뿐 아니라 세계의 상당한 부분들에 대해 알고 있다고 생각하는데, 경험이 제공하는 주관적 토대와 일상적 외적 대상들에 지식간의 넘을 수 없는 간극gap은 어떻게 메워질 수 있을까?

본 책에서 소개된 현대 토대론에 따르면 우리는 "경험은 기껏 주관적 토대를 제공할 수 있다"는 가정을 거부해야 한다. 경험의 인식론적 역할은 여러 다른 방식으로 접근할 수 있다. 토대론의 새로운 시도에 설득력이 있다면 마음-독립적 세계에 대한 부정은 불가피하지 않다. 그렇다면 마음-독립적 세계에 대한 부정은 부분적으로 경험 자체의 인식론적 역할에 대한 전통적 견해에서 동기를 찾을 수 있다. 즉, (i)은 사실 데이비슨이 말하는 근대 철학의 핵심 가정과 무관하지 않다. (i)이 탈근대적 주장이라는 점에 비추어 이는 의외이다.

경험의 제한된 인식적 역할에 대한 믿음은 우리를 어떻게 (i)로 인도할 수 있는가? 경험이 제공하는 주관적 토대를 유지하면서 외적 대상에 대한 지식을 확보하는 여러 방법들이 모색되었다. 칸트는 이에 대한 한 가지 영향력 있는 답변을 제시했다. 그 답변의 핵심은 인식의 주체와 외적 대상 사이의 간극은 인식의 대상이 인식 주체에 의해 구성됨으로써 메워진다는 것이다. 우리가 아는 나무, 별, 바위 등은 우리의 개념적 활동(시간, 공간, 인과 등에 대한 개념들)에 의해 구성된다. 우리가 알 수 있고 친숙한 대상들은 우리의 개념적 활동에 의해 구성되는 현상계에 소속된다. 그러한 개념적 활동과 독립된, 실재 그 자체(칸트가 "물자체"라고 불렀던)는 신비스러운 영역으로 후퇴하고 만다.

이러한 대상의 인식 의존성이 상대주의의 핵심 요소이긴 하나 상대주의를 필하지는 않는다. 왜냐하면 칸트의 주장과 같이 현상계를 구성하는 근본 개념들은 보편적이라고 볼 수 있기 때문이다. 그러나 일단 대상의 인식 의존성을 받아들일 경우 상대주의로의 길은 멀지 않다(Devitt and Kim, 200). 인간의 보편적 개념 체계를 부정하고 개념 체계에 대한 사회/문화 상대주의를 받아들일 경우 세계에 대한 사회 구성주의로의 길이 열리게 된다. 사회 상대주의에 따르면 다른 언어, 다른 사회는 각자 다른 개념 체계를 구성할 뿐 아니라 세계 자체가 개념 체계에 의해 구성되므로 결국 세계는 언어와 사회에 의해 구성된다. 언어, 사회에 의존하지 않는 "객관적 세계"는 존재하지 않는다. 상대주의자는 "무엇이 진짜로 존재하나?"라는 질문 대신 "어떤 언어, 사회에 상대적으로 무엇이 존재하나?"라고 묻는다.

2. 언어 상대주의

특히 언어적 상대주의는 보편적으로 받아들여지고 있다. 남경희는 그의 저서에서 비트겐슈타인이 "실재에 대한 언어적 규정"을 요구한다고 해석한다.[1] 플라톤으로 대변되는 전통적 철학에서는 사유를 통해 "정신적 가치, 추상적이고 보편적인 존재, 절대 불변의 실재, 철학적이고 종교적인 최상급의 사실" 등을 접할 수 있다고 믿어온 반면, 비트겐슈타인의 후기 저술 『탐구Philosophical Investigation』의 핵심적 메시지는 **존재에 대한 언어 규정성**이라는 것이다.

1 남경희, 『비트겐슈타인과 현대 철학의 언어적 전회』(이화여자대학교출판부, 2014). 이후 괄호 안의 번호는 남경희 저술의 쪽 번호임.

- 존재는 언어 게임 속에서의 역할이다(158쪽).
- 있는 그대로의 존재 자체는 그것의 속성상 우리의 삶에 변화를 일으킬 수 없으며, 우리 역시 그것에 영향을 미칠 수 없다(161쪽).
- 객관적 존재와 진리는 타인과의 관계에서 구성되고 확보된다(162쪽).

물론 존재의 언어 규정성을 주장하는 철학자가 반드시 언어가 있음으로써 대상이 인과적으로 생성된다고 주장할 필요는 없다. 우리가 "공룡"이라고 이름을 붙여줌으로써 공룡이 만들어지는 것은 아니다. 공룡은 언어가 만들어지기 훨씬 이전에 존재했다. 만일 언어가 실재를 만들어낸다면, 이는 원인이 시간적으로 결과보다 후에 발생하는 것을 함축하게 되어 원인-결과 개념에 부합하지 않는다. 따라서 공룡이 "공룡"에 인과적으로 의존할 수는 없다. 그럼에도 불구하고 공룡의 존재는 "공룡"에 의존할 수 있다. 즉, "공룡"이라는 단어에 인과적으로 선행하는 바로 그 공룡은 "공룡"이라는 단어와 언어 체계에 독립적이지 않다.

또한 "공룡"이라는 개념은 그것이 지칭하는 대상이 "공룡"이라는 언어에 의존하지 않는다는 내용을 포함할 수 있다. 이 또한 언어 상대주의자가 인정할 수 있는 내용이다. 우리는 언어에 의존하지 않는 대상들이 있다는 담론에 참여하고 있다. 그 담론에 참여하고 있는 이상 우리는 공룡이 객관적으로 존재한다고 말해야 한다. 그러나 바로 이렇게 말하는 것은 결국 존재는 언어 게임 속의 역할이라는 주장과 양립 가능하다. 우리는 단지 객관적 존재가 있다고 말하는 담론에 참여하고 있을 뿐이다.

이렇게 이해되더라도 여전히 의문은 남는다. 왜 담론과 독립적인 실재를 부정해야 하는가? 존재의 언어 규정성은 우리가 알고 있는 최선의 지식과 부합하지 않는다. 언어는 우주와 지구의 역사에 있어 비교적 최근의 현상이다. 우리는 지구상에 생물체와 인간과 사회가 존재하기 이전에도 별과 공룡들이 존재했다고 생각한다. "별"과 "공룡"이라는 단어가 존재하기 이전에도, 그러한 단어를 사용하는 언어 게임과 독립적으로 별과 공룡이 존재했다고 우리는 생각하고 있지 않는가? "별"이나 "공룡"이라는 단어는 물론 사회에 의해 구성되었으나 그것이 지시하는 대상 자체가 사회에 의해 구성되고 확보된다고 보아야 하는가?

남경희는 존재의 언어 규정성에 대한 반론을 의식하고 있다. 남경희에 따르면 그리움이라는 정서는 "그리움"이라는 단어가 있기에 존재할 수 있다. 그러나 이에 대해 "무엇이 존재자임이 드러나면, 그것은 당연히 언어적으로 규정될 수 있는 것이지 언어적으로 규정 가능하기에 존재자라고 하는 것이 아니"라고 반박할 수 있다. 이러한 반론에 대해 남경희는 새로이 발견되거나 부상하여 새로운 이름을 부여받게 되는 존재자들은 "상당한 정도로 기존의 존재자에, 더 정확히는 기존의 존재자들에 관한 담론에 그 존재와 정체성을 의존하고 있다"고 반응한다. 그러나 기존의 존재자들도 새로이 발견되었을 수 있다. 그렇다면 그들도 그들에 선행하는 존재자와 담론에 그 존재와 정체성을 의존하고 있는가? 무한 퇴행을 방지하기 위해선 독립적 존재자를 상정하거나 혹은 아예 "새로이 발견됨" 자체를 부정해야 한다.

남경희의 논의는 언어의 의미에 대한 고찰에 상당 부분 기반을 두고 있다. 남경희는 어떤 단어의 의미가 그 단어를 포함하는 이론 체계 또는 언어 체계 내에서 최소한 부분적으로 규정된다고 본다. "전자electron"가 무엇을 의미하는지는 전자기 이론을 습득한 뒤에야 이해될 수 있다. 그러나 이를 인정한다고 해도 전자의 존재가 "전자"라는 단어에 의존한다는 주장이 정당화되지는 않는다. 남경희의 지적대로 기존의 어휘 등에 의존하지 않고 언어 밖의 대상과의 관계를 통해서만 이해될 수 있는 어휘란 없다고 해보자. 즉, "전자"라는 단어의 의미는 최소한 부분적으로 그 단어가 포함되어 있는 전체 이론의 맥락하에 결정된다. 예를 들어, 의미에 대한 개념적 역할 이론conceptual role semantics에 따르면 단어의 의미는 그 단어가 개념 체계 내에서 어떤 추론적 역할을 하는지에 의해 결정된다. 그러나 지칭을 의미의 중요한 요소를 간주하는 모든 사람이 반드시 지칭이 의미의 전부라고 주장하지는 않는다. 남경희는 지칭이 의미의 전부라는 주장(의미에 대한 지칭 이론, the referential theory of meaning)을 반대하는 것을 넘어 지칭이라고 하는 언어와 언어 밖의 대상과의 관계 자체를 부정한다. "북극성"이 북극성을 지칭한다고 할 때, 우리는 어떤 언어적 표현과 그 언어 이전부터 존재한, 그 언어가 없었더라도 존재했을 어떤 천제적인 대상과의 관계를 상정한다. 남경희는 이러한 관계 자체를 부정한다. 언어의 체계와 독립되어 온전히 의미를 가질 수 있는 어휘는 없다는 말이 이러한 부정을 정당화해주지는 않는다.

남경희의 비트겐슈타인 읽기가 올바른지는 이 책의 관심사가 아니지만, 비트겐슈타인을 실재론과의 대립을 통해 읽어내는 시도는 타당할 수 있으며 실제도 다른 여러 철학자들은 그러한 시도를 했다. 예를 들어, 맥도웰은 다음과 같이 비트겐슈타인을 해석한다. 마음-독립적, 언어-독립적 실재에 대한 칸트적 비판으로 인하여 실재론자들은 수세에 몰리게 되었으며 사물 그 자체, 개념화되지 않은 실재는 우리가 의미 있게 말할 수 있는 영역 밖에 놓인다. 말할 수 없는 것에 대해서는 침묵해야 한다. 그런데 실재론자들은 새로운 전략을 가지고 복귀하려고 시도한다. 외적 세계가 아니라 바로 각자의 마음속에서 관념론에 대한 반박을 찾는 것이다. 감각질qualia은 우리에게 즉각적으로 알려지는 심적 상태의 특징이다. 간지럼을 타본 사람은 간지럼이 어떤지를 즉각적으로 알고 있지만 그런 경험이 없는 사람에게 간지럼을 어떻게 설명할 수 있는가? 이는 선천적으로 색맹인 사람에게 노랑을 본다는 경험이 어떤지를 알려줄 수 없는 것과 마찬가지다. 그러나 노랑을 볼 때의 경험은 분명 빨강을 보는 경험과는 다르며, 그게 어떤지를 설명해보라고 한다면 단지 "노랑을 보는 것은 바로 이렇다"라고 직접적으로 지시할 수밖에 없다. 마치 우리의 마음 안에 언어와 개념에 의해 오염되지 않은 어떤 실체가 각자에게 그 얼굴을 드러내는 것 같다. 각자가 그러한 존재를 확인할 수 있지 않는가? 개념과 언어로부터 독립된 실체는 바로 마음 안에 존재한다. 이것이 실재론자들의 새로운 전략이다. 이는 관념론자들로서는 의외의 공격이다. 설마 관념론에 대한 반박이 마음에서 찾아질 수 있으리라고 예상하지 못했기 때문이다. 맥도웰에 따르면 비트겐슈타인의 〈탐구〉의 가장 핵심적인 과제는 위와 같은 실재론자의 새로운 전략이 실패함을 보이는 데 있다(McDowell, 1991: 157).[2]

이 책에서 논의했듯이, 경험이 대상과의 직접적 연결을 가능하게 해준다는 생각에는 문제가 많다. 내적 실재가 우리에게 개념화되지 않고 직접적으로 드러난다는 생각은 많은 비판을 받아왔다. 경험이 내적 세계와의 직접적인 인식론적 또는 의미론적 연결을 가능케 한다는 생각은 데카르트적 견해의 저변을 흐르는 근본 가정이다. 이런 가정은 거부되어야 한다. 경험의 인식론적/의미론적 역할은 그러한 직접적 연결을 제공하는 데 있지 않다. 그러나 이를 근거로 하여 경험의 인식론적/의미론적 역할 자체를 부정할 필요는 없다. 이 책의 논의가 시사하듯이, 경

2 "The inner world is a lived refutation of idealism. Wittgenstein's point, I suggest, is to reveal this rearguard action as a failure."

험이 언어의 의미를 고정하는 데 있어, 혹은 언어-독립적 세계와의 연결을 구축함에 있어 어떤 의미론적 기여를 할 수 있다. 따라서 존재의 언어 규정성에 대한 결론은 성급하다. 우리가 부정해야 할 것은 언어-독립적 세계가 아니라 경험의 인식론적/의미론적 역할에 대한 전통적 견해이다. 경험의 인식론적/의미론적 역할에 대한 새로운 통찰이 요구되며 이 책에서 다룬 현대 토대론의 여러 시도들은 이에 긍정적인 기여를 하고 있다.

3. 상대적 진리

사회 구성주의에 따르면 세계는 우리의 인식적 조건, 세계관, 언어, 사회에 의해 구성된다. 그것과 얼마나 잘 부합하느냐에 따라 관점, 세계관, 언어가 평가될 수 있는 독립적 세계란 존재하지 않는다. 그렇다면 여러 관점, 세계관, 언어에 공히 적용할 수 있는 참의 개념이란 무의미하며(왜냐하면 그것들과 독립된 어떤 세계에 대하여 참을 말할 수 있는 그러한 독립적인 세계란 존재하지 않으므로), 따라서 참을 말할 수 있다면 이는 오로지 특정한 관점, 세계관, 언어에 상대화된 참일 수밖에 없다. 상대적인 참이란 정확히 무엇인가?

> 천동설이 맞다면, "태양이 지구를 돈다"는 참이다.
> 지동설이 맞다면, "태양이 지구를 돈다"는 참이 아니다.

이 문장들을 받아들이는 것이 반드시 상대적인 참을 받아들임을 의미하지 않는다. 위 문장들은 다음을 말하고 있을 뿐이다.

천동설에 따르면, 태양이 지구를 돈다.

지동설에 따르면, 태양이 지구를 도는 것은 아니다.

그런데 각 이론이 말은 그렇게 하지만 그중 어떤 것이 실제로 참일까? 우리는 이러한 질문이 충분히 이해될 수 있다고 생각한다. 실재 세계가 있어서 두 이론 중 어느 것이 그 세계에 잘 부합하느냐고 묻고 있다고 생각하기 때문이다. 그러나 진리는 이론에 상대적이다, 또는 진리는 언어에 상대적이라고 주장하는 철학자들은 그렇게 묻는 것 자체가 잘못되었다고 생각한다. 무엇이 참이 된다는 것이 이론과 언어에 따라 상대적이라는 것이다. 그들의 주장에 따르면 우리는 "지구가 태양을 돈다"가 참이라고 말할 수 없고, 오로지 다음과 같이 말할 수 있을 뿐이다.

지동설에 상대적으로, "지구가 태양을 돈다"는 참이다.

지동설의 관점에 의해 구성된 세계에서는 "지구는 태양을 돈다"는 참이 된다. 반면, 천동설의 관점에 의해 구성된 세계가 있고 그 세계에 대하여 "태양이 지구를 돈다"는 참이 된다. 세계관과 독립된 세계를 부정하므로 참 개념은 상대적이 될 수밖에 없다. 그러나 과연 이러한 상대적 참 개념은 우리가 가지고 있는 참 개념과 부합할까? 정대현은 참 개념에 대한 타르스키의 분석에서 상대적 참 개념을 도출할 수 있다고 주장한다.[3]

---

3 물론 외연을 결정한다고 보아도 문제는 발생한다. 다음 한국어 문장은 "참"의 외연에 포함되는가, 아닌가?

이 문장은 거짓이다.

눈이 흰 경우, 그리고 이 경우에만 "눈은 희다"는 참이다.

이는 타르스키의 T-쌍조건문의 한 사례이다. 만일 우리가 "참"이 무엇을 의미하는지 알고 있다면 너무나 당연하게 위 문장을 인정할 것이다. T-쌍조건문이 정확히 참 개념에 대해 무엇을 알려주는지는 상당한 논란거리이나 최소한 참 개념의 **외연**을 결정하게 해주는 것은 분명하다. 즉, T-쌍조건문에 의거해서 한국어 문장들 중 "참"이라는 술어의 외연에 포함되는 문장들이 무엇인지 우리는 알 수 있다.

"참"이라는 술어는 단지 그 외연에 한국어 문장만을 포함하지는 않으며, 외국어 문장들도 포함될 수 있다.

눈의 흰 경우, 그리고 이 경우에만 "snow is white"는 참이다.

이 쌍조건문은 "참" 술어의 외연에 "snow is white"가 포함되는지를

이것도 한국어 문장들 중에 하나이며, 여기서 "이 문장"은 바로 위 문장 자체를 지칭한다. 즉, 다음은 참이다.

이 문장 = "이 문장은 거짓이다" (동일성)

위 문장에 대한 T-쌍조건문은 다음과 같다.

이 문장은 거짓이다. 그리고 이 경우에만 "이 문장은 거짓이다"는 참이다. (T-쌍조건문)

동일성과 T-쌍조건문에 의해 우리는 다음을 도출할 수 있다.

이 문장은 거짓이다. 그리고 이 경우에만 이 문장은 참이다.

이러한 경우, 우리는 위 문장이 참의 외연에 포함되는지 결정할 수 없다. 참이라고 하면 거짓이 되고, 거짓이라고 하면 참이 된다. 이로부터 모순이 도출된다. 이러한 "거짓말쟁이 역설Liar's paradox"이 동일성과 T-쌍조건문으로부터 도출된다는 사실이 무엇을 함축하는지 또한 T-쌍조건문의 성격과 함께 논란거리이다(정대현, 104쪽).

결정할 수 있게 해준다. 눈이 흰지를 확인하면 위 영어 문장이 참이 되는지를 알 수 있다. 물론 여기서 우리는 "snow is white"라는 문장의 의미를 알고 있어야 한다. 의미를 모르는 외국어 문장들에 대해 T-쌍조건문은 "참" 술어의 외연에 무엇이 포함되는지 알려줄 수 없다. 그런데 "snow is white"가 가지는 의미는 그 문장이 속하는 특정 언어 체계에서 결정된다. "gift"라는 단어는 그것이 영어에 속하는지 독일어에 속하는지에 따라 의미가 달라진다. 그렇다면 "snow is white"라는 문장에 대한 T-쌍조건문을 작성할 때 그 문장이 속한 언어에 상대적으로 작성해야 한다. 즉, 그 문장의 의미는 고정되어 있다고 보는 것이다. 이를 다음과 같이 표현해도 무방할 것이다.

> 눈이 흰 경우, 그리고 이 경우에만 "snow is white"(영어)는 참이다.

마찬가지로, 한국어 문장에 대해서도 그것이 한국어에 속함을 명시할 수 있다.

> 눈이 흰 경우, 그리고 이 경우에만 "눈은 희다"(한국어)는 참이다.

이것이 기본적으로 언어 L에 정의된 참("true in L")의 내용이라고 볼 수 있다. 정대현은 이러한 취지의 언어 L에 정의된 참으로부터 상대주의적 참 개념을 도출할 수 있다고 생각한다.

(i) 눈이 흰 경우, 그리고 이 경우에만 "눈은 희다"는 한국어에서-참이다.

즉, 문장은 일정한 언어 체계 안에서만 진리치를 가질 수 있다고 보는 것이다. 그러나 타르스키가 언어 L에 정의된 참을 논할 때 참 개념 자체를 L에 상대적이라고 의도하지는 않았다고 본다. 위에서 논의했듯이 특정 언어에 상대적으로 T-쌍조건문을 작성할 수밖에 없는 것은 문장의 의미가 언어에 상대적이기 때문이다. 이것이 의미가 고정된 문장의 참이 상대적임을 의미하지는 않는다. 의미가 고정된 문장들에 대해 "참"이라는 술어를 적용할 수밖에 없기 때문에 L을 고정해야 할 뿐이다.

> 19세기 이전에는 단일한 보편적, 필연적 체계를 상정했다. "태양이 하나, 진리가 하나"라고 믿었기 때문이다. 그러나 이제는 진리의 언어 체계 의존성 때문에 다원적 진리를 수용할 수 있게 된 것이다(정대현, 105).

정대현의 이러한 주장이 타르스키의 진리 이론에 의해 뒷받침될지는 지극히 불투명하다. 언어 체계는 하나일 필요가 없고 또 실제로 하나가 아니다. 문제는 어떤 언어 체계에 속하는 문장에 대하여 그것이 참이라고 얘기할 때 그 참 또한 그 언어 체계에 상대적인가에 있다. 정대현은 상대주의적 혹은 다원론적 진리 개념을 때로는 언어가 아닌 이론으로 확장한다.

(ii) 태양이 지구를 중심으로 도는 경우 그리고 이 경우에만 "태양이 지구를 중심으로 돈다"는 브라헤-체계에서-참이다.
(iii) 지구가 태양을 중심으로 도는 경우 그리고 이 경우에만 "지구는 태양을 중심으로 돈다"는 케플러-체계에서-참이다.

이러한 쌍조건문을 주장하는 이유가 무엇인가? 동일한 해맞이를 보고 브라헤는 "태양이 지구를 도는구나"라고 하고, 케플러는 "지구가 태양을 도는구나"라고 할 수 있다. 정대현은 "관찰의 내용이 각자 수용하고 있는 체계에 따라 달라지는 것"이라고 말한다.

이에 대해 두 가지를 지적할 수 있다. 첫째, (ii)와 (iii)의 한 특징은 언어 상대성보다는 이론 상대성을 소재로 하고 있다. 타르스키의 쌍조건문에 관한 논의(언어 L에 상대적인 참)를 이론 T에 상대적인 것으로 확장시킬 수 있는가? 케플러와 브라헤는 다른 천체 이론을 받아들였으나 동일한 언어를 사용하지 않았나? 이론이 달라지면 비록 동일한 언어를 사용하고 있더라도 그들이 사용하는 언어의 의미도 달라진다고 주장할 수는 있다. 그런데 이러한 경우 (ii)와 (iii)을 진술하는 사람은 어떤 의미로 "지구"와 "태양" 등 단어를 이해해야 할까? 어떤 문장의 의미가 특정 이론에 의존한다면, (ii)과 (iii)에서 공통적으로 등장하는 "태양", "지구"의 의미도 달라져야 할까? 혹은 (ii)와 (iii)을 진술하는 사람 자신의 이론에 상대적이라고 해야 할까? 만일 진술자가 케플러-체계를 받아들인다면, 브라헤-체계에 상대적인 진술의 진리 조건은 어떻게 진술할 것인가?

둘째, 이론적 배경이 다를 경우 의미가 달라진다고 가정해보자. 그러나 비록 관찰의 내용이 관찰자의 이론적 배경에 의존한다고 해도[4], 그러한 관찰 내용이 참인지가 이론 의존적이라는 결론은 도출되지 않는다. 즉, 의미와 내용이 이론 의존적이라고 해서 그러한 의미와 내용을 가진 문장이 참이 되느냐 아니냐가 이론 의존적이라는 결론은 반드시 도출되지 않는다.

4 관찰의 내용이 과연 이론 의존적인지는 논란거리이나 여기서는 문제 삼지 않기로 하겠다.

문장의 의미가 고정되면 그러한 의미를 가진 문장의 참은 언어-독립적인 실재에 의해 결정된다고 말할 수 있다. 이에 대해 정대현은 "문장의 의미의 고정은 그 문장이 제시되는 바의 특정 체계의 제시 없이 불가능하다"고 지적하면서, "의미는 체계 상대적이지만, 진리는 체계 상대적이 아니"라고 생각하는 이유를 제시할 필요가 있다고 대응한다.

문장의 참은 그것의 의미와 세계에 의존한다. "눈은 하얗다"라는 문장은 참인가? 그것은 문장의 의미가 어떠냐에 의존한다. 그 문장이 우리가 부여하는 의미가 아니라 다른 의미를 가진다면, 예컨대 그 문장이 "눈은 빨갛다"를 의미한다면 그 문장은 이 세계에서 거짓이 될 것이다. 그리고 문장의 의미는 같다고 해도 만일 세계가 현재와 다르다면 그 문장은 또한 거짓이 될 것이다. 즉, 만일 빨간 눈이 내리는 세계에 우리가 살고 있다면(딱히 살고 싶지는 않지만) 그 문장은 거짓이 될 것이다. 문장의 참은 의미와 세계에 의해 결정되는 함수이다. 그런데 의미는 어떻게 결정되는가? 여기서 정대현의 지적대로 의미가 언어-체계 의존적이라고 하자. 구체적인 언어 체계와 독립되어 존재하는 문장의 의미란 없다. 의미가 언어-체계 의존적이라면 그 의미에 의존하는 문장의 참도 언어-체계 의존적이 아닌가? 그래야 할 것 같다. 아마 이와 같은 이유에서 정대현은 그의 비판자들에 대해 "문장 의미의 체계 의존성과 진리의 체계 의존성 구분의 유지 가능성에 대한 논변을 제시할 수 있어야 할 것이다"라고 요구하는 듯하다.

그 구분의 유지 여부는 "진리의 체계 의존성"이 정확히 무엇을 의미하느냐에 의존한다. 의미가 언어-체계에 의존한다고 하자. 언어-체계가 달라지면 의미도 달라질 수 있다. 그리고 위에서 말했듯이 참은 의미와 세계에 의해 결정되는 함수라고 하자. 그렇다면 언어 체계가 달라지면 의미가 달라지고 따라서 그 문장의 참도 달라질 수 있다. 이것이 정대현이 의미하는 "진리의 체계 의존성"이라면, 진리는 체계 의존적이다. 그러나 이러한 의미의 진리의 체계 의존성은 누구도 부인하기 어렵다. 그리고 정대현도 그러한 의미의 진리의 체계 의존성을 주장하지는 않을 것이다.

한편 진리는 체계 의존적이라는 말을 언어-체계를 고정하면 진리도 결정된다는 것으로 이해한다면 진리는 반드시 체계 의존적이지는 않다. 언어 체계를 고정하면 의미는 고정되나, 언어 체계를 고정한다고 해서 반드시 참이 고정되지는 않는다. 왜냐하면, 의미가 고정된다고 해도 세계가 달라지면 참도 달라질 수 있기 때문이다. 의미는 언어-체계에 의해 결정된다고 해도, 진리는 그렇지 않다.

만일 의미가 결정됨으로써 참이 결정된다면 모든 참은 다음의 예와 같이 분석적 참이 될 것이다.

모든 총각은 미혼이다.

분석적 참인 경우에는 세계의 기여가 전혀 없다. 그런데 만일 의미만으로 참이 결정이 되지 않는 문장들이 있다고 해보자. 즉, 의미 외의 어떤 다른 것 때문에 참이 결정되는 문장들이다.

어떤 철학자는 그랜저를 타고 다닌다.

이 문장이 참이라면 이는 문장의 의미만으로 결정되지는 않는다. 만일 이 문장이 참이라면 의미 외의 어떤 것 때문일까? 자연스러운 답은 세계의 우연적인 사실 때문이라고 말하는 것이다.

세계의 기여를 인정하면서 진리가 언어-체계에 의해 결정된다고 주장하는 한 방법은 세계 자체가 언어 체계에 의해 결정된다고 보는 것이다. 세계 자체가 언어 의존적이다. 이는 언어-체계 독립적인 세계나 사실에 대한 부정을 의미한다. 그렇다면 우리는 다시 존재의 언어 규정성 논제로 다시 돌아왔다. 즉, 존재의 언어 규정성은 증명된 것이 아니라 가정되고 있다. 결론적으로, 타르스키가 "L에서 참true in L"을 논하고 있다는 사실이 진리의 언어-체계 의존성 그리고 존재의 언어 규정성의 타당한 독립적 근거가 되지는 못한다.

4. 상대적 구성주의의 문제점

앞서 존재의 언어 규정성, 진리의 언어 의존성 등에 대한 타당한 근거를 찾기 어렵다고 지적했다. 그렇다고 해서 존재, 진리, 사실, 세계가 언어와 이론에 상대적이라는 주장이 틀렸다는 결론은 도출되지 않는다. 상대적 구성주의는 왜 잘못되었는가? 이에 답하기 위해 보고시안은 구성주의의 두 가지 버전을 구분한다. 첫 번째 버전은 국소적local인 상대주의이다. "명예 살인"과 같은 도덕적 사안은 어떤 도덕 체계에 따르면 부도덕하지만 다른 도덕 체계에 따르면 도덕적으로 허용된다. 도덕적 상대주의자들에게 명예 살인의 도덕성에 대한 객관적 사실은 존재하지 않으며, 오로지 상대화된 도덕 사실들만이 존재한다. 따라서 "명예 살인은 부도덕하다"라는 문장은 거짓이다. 그에 상응하는 사실이 없기 때문이다. 상대주의자는 그렇다고 해서 모든 도덕적 언명이 무의미하다고 보지는 않으며, 단지 도덕적 언명이 상대화되어야 한다고 주장한다. 보다 정확히 말하면, 어떤 사람 S가 "명예 살인은 부도덕하다"라고 비난할 때, 그가 말하는 내용은 다음과 같다.

내(S)가 받아들이는 도덕 체계 M에 따르면, 명예 살인은 부도덕하다.

이러한 도덕 상대주의는 국소적 상대주의이다. 도덕과 같은 특정 영역에 제한된 상대주의이기 때문이다. 반면, 전체적global한 상대주의는 모든 절대적 사실에 대한 부정을 주장한다. 예를 들어, 천체의 운행과 관련하여 "태양이 지구를 돈다"와 같은 주장뿐 아니라 "지구가 태양을 돈다"와 같은 주장도 거짓이다. 오직 다음과 같은 상대화된 사실만이 존재한다.

내(S)가 받아들이는 체계(지동설)에 상대적으로, 지구가 태양을 돈다.

보고시안에 따르면 전체적인 상대주의는 다음과 같은 문제를 안고 있다. 위의 문장이 참이라고 하자. 위의 문장은 다음과 같은 사실을 전제하고 있다.

나(S)는 지동설을 받아들인다.

이 사실은 S에 대한 어떤 사실이다. 전체적인 상대주의를 일관되게 유지하기 위해서는 이 사실 또한 상대적이라고 해야 할 것 같다. 즉, 이 사실은 S가 받아들이는 어떤 체계에 상대적으로 참이다. 즉, 내(S)가 받아들이는 체계에 상대적으로, 나는 지동설을 받아들인다. 그런데 이는 또 다시 어떤 체계를 요구하게 되어 무한 퇴행에 빠지게 된다. 이러한 문제는 국지적인 상대주의에서는 발생하지 않는다.

물론 보고시안의 의도는 국지적 상대주의를 옹호하는 데 있지 않다. 도덕 상대주의자는 도덕적 담론에 대해 실재론적 해석을 거부한다. 도덕적 담론은 어떤 "도덕적 사실"을 표상하지 않는다. "x는 도덕적이다"라는 문장이 x에 부여하는 어떤 성질은 존재하지 않기 때문에 그 문장은 거짓이다. 그렇다고 해서 도덕적 언명이 무의미한 것은 아니고, 그 의미를 제대로 포착하기 위해서는 도덕 언명이 실제로는 "M에 상대적으로, x는 도덕적이다"라는 언명으로 간주되어야 한다는 것이 그의 의도이다. 이런 접근이 과연 성공적인지는 이 책의 관심사를 벗어나므로 논하지 않기로 하겠다. 보고시안의 지적은 단지 이러한 방식으로 도덕 담론의 의미를 유지하려는 방법을 전체적 상대주의에 확대하기 어렵다는 것을 보여준다.

5. 회의주의

토대론은 인식-독립적 세계의 존재와 양립 가능하다. 즉, 토대론자는 진리를 이상적 합리성ideal rationality과 동일시할 필요가 없다. 경험을 최대한 반영하고 최대한 논리적으로 사고한다고 해도 우리의 인식적 추구는 절대적 참에 도달하지 못할 수 있다. 이상적 합리성 이외에도 여러 다른 요소들이 갖추어져야만 절대적 참에 도달할 수 있기 때문이다. 실재론자는 우리가 인식하지 못한다고 해서 그 세계가 존재하지 않는다는 결론(인식-독립적 세계에 대한 부정)에 이르는 것을 거부할 뿐이다.

그렇다면 인식-독립적인 세계에 대한 인식에 어떻게 도달할 것인가? 우리의 믿음이 객관적 세계와 부합하는지를 어떻게 알 수 있는가? 토대론은 우선 믿음 체계 외부로부터의 이성적인 조절rational control from outside을 받아들인다. 이런 점에서 토대론은 정합론과 극명하게 대립한다. 정합론에 따르면 믿음의 인식적 정당성은 다른 믿음들과의 관계로부터 온다. 경험을 믿음과 구분한다고 할 때, 경험이 믿음의 인식적 정당성에 기여한다고 보지 않는다. 반면, 토대론자들은 탁월한 내적 정합성만을 믿음들의 인식론적 정당성을 위해 충분한 것으로 보지 않는다. 외부로부터의 이성적 통제의 필요성을 공히 인정한다. 믿음 체계 외부로 부터의 통제란 정확히 무엇을 의미하는가? 이에 대한 답변은 지금까지 정합론에 대해 제기되어 온 비판들에서 찾을 수 있다(김기현, 206).[5]

(a) 세계로부터의 괴리에 의한 비판: 탁월한 내적 정합성을 가지고 있으나 세계와 완전히 고립된 믿음들에 대해서 과연 그러한 믿음들이 인식론적으로 정당한지 의문이 제기될 수 있다. 그러나 정합론자는 그러한 믿음들도 정당하다고 말해야 한다. P라는 믿음을 포함하는 믿음 체계와 ~P라는 믿음을 포함하는 믿음 체계가 있을 때, 두 체계가 다 참일 수는 없다. 그러나 두 체계는 모두 각자 정합적일 수 있으며 따라서 정당하다. 이 말은 아주 정합적이어서 정당한 믿음 체계가 세계로부터 괴리될 수 있음을 의미한다. 이것이 세계로부터의 괴리에 의한 비판이다.

---

5 아래 두 비판은 김기현의 설명을 재구성하여 정리했다.

그러나 이 비판은 인식적 정당성과 진리와의 긴밀한 연관성을 가정하고 있다. 그런데 세계로부터의 괴리가 발생한다는 것은 왜 인식적 정당성에 대한 이론에 대해 문제가 되는가? 다음 비판은 이 질문을 피해 간다.

(b) **경험으로부터의 괴리에 의한 비판**: 만일 우리가 주관적으로 구분되지 않는 환각의 세계에 있다고 해도(이를테면, 데카르트의 악마가 우리를 기만하여) 그 세계 안에서 우리가 주어진 감각 경험을 충실히 반영하여 지각 믿음들을 형성한다면 그 지각 믿음들은 여전히 정당하다고 해야 하지 않을까? 만일 우리가 사과를 실제로 보고 형성된 "저것은 사과이다"라는 지각 믿음이 정당하다고 한다면, 어떤 사람이 우리와 주관적으로 동일한 환각 경험에 의해 "저것은 사과이다"라고 판단했을 경우에도 그 사람의 판단이 우리의 판단만큼이나 정당하다고 해야 하지 않을까? 물론 제3자의 입장에서 우리의 경험과 그 사람의 경험은 상당히 다르다. 그러나 인식적 정당성을 "주체의 관점"에서 이해하고자 할 때, 주관적으로 동일한 경험의 정당화 힘은 동등하다고 해야 할 것이다. 그런데 믿음들 간의 탁월한 내적 정합성은 있으나 그 믿음들이 전적으로 감각 경험과 괴리되어 있을 경우 그 믿음들이 정당하다고 할 수 있을까? 아닌 것 같은데 정합론자들은 그렇다고 대답하여야 한다.

경험으로부터의 괴리 비판은 세계로부터의 괴리에 의한 비판과 달리 인식적 정당성과 진리의 연관성을 딱히 전제하지 않고 있기 때문에 정합론에 대한 더 강한 비판이라고 할 수 있다. 경험의 이성적 역할을 확보하려는 토대론자들의 시도들이 성공적이라면 토대론자의 승리는 정합론자들에게 치명적인 비판이 된다.

그런데 비록 경험의 이성적 역할을 확보할 수 있다고 해도 그 믿음들이 참이 된다는 보장은 없다. 합리성을 가진 믿음 체계도 극단적으로 잘못될 수 있다. 만일 우리를 속이는 악마가 있거나 우리가 통 속의 뇌라고 한다면, 아무리 경험을 반영하고 이론적인 대안들을 철저히 고려한다고 해도 우리의 세계관은 거짓이 되고 말 것이다. 그렇다면 경험을 충분히 반영하는 인식론적으로 정당한 믿음 체계도 여전히 세계로부터 괴리될 수 있지 않는가? 그렇다면 비판 (a)는 딱히 정합론에게 적용되는 것은 아니지 않는가? 물론 세계로부터의 괴리 비판은 인식 정당성과 진리의 연관성을 가정하고 있으므로 그 가정을 왜 받아들여야 하느냐고 대응할 수 있다. 그러나 인식적 정당성이 진리와 무관할까? 인식 정당성이 진리와 긴밀한 연결을 가진다는 것은 정확히 무엇을 의미하는가?

왜 도로가 미끄럽다고 믿는가? 이런 믿음을 가지는 것이 그렇지 않은 경우보다 나에게 좋은 결과들을 가져온다고 해보자. 효용성을 따지자면 그렇게 믿는 것이 좋다. 사람들은 실제로 많은 경우 자신의 이익 또는 자신이 속한 집단의 이익이 최대한 증가하는 방향으로 자신의 생각을 형성할 수 있다. 믿음의 결과에 대한 고려는 믿음을 받아들일 "실용적 이유pragmatic reason"을 제공한다.

세계 ←—— 믿음 ——→ 결과

한편, 당신이 도로가 미끄럽다고 믿는 것은 그렇게 믿음으로써 결과와 상관없이 그것이 참이라고 생각하기 때문일 수 있다. 왜 도로가 미끄럽다고 믿는가? 믿음이 참이기 때문이다. 그렇다면 그 믿음은 왜 참인가? 인식적 이유epistemic reason는 통상 믿음이 참이 될 근거를 제공한다. 이를테면 당신은 도로가 미끄럽다고 믿는 이유로 "어제 눈이 왔고 기온이 영하이기 때문"이라고 대답할 수 있다. 인식적 이유는 믿음이 참이 될 확률, 즉, 도로가 미끄러울 확률을 높여준다. 주어진 증거들은 세계가 어떤 방식으로 되어 있음을 뒷받침해준다. 인식적 이유는 믿음의 결과보다는 세계와의 연결에 주목한다.[6]

따라서 인식적 정당성은 진리와 무관하지 않지만, 그렇다고 해서 진

6 실제로 사람들이 인식적 이유로 믿음을 형성하는가? 사람들의 생각과 믿음의 형성은 그들 자신이 인정하는 것보다 훨씬 더 자신의 욕구, 기대, 지배적 이데올로기에 영향 받을 수 있다. 그러나 한편으로 사람들이 결코 인식적 이유로 믿음이나 의견을 결정할 수 없다는 주장은 과도해 보인다. 누가 당신에게 "지구가 평평하다고 믿으면 일 억을 주겠다"라는 제안을 하고 당신이 그 제안의 진정성을 의심하지 않는다고 해도 실제로 당장 그렇게 믿게 되지는 않을 것이다. 그렇다고 말하거나 믿는 척할 수는 있지만. 실제로 당신이 지구가 평평하다라고 믿기 위해선 그것이 참이거나 참이 확률이 높다고 생각할 인식적 증거들을 제시하여야 하지 않을까?

우리는 세계를 정확히 반영하는 믿음, 즉, 참인 믿음을 가져야 한다고 생각하며, 비록 그 믿음이 좋지 않은 결과를 가져오더라도 "현실을 직시해야 한다"고 말한다. 세계는 반드시 우리가 원하는 대로 흘러가지는 않는다. 우리의 기대와 소망과 무관한 세계가 있다. 물론 소망과 욕구는 행동을 통해 우리가 세계에 개입함으로써 세계를 변화시킬 수 있게 한다. 아들의 성공에 대한 간절한 바람이 어머니로 하여금 어떤 노력과 행동을 하게 하고 이로 인해 어머니는 아들이 성공하도록 도울 수 있을 것이다. 아들의 낮은 시험 점수들을 외면하거나 무시하고 "현재 아들이 무척 높은 점수를 받고 있다"고 믿는 어머니의 마음은 충분히 공감할 수 있지만 인식적으로 정당하지는 않다. 자신이 암에 걸렸음을 보여주는 여러 증후들을 무시하고 계속 "나는 정상이다"라고 믿고 있는 사람을 볼 때 우리는 왜 그 사람이 그러한 태도와 믿음을 유지하고자 하는지 이해할 수 있다. 그리고 그러한 믿음과 긍정적 태도는 암이 치유되는 데 도움을 줄 수도 있다. 그럼에도 불구하고 그의 믿음은 인식론적으로는 바람직하지 않다. 인식론적으로 정당한 믿음이나 믿음 체계는 믿음의 참과 연관된 증거에 반응해야 한다. 세계에 대한 인식과 무관한 정당성을 과연 "인식적 정당성"이라고 불러야 할지 지극히 의심스럽다. 인식적 이유는 세계에 대한 고려와 무관하지 않다. 인식적으로 정당한 믿음은 그것이 참임을 보여주는 증거에 의해 뒷받침된 믿음이다.

리를 보장해주느냐와는 또 다른 문제이다. 관련된 모든 증거와 고려를 반영하여 믿음을 형성하는 지극히 합리적인 사람도 잘못된 믿음을 가질 수 있다. 한 개인이 가질 수 있는 경험은 우연한 환경에 의해 제한되어 진다. 만일 우리가 암흑의 우주에 살고 있다면 시각 경험은 지극히 제한될 것이다. 소음이 심한 카페에서는 상대방의 말을 제대로 들을 수 없다. 사실 우리의 감각 체계들은 정상적인 경우에도 어떤 제한된 범위의 자극들에만 반응한다. 다행히 감각 체계들은 우리 주변의 우연적인 조건들 때문에 세계에 대한 풍부한 정보를 전달할 수 있지만 만일 주변의 조건들이 달랐다면 경험의 인식론적 기여는 제한될 것이다. 우리가 아무리 많은 경험적 증거들을 확보하고 조심스럽게 사고한다고 해도 우리의 세계관이 여전히 세계와 어긋날 수 있다. "이상적인 합리성ideal rationality"이 세계의 모든 상황들을 다 경험할 수 있음을 의미하지는 않는다. 즉, 이상적 합리성이란 자신에게 주어진 모든 증거를 반영하는 데 있지 이 세계에 존재하는 모든 증거들을 다 가지라고 요구하지 않는다. 그러한 요구는 신적인 위치에서만 충족될 수 있을 것이다.

우리가 아무리 이상적으로 합리적이라고 해도 우리의 믿음이 거짓일 수 있다는 것은 실재론realism의 핵심 주장이라고 볼 수 있다. 실재론자는 인식-독립적 세계의 존재를 받아들인다. 이 말은 우리가 세계를 알 수도 있고 모를 수도 있으며 우리가 가진 증거들이 세계가 어떠함을 결정해주기에 부족하다고 해도 세계는 우리의 인식적 조건에 의존하지 않음을 의미한다. 인식-독립적 세계의 존재를 받아들인다고 해서 우리가 그 세계를 알 수 없다는 결론은 도출되지 않는다. 알게 될 수도 있고 단지 모른다고 해서 그 세계가 존재하지 않는 것은 아님을 의미한다. 따라서 실재론은 "우리는 세계를 알 수 없다"는 회의주의적 결론을 함축하지 않는다.

그럼에도 불구하고 회의주의를 반박하기 위해 실재론을 부정해야 한다는 생각은 매력적으로 다가올 수 있다. 회의주의적 가능성을 받아들인다는 것은 회의주의적 가설이 참일 수 있다는 말이다. 즉, 우리가 통 속의 뇌일 수 있고 또는 "우리가 통 속의 뇌이다"라는 가설이 참일 수 있다. 이러한 회의주의적 가설을 H라고 해보자. H는 우리의 인식적 조건이 세계와 극단적으로 괴리되는 상황이다. 위에서 실재론자는 그러한 가능성을 인정한다고 했다. 회의주의적 가능성은 실재론을 함축한다. 따라서 실재론을 부정함은 회의주의적 가능성 자체의 부정을 함축한다.

실재론을 받아들이는 사람은 H가 개념적으로 오류를 포함하고 있다는 이유로 배제할 수는 없다. 그러한 가능성을 배제할 다른 근거를 가지고 있지도 않다. 그렇다면 우리는 회의주의적 가설이 거짓임을 알지 못한다.

P1: 나는 내가 통 속의 뇌가 아니라는 것을 알지 못한다.

그런데 회의주의적 가능성을 배제할 수 없다고 해서 과연 회의주의적 결론이 도출되는가? 즉, 우리가 세계에 대해 아무런 지식도 가질 수 없으며, 먼 과거나 미래 또는 멀리 있는 우주의 사태는 차치하고 내가 손을 가지고 있음도 알지 못한다는 회의주의적 결론이 도출되는가?

C: 나는 손을 가지고 있음을 알지 못한다.

회의주의적 가능성을 배제할 수 없다는 전제로부터 회의주의적 결론이 도출되기 위해서는 다음과 같은 숨은 전제가 필요하다.

P2: 손을 가지고 있음을 알기 위해서는 내가 손이 없는 통 속의 뇌가 아니라는 것을 알아야 한다.

이를 정리하면 다음과 같다. H를 회의주의적 가설, O를 일상적 판단의 내용이라고 하자.

나는 ~H임을 알 수 없다.
내가 O를 안다면, 나는 ~H를 안다.
따라서 나는 O를 알지 못한다.

이 회의주의적 논변에 대해 여러 반응들이 존재한다. 일상적 개념들의 구체적인 적용은 적용의 맥락 또는 문맥에 민감하다. 문맥에 따라 일상적 용어의 적용이 다를 수 있다. 예를 들어, "부드럽다"라는 말을 대상에 적용하려고 할 때, 그 단어가 어떤 문맥에 사용되느냐에 따라 적용의 기준이 달라진다. 실내 디자인을 하는 사람들끼리 나무의 재질을 얘기할 때의 부드러움은 자동차 운전자들이 여러 도로들을 비교할 때 말하는 부드러움과 다를 수 있다. 전자의 문맥에서 부드럽지 않은 대상이 후자의 문맥에서는 부드럽다고 간주될 수 있는 것이다. "안다"라는 단어의 적용도 문맥에 민감할 수 있지 않는가? 맥락주의contextualism에 따르면, 전제 1에서 회의주의자들이 염두에 두고 있는 기준은 결론에서 지식의 부여와 관련된 기준과 다르다. "안다"라는 단어가 공히 위 회의주의 논변에서 등장하지만 전제와 결론에서 서로 다른 기준이 적용되고 있기 때문에 위 논변은 타당하지 않다. 이것이 회의주의 논변의 문제점이라는 것이 문맥주의자들의 입장이다.

"내가 P를 알고 있는가?"라는 질문에 답하려면 "P"의 대안들, 즉, 만일 그것들이 성립하면 P가 성립할 수 없는 그러한 가능성을 배제할 수 있어야 한다. "내가 손을 가지고 있는가?"라는 물음에 답하려고 할 때 나는 "내가 손을 가지고 있지 않다"보다 "내가 손을 가지고 있다"를 선호할 수 있는 증거를 제시해야 한다. 통상 손을 보는 경험, 박수 소리, 악수하는 촉감 등이 바로 그러한 선호 증거가 될 것이다. 이러한 증거들은 내가 손을 가지고 있지 않다면 발생할 수 없다. 따라서 그런 경험들은 내가 손을 가지고 있지 않음이 거짓임을 보여 준다. 그러나 회의주의자는 그러한 증거들이 "내가 손을 환각하고 있다"보다 "내가 손을 가지고 있다"라는 가설을 선호하게 해주지는 못한다고 지적한다. 사실 나는 그 둘 중 어떤 것을 선호할 경험을 가지고 있지 못하다. 회의주의자의 가설은 내가 통상적으로 제시할 수 있는 어떤 경험으로도 교정하거나 반증할 수 없다. 따라서 통상적 기준에 따르면 나는 당연히 내가 손을 환각하고 있지 않다는 것을 모른다.

그러나 회의주의적인 명제들은 내가 실제로 그 통상적 기준에 못 미치기 이전에 아예 통상적 기준을 따르는 것이 불가능하다. ~P를 배제해 줄 증거가 존재함에도 불구하고 내가 그 증거를 가지고 있지 않다면 P를 모른다고 해야겠지만, 애초에 ~P를 배제할 증거가 존재할 수조차 없다. 따라서 문맥주의자들의 지적대로 회의주의자의 논변의 문맥은 통상적 기준을 적용하기 어렵다. 외적 세계의 존재를 알고 있느냐 아니냐를 말할 때 통상의 기준이 적용되는 것 같지 않다. 아마 우리는 그냥 "내 앞에 보이는 것들이 다 외적 세계의 대상들이 아니냐?"라고 답할 수밖에 없을 것이다. 물론 이러한 반응은 회의주의자들을 만족시킬 수 없다. 그러나 문맥주의자는 회의주의자의 불만을 어떻게 채워줄지를 고민하기보다는 회의주의적 가능성이 제기된 문맥이 일상적 지식의 부여의 문맥과 일치하지 않음을 지적한다.

회의주의에 대한 또 다른 대응책은 회의주의적 가설 H이 참일 수는 있지만(회의주의적 가능성은 인정하되, 즉, 내가 통 속의 뇌일 수는 있다고 해도), 실제로 H가 거짓이고 이를 우리가 알 수 있다고 주장하는 것이다. 실제로 내가 통 속의 뇌가 아니고, 나는 환각을 하고 있지 않으며, 이 모든 세상이 내 꿈이 아닌 것을 어떻게 알 수 있는가? 독단론자는 다음과 같이 논증한다.

> 나는 O를 안다.
> 내가 O를 안다면, 나는 ~H를 안다.
> 따라서 나는 ~H를 안다.

두 번째 전제는 회의주의자와 공유하는 전제이다. 물론 이러한 논증으로는 회의주의자를 설득할 수 없다. 왜냐하면, 회의주의자는 첫 번째 전제를 받아들이지 않기 때문이다. 그렇다고 해서 독단론자 논변이 왜 잘못되었는지 회의주의자가 적절히 지적할 수도 없어 보인다. 회의주의자는 물론 내가 손을 가지고 있음을 알고 있지 않다고 주장할 것이다. 내가 외적 세계가 있음을 알고 있지 않기 때문이다. 그러나 독단론자는 내가 외적 세계가 있음을 알고 있다고 방금 논증하지 않았는가? 독단론자의 논변은 왜 잘못되었는가?

독단론자의 논변의 결론은 틀렸다.

왜?

전제가 틀렸기 때문에.

왜?

결론이 틀렸으니까.

만일 회의주의가 이렇게밖에 대응할 수 없다면 그는 선결 문제의 오류를 범하고 있는 것이다. 독단론자의 논변은 최소한 회의주의적 논변과 대등한 정당성을 가진다는 점에서 회의주의적 논변을 무력화하는 전략이다.[7]

이 다양한 대응 중 어느 것도 논란의 여지가 없는 것은 아니다. 그러나 이 모든 대등들은 회의주의적 가능성을 인정한다. 그런 점에서 회의주의적 가능성 자체를 부정하는 것은 과격한 대응이라고 볼 수 있다. 과격한 대응이 반드시 잘못된 대응은 아니다. 그러나 흥미롭고 이론적으로 더 매력적인 대응은 가능한 많은 점을 양보하되 회의주의적 결론이 도출되지 않음을 보이는 선택지일 것이다.

회의주의적 가능성은 실재론을 함축하기 때문에 회의주의적 가능성 자체를 부정하는 한 방식은 실재론을 부정하는 것이다. 우리가 통 속의 뇌일 수 있다거나 데카르트의 기만적 악마가 존재할 가능성은 현상과 실재가 극단적으로 괴리되는 경우이다. 우리가 아무리 현상에 충실하다고 해도 실재와 불가피한 괴리가 발생할 수 있다. 그러한 상황이 바로 이상적 합리성과 진리가 괴리되는 경우이다. 이 괴리 가능성이 바로 실

---

7 회의주의에 대한 또 다른 대응은 아예 전제2를 거부하는 것이다. 드레츠키Fred Dretske와 같은 철학자들은 지식이 알려진 논리적 함축에 의해 닫혀져 있음Closure을 거부한다.

재론의 핵심 논제이다. 따라서 실재론의 부정은 회의주의적 가능성의 부정을 의미하고 따라서 회의주의적 사고는 개념적인 혼란을 포함하는 것으로 간주된다. 여기에 실재론 부정의 인식론적 동기가 있다.

이러한 시도 중 하나는 검증주의 의미론verification theory of meaning에 기반을 둔 대응이다. 검증주의는 인식론적 고려에 기반을 둔 의미이론으로, 이에 따르면 검증 조건이 문장의 의미를 구성하며 검증 조건이 결여된 문장은 무의미하다. 문장 S의 검증 조건은 그 문장이 참인지 거짓인지 알기 위해 우리가 제시할 수 있는 증거들이다. "비가 온다"는 문장의 검증 조건 중 하나는 "땅이 축축하다"가 될 것이다. 검증주의 의미론은 인식적 조건을 초월하는 의미에 대한 거부를 담고 있다. 이러한 의미론을 받아들일 경우 형이상학적 담론은 무의미하다. 예를 들어, "이 세계의 모든 것이 2014년 1월 1일에 두 배로 커졌다"도 무의미하다. 크기를 측정하는 기준 또한 두 배로 커져 이것이 참인지 아닌지 판가름할 수 있는 증거를 찾기 어렵기 때문이다. 마찬가지로 "우리는 통 속의 뇌이다"라는 문장 또한 참인지 거짓인지 검증할 수 없으므로 무의미해진다. 우리가 아무리 경험적 증거들을 충실히 반영하고 논리적으로 사고한다고 해도 결코 세계에 대한 참된 이론에 도달할 수 없다는 생각은 그 자체가 개념적으로 잘못되었다.

실재론의 부정을 통해 회의주의적 가능성 자체를 개념적 혼동으로 간주하려는 유혹은 결국 세계 자체가 우리의 인식적 활동에 의해 구성된다는 입장에 동기를 부여한다. 만일 이러한 입장이 정당하다면 회의주의적 도전 자체가 제기될 수 없고 따라서 그 도전에 대응할 필요조차 없어진다. 그러나 이러한 소위 "탈근대적" 반발은 검증주의 의미론처럼 그 자체로서 문제가 많으며 회의주의적 도전에 효과적으로 대응하기 위해 불가피하지도 않다. 이상적으로 합리적인 믿음 체계도 세계와 괴리될 수 있다는 회의주의적 가능성을 부정함으로써 회의주의적 결론을 차단하려는 시도는 그러한 가능성을 인정하면서도 회의주의적 결론을 차단할 수 있는 시도가 실패할 수밖에 없다는 주장이 정당화되지 않는 한 받아들이기 어렵다.

6. 회의주의적 가능성과 명제적 소여

회의주의적 사고는 자연스러운 가정들을 포함하고 있다. 회의주의자는 나의 모든 인식적 능력이 내가 손을 가지고 있지 않음과 양립 가능하다고 주장한다. 나의 경험들의 총체는 내가 손을 가지고 있지 않음과 양립 가능하며 따라서 내가 손을 가지고 있는지 아닌지를 결정해주지 못한다. 손이 없다고 생각하진 않지만 그렇다고 해서 손이 있다고 생각할 이유가 있는가? 가짜 손일 가능성도 있지 않는가? 혹은 손이 없는 통 속의 뇌일 가능성이 있지 않는가? 나의 인식적 한계를 상당히 우호적으로 넓게 설정한다고 해도 실제로 손이 있는지 아닌지는 나의 인식적 한계 밖에 놓여져 있는 것 같다. 물론 나는 여전히 손이 있다고 믿고 있다. 그런 믿음을 유지해야 할 실용적 이유가 있을 수도 있고, 그런 믿음이 선천적으로 고정되어 있을 수도 있다. 그러나 회의주의자는 내가 과연 그 믿음이 참이라고 생각할 좋은 이유가 있는지 묻는다.

위의 회의주의자는 회의주의적 가설 H에 대해 누구도 ~H를 알 수 없다고 단지 가정하지 않고 왜 ~H를 알 수 없는지에 대한 그럴 듯한 이유를 제시하고 있다. 이러한 점에서 위의 회의주의자는 앞에서 논의된 회의주의자와 차별된다. 우리의 일상적 세계관에 따르면 H는 참이 아니다. 우리는 일상적으로 외적 세계가 존재하며, 우리는 통 속의 뇌가 아니라고 생각한다. 비록 항상은 아니지만 우리는 지각을 통해서 외적 세계와 성공적으로 교류한다. 그러나 회의주의적 가설은 이러한 일상적 세계관을 부정한다. 물론 회의주의적 가능성에도 불구하고 우리는 주변 사물에 대한 일상적 믿음들을 유지할 것이다. 일상적 세계관이 틀렸다는 증거는 없다. 그러나 위의 회의주의자는 과연 우리가 일상적 세계관을 받아들일 정당한 이유가 있느냐고 묻는다. 현대 토대론은 이와 같은 회의주의에 대해서도 적절한 대응을 제공할 수 있다.

우리가 회의주의의 도전으로 얻어야 할 한 교훈은 **만일 일상적 세계관이 정당하다면, 일상적 지각 판단은 정당화된다**는 것이다. 우리가 통 속의 뇌가 아닐 뿐더러 오히려 주변에 사람들과 사물들이 있고 우리는 그 사람들이나 사물들과 서로 상호 작용하고 있다는 일상적 세계관이 정당하다면, 우리의 일상적 지각 판단은 정당하다. 즉, 경험 자체는 일상적 판단을 정당화하지 못한다. 경험은 항상 배경 세계관과 더불어 일상적 판단을 정당화할 수 있다. 이 점은 회의주의자와 더불어 인정해야 한다. 3부에서 보았듯이 이는 "조건적 정당화"에 해당한다. 조건적 정당화를 통해 우리는 상대주의의 올바른 직관을 수용할 수 있다.

> 일상적 세계관에 상대적으로, 나의 경험은 "내가 손을 가지고 있다"를 정당화한다.

다른 세계관에 따르면, 나의 경험은 그 명제를 정당화하지 않을 수도 있다. 즉, 경험 자체가 어떤 명제를 정당화한다는 주장은 거짓이다. 경험이 어떤 명제를 정당화한다면 이는 특정한 세계관에 상대적이다. 경험은 명제적 소여를 가지지 않는다.

3부에서 보았듯이 이러한 경험의 인식적 역할에 대한 상대주의적 요소를 인정하면서도 경험의 인식적 역할을 긍정할 수 있다. 굽타의 이론이 바로 그러한 가능성을 열어주는 시도이다. 일상적 판단의 경험적 정당성이 일상적 세계관의 정당성에 의존한다면, 일상적 세계관의 정당성은 어떻게 확보되는가? 일상적 세계관이라고 해서 특별한 인식적 특권을 가지고 있지는 않다. 경험론의 입장에서 그 답은 경험일 수밖에 없다. 이는 정당성의 순환 고리를 생성한다. 그렇다면 진정한 의미의 외부로부터의 이성적 기여는 확보할 수 없고, 결국 경험의 정당화 역할은 포기해야 하는 게 아닌가? 이는 결국 토대론의 패배로 귀착한다. 그러나 굽타는 정당성의 순환 고리를 끊을 수 있는 방법이 있다고 주장한다. 핵심 아이디어는 당신이 어떠한 임의의 세계관에서 출발하더라도 경험의 축적에 의한 수정 과정을 거쳐 일상적 세계관으로 수렴한다면 일상적 세계관은 절대적 의미로 정당화된다는 것이다. 그런데 이때 출발점에서 모든 세계관들이 다 허용되지는 않는다. "내가 통 속의 뇌이다"라는 가설은 경험에 의해 반증될 수 없다. 그것이 잘못되었더라도 잘못되었음을 보여줄 아무런 증거를 제시할 수 없다. 회의주의적 가설은 무의미하거나 참이 될 수 없다고 해서 배제되는 게 아니라, 단지 수정 과정의 출발점에서 배제된다. 왜냐하면, 회의주의적 가능성은 모든 수정 과정을 무효화시킴으로써 경험이 이성적 기여를 발휘할 수 있는 기회 자체를 박탈하기 때문이다.

회의주의에 대응하기 위해 실재론, 즉, 인식-독립적 세계를 부정할 이유는 없다고 주장했다. 또한 그 주장을 뒷받침하기 위해 경험이 믿음의 결정에 체계-중립적인 정당화를 제공할 수 있다고 논의했다. 그리고 판단의 경험적 정당성이 배경 세계관의 정당성에 의존함에도 불구하고 경험의 정당화 역할을 보존할 수 있다고 했다.

• 책을 마무리하며 •

이 책의 연구 목표는 서문에서부터 강조했듯이 경험의 정당화 역할을 옹호하는 것이다. 특히, 최근 20~30년간 동안 진행된 현대 토대론의 논의를 중심으로 위와 같은 작업을 수행하고자 했다.

현대 토대론의 성격과 의의를 제대로 이해하기 위해서는 그것이 전통적 토대론과 어떻게 차별화되며, 전통적 토대론에 대해 제기된 강력한 비판들을 어떻게 극복하는지를 파악해야 한다. 이런 이유로 1부에서 전통적 토대론을 소개하고, 2부에서 전통적 토대론에 대한 비판들을 소개하여, 3부 현대 토대론에 대한 본격적 논의를 위한 준비를 1부와 2부에서 진행한 것이다. 이러한 논의의 흐름은 목차와 서론에서부터 분명하게 드러나 있다. 4부에서 논의된 포스트모더니즘은 토대론을 옹호하기 위한 핵심적인 전략적인 장치가 아니며, 그렇게 의도하지도 않았다. 즉, 4부의 목적은 토대론에 대한 추가적인 근거를 제시하는 데 있지 않다. 토대론 옹호는 전혀 다른 기반 위에서 독자적으로 1부에서 3부까지 진행되었고, 4부에서의 관심사는 만일 토대론이 성립할 수 있다면(1부에서 3부까지의 논의가 보여주듯이), 이것이 어떤 의미를 가지느냐에 있다.

또한 4부 서두에서 이미 밝혔듯이 이 저술은 포스트모더니즘의 방대한 흐름을 포괄하기보다는 포스트모더니즘이라는 사상적 흐름의 저변에 있다고 간주되는 동등성 원리와 구성주의/상대주의에 초점을 맞추어 논의를 진행했다. 즉, 이 저술의 취지에 따라 인식론적 논의와 유관한 구성주의와 상대주의에 초점을 맞추고 있다. "지식"과 관련하여 "참", "정당성", "믿음"이 사회에 의해 구성되었으며, 사회에 따라 상대적이라는 주장이 바로 4부의 핵심이다. 이 책은 포스트모더니즘 사조의 모든 측면을 다루지 않으며 그러기를 의도하지도 않았다. 단지 인식론과 유관한 위의 개념들에 대한 구성주의와 상대주의에 국한하여 논의하고 있으며, 4부의 완결성은 그러한 기준으로 평가되어야 할 것이다.

만일 전통적 토대론의 몰락이 포스트모더니즘에 하나의 동기를 부여했다고 볼 수 있다면, 현대 토대론의 부활은 그 동기를 제거하는 효과를 가져 올 수 있다. 물론 하나의 동기가 제거된다고 해서 포스트모더니즘이 틀렸다는 결론은 도출되지 않는다. 그러나 왜 그것을 받아들여야 하는지에 대한 보다 나은 이유를 제시할 부담은 남게 된다. 이 책에서 못다 다룬 과제들은 이후 후속 연구에서 다루도록 하겠다.

• 참고 문헌 •

김기현, 『현대 인식론』, 민음사, 1998.
김도식, 『현대 영미 인식론의 흐름』, 건국대학교출판부, 2004.
김은주, 「데카르트 '순환논증'의 형이상학적 쟁점」, 『철학연구』, 106집, 2004.
김준열, 「새로운 독단론, 그리고 또 다른 독단론」, 『철학사상』, 27호, 2008.
김혜숙, 『新음양론』, 이화여자대학교출판부, 2014.
남경희, 『비트겐스타인과 현대 철학의 언어적 전회』, 이화여자대학교출판부, 2005.
박일호, 「지각적 독단론과 베이즈주의 호의성」, 『논리연구』, 17집 3호, 2014.
선우환, 「회의주의의 문제와 지식의 정당화 조건: 루이스의 이론과 새로운 이론」, 『철학연구』 93집, 2011.
신상규, 「확장된 마음과 동등성 원리」, 『철학적 분석』, 23호, 2011.
이병덕, 「인식적 분석성에 의한 선험적 정당화」, 『철학적 분석』, 21호, 2010.
이영의, 「확장된 마음 가설에 대한 변호」, 『범한철학』, 60집, 2011.
이풍실, 「비개념적 내용과 순환성 논증」, 『철학연구』, 88집, 2010.
윤보석, 「경험의 인식론적 역할에 관하여」, 『철학사상』, 31호, 2009.
______, 「경험과 세계의 관계에 대한 연구 — 내재주의적 외재주의를 향하여」, 『철학사상』, 36호, 2010.
______, 「지각과 몸: 노에의 이론을 중심으로」, 『인지과학』, 제25권 4호, 2014.
______, 「직접적 지각 정당화의 문제: 맥도웰의 인식론적 선언주의를 중심으로」, 『철학적 분석』, 23호, 2011.
______, 『베이즈주의는 독단론에 호의적인가?』, 2015, 논리연구 18집 2호.
정대현, 『이것을 저렇게도 — 다원주의적 실재론』, 세창출판사, 2013.

Alston, W., "An Internalist Externalism", *Synthese*, 74, 1988.
Barnes, B. and Bloor, D., "Relativism, Rationalism and the Sociology of Knowledge" in Rationality and Relativism, MIT Press, 1982.
Barnes, Winston, "The Myth of Sense-data", *Perceiving, Sensing, and Knowing*, University of California Press, 1965.
Bergmann, M., *Justification without Awareness*, Oxford University Press, 2006.
Berker, Selim, "Gupta's Gambit", *Philosophical Studies*, 152, 2011.
Boghossian, P., *Fear of Knowledge: Against Relativism and Constructivism*, Oxford University Press, 2006.
Bonjour, Laurence, *The Structure of Empirical knowledge*, Harvard University Press, 1985.
Brewer, B., *Perception and Reason*, Oxford University Press, 1999.
Byrne, A. and Logue, H., "Either/Or", *Disjunctivism: Perception, Action, Knowledge*, Oxford University Press, 2008.
Campbell, J., *Reference and Consciousness*, Oxford University Press, 2002.
Chalmers, D. and Clark, A., "The Extended Mind", *Analysis* 58, 1998.
Clark, A., *Mindware: An Introduction to the Philosophy of Cognitive Science*, Oxford University Press, 2001.
______, *Supersizing the Mind*, Oxford University Press, 2008.
Cohen, S., "Basic Knowledge and the Problem of Easy Knowledge", *Philosophy and Phenomenological Research*, Vol.65, Number 2, 2002.
Crane, T., "Is There a Perceptual Relation?", *Perceptual Experience*, Oxford University Press, 2006.
Dancy, J., *An Introduction to Contemporary Epistemology*, Blackwell, 1985.
DeRose Keith, Warfield Ted, (eds.), *Skepticism A Contemporary Reader*, Oxford University Press, 1999.
Davidson, D., *Inquiries into Truth and Interpretation*, Oxford University Press, 1984.
______, *Subjective, Intersubjective, Objective*, Clarendon Press, 2001.
Davies, M., "Externalism and Armchair Knowledge", *Knowing Our Own Minds*, Oxford University Press, 2000.
Devitt, M. and Sterelnty K., *Language and Reality*, MIT Press, 1999.
Dretske, F., *Knowledge and the Flow of Information*, Cambridge, MIT Press,

1980.

_____, "The Case against Closure", *Contemporary Debates in Epistemology*, Blackwell Publishing, 2005.

Evans, G., *The Varieties of Reference*, Oxford University Press, 1982.

Fodor, J., *A Theory of Content,* MIT Press, 1990.

Frey, Christopher, "On the Rational Contribution of Experientil Transparency", *Philosophy and Phenomenological Research*, Vol. LXXX No, 3, 2011.

Gendler, Tamar and Hawthorne, John, (eds), *Perceptual Experience*, Oxford University Press, 2006.

_____(eds), *Oxford Studies in Epistemology*, Vol. 2. Oxford University Press, 2008.

Gooman, N., *Ways of Worldmaking*, Hackett, 1978.

Gunther, Y., ed., *Essays on Nonconceptual Content*, MIT Press, 2003.

Gupta, A., *Empricism and Experience*, Oxford University Press, 2006.

_____, "Equivalence, Reliability, and Convergence: Replies to McDowell, Peacocke, and Neta", *Philosophy and Phenomenological Research*, Vol. LXXIX No. 2, 2009.

_____, "Replies to Selim Berker and Karl Schafer", *Philosophical Studies*, 152, 2011.

_____, "Frey on Experiential Transparency and Its Rational Role", *Philosophy and Phenomenological Research*, Vol. LXXIX No. 2, 2011.

_____, *Truth, Meaning, Experience*, Oxford University Press, 2011.

Hacking, I., *The Social Construction of What?*, Harvard University Press, 1999.

Haddock, A. and Mcpherson, F. (eds), *Disjunctivism: Perception, Action, Knowledge*, Oxford University Press, 2008.

Hawthorne, J., "The Case for Closure", *Contemporary Debates in Epistemology*, Blackwell Publishing, 2005.

Huemer, M., "Phenomenal Conservatism and the Internalist Intuition", *American Philosophical Quarterly*. Vol 43, Number 2, 2006.

Johnston, M., "The Function of Sensory Awareness", *Perceptual Experience*, Oxford University Press, 2006.

Kin, Jaegwon, *Supervenience and Mind*, Cambridge University Press, 1993.

Kripke, S., *Wittgenstein on Rules and Private Language*, Blackwell, 1982.

Lennon, K., "Feminist Epistemology as Local Epistemology", Proceedings of Aristotelian Society, Supplementary Volume 71: 37, 1997.

Markie, P., "The Mystery of Direct Perceptual Justification", *Philosophical Studies* 126, 2005.

_____, "Searching for True Dogmatism", *Seemings and Justification*, Oxford University Press, 2013.

Martin, M., "Setting things before the mind", *Current Issues in Philosophy of Mind*, Cambridge University Press, 1998.

_____, "On Being Alienated", *Perceptual Experience*, Oxford University Press, 2006.

McClamrock, R. *Existential Cognition: Computational Minds in the World*, University of Chicago Press, 1995.

McDowell, J., "Criteia, Defeasibility, and Knowledge", *Proceedings of the British Academy*, 68: 455-79. Reprinted in *Meaning, Knowledge, and Reality*, Harvard University Press, 1982.

_____, "Singular Thought and the Extent of Inner Space", *Subject, Thought, and Context*, Clarendon Press, Oxford. Reprinted in *Meaning, Knowledge, and Reality*, Harvard University Press, 1986.

_____, "Intentionality and Interiority in Wittgenstein, in Meaning scepticism", De Gruyter, 1991.

_____, *Mind and World*, Cambridge, MA: Harvard University Press, 1994.

_____, "The Disjunctive Conception of Experience as Material for a Transcendental Argument", *Disjunctivism: Perception, Action, Knowledge*, Oxford University Press, 2008.

_____, "The Given in Experience: Comment on Gupta", *Philosophy and Phenomenological Research*, Vol. LXXIX No. 2, 2009.

McGrath, M., "Phenomenal Conservatism and Cognitive Penetration: The "Bad Basis" Counterexamples", *Seeming and Justification*, Oxford University Press, 2013.

Merleau-Ponty, Maurice, "Selections from Phenomenology of Perception", *Vision and Mind*, MIT Press, 2002.

Noe, A., *Action in Perception*, MIT Press, 2004.

Neta, Ram, "Empiricism about Experience", *Philosophy and Phenomenological*

Research, Vol. LXXIX No. 2, 2009.

Prichard, D., "McDowellian Neo-Mooreanism", *Disjunctivism: Perception, Action, Knowledge,* Oxford University Press, 2008.

______, *Epistemological Disjunctivism*, Oxford University Press, 2012.

Prinz, J.,"Is the mind really modular?", Contemporary debates in cognitive science, Blackwell Publishing., 2006.

______, "The Skeptic and the Dogmatist", *Nous*, Volume 34, Issue 4, 2000.

______, "What's wrong with Moore's argument?", *Philosophical Issues*, 14, 2004.

______, "When Warrant Transmits", *Mind, Meaning and Knowledge: Themes from the Philosophy of Crispin Wright,* Oxford University Press, 2012.

______, "Problems for Credulism", *Seemings and Justification*, Oxford University Press, 2013.

Putnam, H., *Reality and Representation*, MIT Press, 1988.

Quine, W. V. O., *From a Logical Point of View*, Harvard University Press, 1953.

Reynolds, S., "Knowing how to believe with justification", *Philosophical Studies* 64, 1991.

Rupert, R., *Cognitive Systems and the Extended Mind*, Oxford University Press, 2009.

Russell, B., *The Problems of Philosophy*, Oxford University Press, 1912.

Schafer, Karl, "The Rationalism in Anil Gupta's Empiricism and Experience", *Philosophical Studies*, 152, 2011.

Sellars, W., "Phenomenalism", In Sellars's *Science, Perception and Reality*, Routledge and Kegan Paul, 1963.

______, *Empiricism and the Philosophy of Mind*, Harvard University Press, 1997.

Siegal, S., "The Epistemic Impact of the Etiology of Experience", *Philosophical Studies*, 162, 2013.

Silins, N., "Basic Justification and the Moorean Response to the Skeptic", *Oxford Studies in Epistemology*, Vol. 2, Oxford Unviersity Press, 2008.

Stampe, Dennis, "Toward a Casual Theory of Linguistic Representation", *Midwest Studies in Philosophy*, II, 1977.

Steup, M., *An Introduction to Contemporary Epistemology*, Prentice Hall, 1996.

Steup, Matthias and Sosa, Ernest (eds), *Contemporary Debates in Epistemology*, Blackwell Publishing, 2005.

Stroud, B., "Scepticism and the Senses", *European Journal of Philosophy* 17:4, 2009.

Schwartz, R., *Vision*, Wiley-Blackwell, Oxford, 1993.

Tarski, A., "The Semantic Conception of Truth", *Philosophy and Phenomenological Research*, 4, 1944.

White, R., "Problems for Dogmatism", *Philosophical Studies* 131, 2006.

Williams, M., "Doing without Immediate Justification", *Contemporary Debates in Epistemology*, Blackwell Publishing, 2005.

Wittgenstein, L., *Philosophical Investigations*, trans. G. E. M. Anscombe, Oxford: Blackwell, 1953.

Wright, C., "Anti-Sceptics Simple and Subtle: G. E. Moore and John McDowell", *Philosophy and Phenomenological Research*, Vol 65, Number 2, 2002.

_____, "Comments on John McDowell's "The Disjunctive Conception of Experience as Material for a Transcendental Argument"", in Adrian Haddock and Fiona Mcpherson(eds), *Disjunctivism: Perception, Action, Knowledge*, Oxford University Press, 2008.

Yoon, B., "Intentionality of Perceptual Experience", *ErKenntnis*. 52, 2000.

• 찾아보기 •

현대 토대론 연구

펴낸날 초판 1쇄 2015년 10월 29일
지은이 윤보석
펴낸이 김훈순
펴낸곳 이화여자대학교출판부
주소 서울특별시 서대문구 이화여대길 52(우03760)
등록 1954년 7월 6일 제9-61호
전화 02) 3277-2965(편집), 02) 362-6076(마케팅)
팩스 02) 312-4312
전자우편 press@ewha.ac.kr
홈페이지 www.ewhapress.com
책임편집 양지하
디자인 정혜진
찍은곳 한영문화사

ISBN 979-11-5890-120-2 93100
값 19,000원

이 도서의 국립중앙도서관 출판시도서목록(CIP)은 서지정보유통지원시스템 홈페이지(http://seoji.nl.go.kr)와 국가자료공동목록시스템(http://www.nl.go.kr/kolisnet)에서 이용하실 수 있습니다.(CIP제어번호: CIP2015027650)